乡村振兴与规划应用

张平弟 著

中国建筑工业出版社

图书在版编目 (CIP) 数据

乡村振兴与规划应用 / 张平弟著 . —北京：中国
建筑工业出版社，2020.8
ISBN 978-7-112-25318-0

Ⅰ.①乡⋯ Ⅱ.①张⋯ Ⅲ.①农村—社会主义建设—
研究—中国 Ⅳ.①F320.3

中国版本图书馆 CIP 数据核字（2020）第 127977 号

责任编辑：陈夕涛　张智芊
责任校对：张惠雯

乡村振兴与规划应用

张平弟　著

*

中国建筑工业出版社出版、发行（北京海淀三里河路 9 号）

各地新华书店、建筑书店经销

逸品书装设计制版

北京圣夫亚美印刷有限公司印刷

*

开本：787×1092 毫米　1/16　印张：21¾　字数：384 千字

2020 年 9 月第一版　　2020 年 9 月第一次印刷

定价：**50.00** 元

ISBN 978-7-112-25318-0

（36097）

在中国的城镇化进入下半场之后，乡村的发展成为政界与学界共同关注的重要领域，乡村振兴也是我国的重要战略任务之一，美丽乡村是美丽中国的重要组成部分，也是最难啃的骨头。

在探讨乡村振兴的道路中，有从微观着手的，也有从宏观着手的，前者通过乡村建设个案的实践来进行探索和总结，中国已经出现很多很好的案例，我也参观考察过江苏的"慢城"、天津的石头村、成都的"竹里"等，这里面有规划师、建筑师、企业家、艺术家等各类精英的深度参与，也有村民的共同缔造，形成独具特色的美丽乡村。宏观思考乡村发展的也很多，主要从"产业兴旺、生态宜居、乡风文明、治理有效、生活富裕"等综合发展角度，把农村、农业、农民三位一体来思考乡村的发展。

本书作者立足于福建山清水秀乡美的特点，一直孜孜不倦地学习、思考乡村的发展，更难能可贵地是从宏观和微观两个视角都进行了有益的探索，并把思考的成果汇集成一本书，其对乡村建设的建言献策，很有指导性、针对性和可操作性，值得广大读者学习。

——中国城市规划设计研究院副院长　郑德高

本书作者是国家教育行政学院高职 58 期校长班的学员，他立足闽东实际，从规划的视角探究乡村振兴，描绘乡村发展蓝图，非常可贵。希望本书从写作到阅读，能与发展职业教育紧密结合，充分体现职业教育主动服务乡村振兴战略，充分发挥育人服务、技能培训服务、科学技术服务、文明文化服务等功能，特别是培育乡村振兴中知识型技能型创新型人才方面，更有作为。

——国家教育行政学院教育行政教研部主任
职业教育研究主任　邢　晖

序一

新世纪，伴随着快速推进的城镇化进程，中国正进入城市时代，城市成为人口、产业等社会经济活动的主要承载地，而广大乡村面对传统稳定的社会结构快速变化，显得有些无所适从。城镇化并不是消灭乡村，而是使其充分和均衡发展，目标是让乡村和城市同样都能够享有美好的生活。

随着乡村的青壮年劳动力进入城市打工、定居，在中国延续了上千年的田园牧歌般的传统乡村景观和活力，大多将面临着凋敝和衰退。虽然城镇化是社会发展的必然趋势，不可阻挡，但乡村也依然有它不可替代的功能和价值，我们需要积极适应新时期的变化和需求，挖掘乡村的特色和优势，通过城乡之间的要素流动，为乡村发展注入新的活力，让乡村焕发新的生机。

本书作者不忘初心，多年扎根宁德乡村的发展、研究和实践，思维从乡村产业跨越到规划建设，为我们提供了不少独特的视角和鲜活的乡村规划案例，有助于加深我们对乡村发展问题的理解，寻找规划建设的应对借鉴。

"归去来兮，田园将芜胡不归。"乡村有中华民族的精神寄托，我们应该努力保护好乡村，建设好乡村，让它留住我们的乡愁。

清华大学建筑学院高级工程师
北京清华同衡规划设计研究院院长　袁　昕

2020 年 8 月

　　随着时代发展，乡村的功能与价值发生了重要变化，除传统农业生产地和农民聚居地之外，还兼具维护生物多样性的生态功能、保护乡愁乡土的文化功能、发展特色产业的经济功能、稳定城乡关系的社会功能以及满足诗意栖居的生活功能等多重功能和价值；2017年10月，党的十九大报告提出"乡村振兴"战略，以更好地解决"三农"问题，实现乡村地区的健康发展，实施乡村振兴战略成为落实中央要求与发展意图的重要任务与使命。

　　多年来，宁德职业技术学院张平弟老师一直从事乡村振兴方面的研究与规划实践，积累了丰富的经验，其成果《乡村振兴与规划应用》一书近日已正式出版。该书以闽东乡村为研究案例，从闽东传统村落保护与发展的现状及策略研究入手，关注乡村产业发展，深入探讨了乡村振兴在点、线、面多个维度的规划实践应用。该书研究的重点包括闽东传统村落保护与发展和闽东乡村振兴实践两部分。

　　其一，深入剖析了闽东传统村落的保护与发展现状以及规划前景。传统村落蕴含着深厚的乡土情结，在景观、历史文化、艺术、科学、社会、经济等方面具有重要的价值。闽东传统村落众多，各具特色，是福建省宝贵的文化遗产，作者通过对福建省传统村落现状问题及原因的深入剖析，总结福建传统村落保护与发展的核心问题和理念认识、法规制度、管理因素、资金因素、技术因素等影响因素，提出福建省传统村落保护利用的思路和框架。作者认为，保护传统村落要坚持"规划先行、统筹指导"，通过制定技术规范进行整体性保护，保持传统村落的原真性，通过活态传承的方法使村落特色得以延续。同时，作者强调了政府的主导作用和村民参与的重要性，政府、社会组织、居民多方主体统筹共建，共同保护、发展传统村落。

其二，以福安田园综合体试点和棕树山旅游景区为例，探讨田园综合体和乡村旅游区两种乡村发展模式。田园综合体是将生态农业与旅游综合体进行组合的创新型发展模式，作者提出在充分挖掘乡村优势资源的基础上，以发展现代农业为核心，提升农民收入、挖掘地方文化特色、改善乡村生态环境、促进乡村旅游融合，从而实现乡村生产、生活、生态"三生同步"，一二三产业"三产融合"，农业文化旅游"三位一体"；乡村旅游区则是依托乡村丰富的生态景观资源，将区域内的传统村落有机串联，形成产业发展带或生态休闲廊道，通过规划旅游项目、旅游产品、旅游线路、配套设施等内容，大力发展生态旅游，从而带动周边多个村落的共同发展。

乡村振兴如何处理好保护与发展的关系？如何发挥政府、社会组织和村民的作用？规划如何积极有效作为？作者通过闽东的实践与总结给出了答案。

该书紧扣乡村振兴战略的时代背景，着眼于乡村经济发展与规划实践，理论研究深入，实证研究翔实，论证充分。该书摘录了作者部分理论研究和规划实践成果，对乡村产业发展、生态平衡、服务体系、经营体系、实施保障等方面进行了详细的阐述，提出了针对性的规划策略和乡村振兴发展思路，实用性较强，对于其他地区实现乡村振兴具有重要的借鉴意义。

该书适合于乡村治理、城乡规划、经济地理、文化遗产保护、风景园林等领域的研究人员和学者阅读，对传统村落保护与乡村规划建设具有浓厚兴趣者可通过阅读此书拓展视野、加深理解。

江苏省城市规划设计研究院总规划师
国务院特殊津贴专家　　袁锦富

2020 年 8 月

序三——
实践得真知——读《乡村振兴与规划应用》

乡村建设的成败，关乎国家和民族的未来。乡村振兴之所以成为国家战略，正是着眼于此。遗憾的是，过去相当长一段时期内，建设领域的学术研究、实践探索等主要聚焦于城市，乡村建设的理论储备不足，到今天仍然是个新课题，从学术研究到工作实践，大量问题亟待探索和解决。另一方面，懂农业、爱农村、爱农民，能够真正理解和投入乡村建设的人才仍然严重不足，成为乡村发展的主要制约因素之一。

要改善这样的情况，需要群策群力，采用各种方法。与各种专业教育、业务培训、经验交流、示范试点等不同，以较深厚的理论思考为基础、以浅显易懂的方式作呈现的读本，将能对参与乡村建设的各类人员起到更持续、更广泛、更积极的影响。

张平弟先生的这本《乡村振兴与规划应用》，正是这样一部著作。该书涉及当前乡村建设中的热点内容，如传统村落保护、田园综合体建设、乡村旅游等，系统地探讨了村庄到底需要什么样的规划、福建东部众多的传统村落如何保护和利用、田园综合体如何规划试点、区域层面的村庄如何开展旅游等问题，向读者提供了从宏观的学术思考，到中观的规划设计，再到具体措施和实际案例的论述、阐释、解析。

更为关键的是，书中呈现的内容，都是作者从实际的工作中一点一滴积累提炼而来，非案头上得来的知识可比。作者张平弟先生经历丰富，三十余年的工作涉及林业、行政、住建、旅游、教育等领域，更因对乡村真挚的热爱，因此对乡村的观察、理解和思考具有丰富的维度和视角，这也是这本书可贵的价值之一。

随着形势的不断发展和变化，乡村建设必然对所有相关的人提出越来越高的

要求。要想少走弯路、避免浪费、取得高质量的建设成果，就需要我们不断地学习，不断地探索，《乡村振兴与规划应用》一书，就是这种探索的一个象征。

让我们共同为中国的乡村建设而努力！

北京工业大学 李华东

2020 年 8 月

自 序

我生长在乡村，从小在乡村摸爬滚打，对乡村怀有深厚的感情。

参加工作以来，也一直在和乡村打交道。林业部门、建设部门、规划部门、旅游部门、教育部门，在这些工作的进程中，乡村是我日夜思考思念思索的对象，乡村由浅入深，由近到远，从感性到理性，一回一回地在我的脑海里回荡，如大山的阵阵松涛，似大海的滚滚浪涛，思想的火花在大地点亮。

在林业部门工作的十年，是我国改革开放的第二个十年，村庄在巨变，村里的人陆陆续续开始走出乡村，走进城市。农村经济怎么发展？如何靠山唱山歌？我几乎走遍福安的乡村山水，分析了福安市的竹类资源及其竹林分布的垂直带谱和竹林植被。通过成片竹林群落样方的观察，提出了福安市经济竹类应用前景是"突出绿竹、开发小竹、管好毛竹"，并结合发展竹浆造纸竹林基地、工业专用竹林基地、观赏竹基地。这一思路对闽东的竹类发展具有较高的指导意义。这是一篇科技论文，1997年1月与张文燕、陈鼎源、吴建助联合发表在《竹子研究汇刊》。二十多年过去了，乡村发生了翻天覆地的变化，从"五通五改五化"，到社会主义新农村，从脱贫致富到小康建设，从美丽乡村建设到实施乡村振兴战略，发展经济振兴产业始终是农村发展的牛鼻子，必须抓住抓紧抓牢抓实。

在建设、旅游、规划工作的近二十年时间，我虽然岗位发生了变动，但一直对村庄苦苦思索，从事与乡村相关联的规划建设管理。

2006年，我写了《宁德市塔山公园总体规划构思》，论述了城市公园规划中体现生态、文化、娱乐、健身、休闲为一体的综合性功能；遵循以人为本、尊重自然、尊重历史的规划设计方向；利用具有特色的自然山水、人文景观，运用各种造园要素，形成有序空间，以实现环境效益、社会效益和经济效益相统一。塔

山公园就在塔山村边，公园的建成为村民提供了有益的文化场所。

2007 年，我写了《宁德市支提山华岩寺环境规划探讨》，介绍了宁德支提山华岩寺环境建设规划构思，论述了立足弘扬佛教文化、完善寺院功能，把握佛事活动特点，结合当地优质的自然资源和丰富的人文资源，以风景旅游开发为新亮点，形成特色禅林风貌。支提山的周围遍布村庄，历来都是村民喜爱的重要去处。

2012 年，我写了《创新观念，提升宁德市旅游品牌效益》，倡导实施"一县一特、一镇一品、一村一景"工程，提出将旅游景区、乡村旅游、工业旅游和红色旅游科学策划，合理安排。同年，我写了《福安溪柄镇发展红色旅游的思考》，提出建设绿色溪柄、红色溪柄、养生溪柄、文化溪柄、旅游溪柄的构想，为老区的乡村脱贫致富献计献策。

2014 年，我写了《抓住新机遇，培育小城市》，对福安市赛岐镇的小城市建设提出改革联动、区域互动、项目带动、管理推动的建议，引导群众转变观念，三分建、七分管。

2015 年，通过省住房和城乡建设厅和省终身教育促进会组织，我前往台湾地区参加社区营造（美丽乡村建设）培训学习。给我的启示是要始终按照"创新、协调、绿色、开放、共享"的发展理念，以城带乡、以城促乡、以城兴乡，城市反哺农村，工业反哺农业，推进农村现代化建设。同年，我写了，《村庄到底需要什么样的规划》《精准扶贫的关键是科学规划》《强化村庄规划建设美丽乡村》，提出以史为根、以民为本，分类指导、有的放矢，规划引导、设计主导，突出重点、先易后难，村规民约、富村富民。自此对村庄的规划有了深刻的认识。

2016 年，我写了《以五大发展理念推进城乡规划工作》，开展了新常态下传统村落规划编制研究，完成了约 7 万字的书稿。

2017 年，是乡村振兴的元年。我开展了福安市松罗乡田园综合体发展规划研究，参加了棕树山旅游景区的资源调查和总体规划。由于工作变动，我到了宁德职业技术学院，开始把积累的村庄知识应用于育人实践。

2018 年，我写了《五抓五促推进乡村振兴战略实施》，同年带着乡村振兴的课题到国家教育行政学院学习。与佛朝晖、陈波合作完成了《围绕职业教育主动服务乡村振兴战略的政策分析》课题研究。

2019 年，延续往日的村庄情结，我一头扎在乡村振兴的实证研究上，2019 年 6 月 15 日，在《林业勘察设计》刊发《宁德市传统村落保护与发展策略研究——以宁德市车岭村为例》；2019 年 7 月 18 日，在《价值工程》刊发《闽东地区传统村落保护与发展策略研究——以宁德市蒲洋村为例》；2019 年 8 月 31

日在《中国住宅设施》刊发《浅析闽东地区传统村落的保护与发展——以宁德市泰康村为例》；2019年9月1日我与郑鑫在《林业勘察设计》刊发《城乡规划视角下的城郊少数民族村落乡村振兴探索——以宁德市亭坪畲族村为例》；2019年9月25日，在《福建建设科技》刊发《闽东少数民族特色村寨乡村振兴路径研究——以福安市松罗乡后洋村为例》。2019年10月1日与林琴玉、刘玲华、李晶晶完成了宁德市社科联立项课题"乡村振兴战略背景下宁德传统村落的保护与活化研究"。同年我提议学校成立乡村振兴研究院，经过各方努力，闽东乡村振兴研究院挂牌成立，并成功举办了闽东特色乡村振兴之路座谈会。

2020年，一场突如其来的新冠肺炎在全世界爆发。面对疫情，我又一次深深思考乡村的发展和振兴问题。陈群院长鼓励我编著一本关于乡村振兴方面的书作为学校的选修教材，开天辟地头一回，心怀感激，我斗胆奋笔，开始爬格子，望能为人才培养尽绵薄之力。

乡村振兴，规划先行。好的规划制造财富。

遵循习近平总书记"产业兴旺、生态宜居、乡风文明、治理有效、生活富裕"的20字方针，为我国乡村振兴战略实施指明了前进的方向，这是一张宏伟的规划蓝图，也是实现中华民族伟大复兴"中国梦"的宏伟蓝图。

工业化、城市化、信息化、全球化，为乡村振兴带来巨大的机遇。党的十八大提出新型城镇化，确定了"生态文明"的国家层面转型方向，党的十九大又在重要的时刻提出了乡村振兴战略，三农问题又一次被提到最高层次。习近平总书记要求五级书记要亲自抓乡村振兴工作，由此拉开了乡村创业创新的热潮，充分展现了中央的高瞻远瞩。

在习总书记主政宁德期间，我刚参加工作，在林业部门参与了"三五七"造林绿化，消灭宜林荒山的伟大工程。现在看闽东的山清水秀、生态宜居，无不让人想起全市上下植树造林的动人场面。"绿水青山就是金山银山"，良好的生态环境为闽东乡村振兴奠定坚实的生态基础，展现出后发优势。如何实现乡村振兴？习总书记指出"产业振兴、人才振兴、文化振兴、生态振兴、经济振兴"的振兴路径，这是总的方向和要求，必须规划好、建设好、管理好，才能实现乡村振兴的可持续发展。

我国有五十多万个行政村，数百万个自然村。宁德有两千多个村庄，形成历史不一，类型各不相同。广阔乡村，大有作为。2019年8月4日，习总书记给寿宁县、下党乡村民的回信中鼓励他们走一条具有闽东特色的乡村振兴之路。

于是，我们开始点、线、面地思考如何规划实践闽东的乡村振兴。2019年

11月，宁德职业技术学院成立了闽东乡村振兴研究院。结合三十多年的工作经历，乡村振兴与规划应用在我的脑海时常浮现。

村庄到底需要什么样的规划？

闽东众多的传统村落如何保护和利用？

闽东的田园综合体如何规划试点？

区域层面的村庄如何规划成为一个旅游景区？

围绕这些问题，从乡村振兴的背景谈规划应用，从规划的层面谈乡村振兴，多学科知识的融合汇集，新时代乡村振兴的坚强回音，可以为广大师生提供学习帮助，也可以为广大乡村振兴工作者提供思路借鉴。

乡村振兴，任重道远。让我们携手共创闽东乡村振兴的美好未来。

2020 年 8 月

目录

第三篇
乡村旅游区的规划实践

第四篇
闽东传统村落乡村振兴——研究论文选篇

第五篇
闽东乡村振兴发展思路——规划文章选篇

第一篇——

闽东传统村落乡村振兴

第一章
传统村落概念与特征

一、传统村落提出背景

中国有着数千年的悠久历史，传统村落正是中国几千年文明历程的体现，更是农耕文明历程的最佳见证。传统村落是传统文化的主要产生地和传承地，具有很高的历史价值、文化价值。深深扎根于中华沃土的传统村落，是中华民族生活、生产、生存的基本载体；是社会组成的细胞；是传统观念、习俗、社会与家庭等多元文化孕育而生的中华本土文化；是一部拥有千姿百态、异彩纷呈、文化厚重的史书；是中国传统文化之根。传统村落有古朴的建筑风貌、悠久的历史文化和传统的民俗风情，是中国重要的文化遗产资源，尤其在全球化背景下的今天，新常态下的中国传统村落的文化价值和社会价值正受到越来越多地关注。

2012年12月住房和城乡建设部、文化部、财政部联合下发的《关于加强传统村落保护发展工作的指导意见》中指出："传统村落承载着中华传统文化的精华，是农耕文明不可再生的文化遗产。传统村落凝聚着中华民族精神，是维系华夏子孙文化认同的纽带。传统村落保留着民族文化的多样性，是繁荣发展民族文化的根基。"

随着工业化、城镇化的快速发展，传统村落衰落、消失的现象日益加剧，加强传统村落保护与发展刻不容缓。2012年国庆节后的第一个星期，住房和城乡建设部、文化部、财政部、国家文物局等组织专家评选了我国第一批国家级传统村落，共有646个；2013年7月上旬，住房和城乡建设部、文化部、财政部等组织专家评选了第二批国家级传统村落，共有915个；2014年11月，住房城乡建设部、文化部、国家文物局、财政部、国土资源部、农业部、国家旅游局决定

将 994 个村落列入第三批中国传统村落名录；2016 年 12 月，住房城乡建设部、文化部、国家文物局、财政部、国土资源部、农业部、国家旅游局将 1598 个村落列入第四批中国传统村落名录；2019 年 6 月，住房和城乡建设部、文化和旅游部、国家文物局、财政部、自然资源部、农业农村部、将 2666 个村落列入第五批中国传统村落名录。

1. 传统村落是美丽中国的重要资源

建设美丽中国，实现中华民族永续发展，是党的十八大报告明确提出的重要目标。党的十八大报告指出："面对资源约束趋紧、环境污染严重、生态系统退化的严峻形势，必须树立尊重自然、顺应自然、保护自然的生态文明理念，把生态文明建设放在突出地位，融入经济建设、政治建设、文化建设、社会建设各方面和全过程，努力建设美丽中国，实现中华民族永续发展。"2013 年 12 月 12 日至 13 日在北京召开的中央城镇化工作会议提出"要注意保留村庄原始风貌，慎砍树、不填湖、少拆房，尽可能在原有村庄形态上改善居民生活条件"。2013 年 12 月 23 日至 24 日在北京召开的中央农村工作会议提出了"农村是我国传统文明的发源地，乡土文化的根不能断，农村不能成为荒芜的农村、留守的农村、记忆中的故园"。从机械的自然观转向有机的自然观，从强调"天人相抗"到注重生态平衡以及人与大自然的和谐共处，正日益成为当代人的共同心声。

中国五千年的农耕文明形成了千姿百态的传统村落。传统村落体现了中国传统文化固有的生态和谐观，为实现生态文明提供了坚实的哲学基础和思想源泉。中国传统文化中倡导的"道法自然""天人合一"等思想，与建设美丽中国理念在一定程度上是一致的。中国的古代建设实践，强调建筑要与自然环境共存，提出要自觉地注重于自然环境的审美观，追求自然界固有的和谐美，顺应自然并有节制地加以修饰，利用风景景观于建筑空间的组织规划中，使之成为整体环境的有机组成部分。传统村落在空间布局以及与自然环境的相处上，往往构思巧妙，经历长时期的传承，包含着人类与自然和谐相处的历史智慧，对城镇化、城乡统筹发展进程中遇到的资源浪费、环境污染、生态破坏等问题，有着重要的借鉴意义。

2. 传统村落是传统文化的承载场所

村落是我们农耕生活遥远的源头与根据地，至今至少一半中国人还在这种"农村社区"里种地生活、生儿育女，享用着世代相传的文明。村落起源于农耕文化的兴起，人们由此开始实现了定居生活，促进了原始农业、畜牧业的发展，提高了先民的物质生活，改善了人们的精神生活，对人类文明的起源和传承具有重要意义。

在历史上，当城市出现之后，精英文化随之诞生，可是最能体现民众精神本质与气质的民间文化一直存在于村落中。我国幅员辽阔、民族众多、地域多样；在漫长的岁月里，交通不便、信息隔绝，各自发展、自成形态，造就了中华文化的千姿百态与和谐灿烂。如果没有这花团锦簇般扎根于各族各地的传统村落，中华文化的灿烂就失去了载体。

传统村落保留着丰富多彩的文化遗产，是承载和体现中华民族传统文明的重要载体。在中华文明的历史长河中，各民族各地区的人们，通过不断的经验积累和创造性的建设，形成了各具特色的民居。这些民居巧妙地融合了自然、文化以及周边环境的独特优势，并围绕其独特的功能形成了各具特色的传统村落。同时，各传统村落的空间形态、选址、布局也无不显示出高超的技术和智慧。传统村落正是我国传统文化最重要的载体。

3. 传统村落是国际国内的共同认识

在人类历史的转型期间，能将前一阶段的文明创造视作必须传承的遗产，是进入现代文明的标志之一。20 世纪尤其是第二次世界大战以来，不少国际组织致力于文化遗产的保护工作。除保护世界遗产的国际执行机构 UNESCO 及WHC、世界遗产委员会的咨询机构 ICCROM、IUCN、ICOMOS、TICCIH 外，还有不少专业性科研学术机构、地区政府间组织和城市间合作机构、非营利性的国际团体、民间团体等其他组织。

从国际性的《雅典宪章》(1933 年)、《佛罗伦萨宪章》(1981 年)到国际古遗迹址理事会的《保护历史城镇与城区宪章》(1987 年)和联合国教科文组织的《保护非物质文化遗产公约》(2003 年)可以看出，最先关注的是有形的物质性的历史遗存——小型的地下文物到大型的地上的古建遗址，后来逐渐认识到城镇和乡村蕴含的人文价值。

2012 年，住房和城乡建设部、文化部、国家文物局和财政部联合发文（建村〔2012〕58 号），在全国（除港澳台外）开展传统村落调查，10 月评选出首批 646个传统村落，并制定了相应的《评审指南》和认定指标体系，以及《传统村落规划编制要求》，将传统村落的保护工作提高到了国家重要政策的高度，传统村落的保护工作在相关的政策法规指导下逐步展开。

二、传统村落基本概念

传统村落，原名古村落（2012 年 9 月，经传统村落保护和发展专家委员会

第一次会议决定，将习惯称谓"古村落"改为"传统村落"，以突出其文明价值及传承的意义），指村落形成较早，拥有较丰富的文化与自然资源，具有一定历史、文化、科学、艺术、经济、社会价值，应予以保护的村落。我国大多数传统村落既有悠久的历史与深厚的文化底蕴，又有丰富的物质文化遗产与非物质文化遗产，还有优美生态的自然景观遗产，是中华民族乃至全人类的宝贵遗产。能够被评选为中国传统村落的应该符合以下条件：传统建筑风貌完整；选址和格局保持传统特色；非物质文化遗产活态传承（住房和城乡建设部、文化部、国家文物局、财政部，建村〔2012〕58号）。要求传统村落现存建筑有一定的久远度，文物保护单位的等级达到标准，传统建筑的占地规模、现存传统建筑（群）和周边环境保存有一定的完整性，建筑的造型、结构、材料及装饰有一定的美学价值，并有对传统技艺的传承。传统村落在选址、规划等方面，代表了所在地域、民族及特定历史时期的典型特征，具有一定的科学、文化、历史以及考古的价值，并与周边的自然环境相协调，承载了一定的非物质文化遗产。

三、传统村落基本特征

1. 传统理念

梁漱溟认为"乡村的生活模式和文化传统从更深层次上代表了中国的历史传统"。传统文化中的"天人合一"和"伦理观念"关系人与自然、人与人的和谐，"理性"对待自然是为"达理"，讲究人与人的和谐是为"通情"。这种"通情达理"的传统文化在传统村落中表现得淋漓尽致。传统村落的"理"表现在村落与自然环境的共生关系上和建筑组合的秩序上；传统村落的"情"是指"基于血缘关系基础上的，以宗法观念为核心的村落中人们和谐生存的社会关系"。

2. 自然意识

五千年的农耕文化使先民们很早就建立了与自然和谐共生的"天人合一"思想。村落从选址、空间整体布局到群体组合、单体建筑的空间结构等，都体现出一种朴素的生态意识，如村落选址要择高处、近水源，背山面水并有广阔的自然腹地；村落空间布局契合山形水势，道路街巷随地形或水渠曲直而赋形，房屋建筑沿地势高低而组合；建筑群落往往以庭院为中心，以连廊为纽带进行组合等，这些建造方式都是人们崇尚自然的意识形态在空间上的折射。

3. 空间逻辑

中国古代社会是以血缘关系为纽带联系起来的宗法社会，宗法社会的首要特

征是家国同构，"家"是"国"的缩影，"国"是"家"的扩大，"国"和"家"是相通的；"国""家"关系，君臣关系不过是家庭关系和父子关系的延伸。因此，儒家特别强调"齐家而国治"，"齐家"是"治国"的基础。这种由血缘而派生出来的宗法伦理观念几千年来一直影响着中国传统民居和村落的建筑形态，反过来，传统民居和村落的建筑形态又突出强化了这种宗法伦理精神。

传统村落的布局讲究伦理关系，注重等级制度和长幼尊卑，崇尚"中"的空间意识（居中为大）。祠堂宗庙作为宗族权威的载体，大多占据村落的中心位置。建筑的群体组合往往强调一种源于伦理关系的结构秩序。古人所谓"君子营建宫室，宗庙为先，诚以祖宗发源之地，支派皆源于兹"。

4. 社会形态

村落作为一个相对独立的地理单元，具有较强的内聚性和排他性，村民间具有共同成员感和共同归属感。共处地理领域和共用公共设施是促进无宗族关系村民之间深入交流的两大主要因素。与现代社会"原子化"的社会关系不同，在村落中，人与人之间形成了紧密的社会联系，它主要体现在同宗同源的血浓于水，和谐互助的友邻关系，人与人"德业相劝、过失相规、礼俗相交、患难相恤"的传统道德准则上。

5. 特殊需求

由于聚落形成的历史背景，有些传统村落需要满足居民的一些特殊需求，例如防御需求。受中原文化、封建礼教和宗族观念的影响，以及农耕社会、自给自足的封闭特点、山地丘陵地貌为主的环境、战乱和开拓等历史原因，有些传统村落的防御性特征非常明显。例如，村落选址在周围起伏变化的丘陵地形，有效地阻碍了入侵者的长驱直入；屋场以山为屏，具有很强的隐蔽性和防御性；与水为邻，天然屏障明显，防御性大大增强，可攻、可守、可退。

6. 传统建筑文化及民俗信仰

传统村落的空间形态也深受传统建筑文化学说的影响，从村落的选址、村落形态结构、建筑朝向以及理水的走势都深深地打上了传统建筑文化的烙印，如用"觅龙、察砂、观水、点穴、取向"五诀来确定选址，其布局讲究"负阴抱阳、背山面水"。因"得水为上"而非常重视水的营造，即"理水"。同时，村落的树林、水池等，如同村镇守护神，不仅在心理上给村民安全和庇护感，还能起到遮挡视线和引导的作用。

与传统建筑文化相关而影响村落空间形态的是民俗信仰。它是村民根深蒂固的认同产物，就像血缘和地缘一样是联结村民间的纽带。如同氏族聚落的祠堂宗

庙一样，民俗信仰的物质载体往往也在村落整体布局上占据中心地位，如侗族的鼓楼，它们作为村寨的标志和灵魂，往往在空间上起着统领全村的作用。

四、传统村落价值评析

1. 情感价值

乡土文化作为中国传统文化的重要组成部分，是形成民族文化的基因，它是我们情感、民族的特征。这种乡土文化在创造过程中不断被认同，最后被广泛地接受并得以传承，它包含民族的情感和独特的价值观。乡土文化深深影响着中华民族的生活方式和思维方式，炎黄子孙的灵魂骨髓中都蕴藏着一种深厚的乡土情结（乡愁）。人们谈及的所谓的"落叶归根"，其扎根的载体之一就是广大的传统村落，它是中国人的"精神家园"，也是游子的精神朝圣地和皈依地。

2. 景观价值

传统村落既有大量保存较好的乡土建筑；又有与自然和谐协调的村落选址；还有传统格局和历史风貌，绝大多数传统村落呈现了独具地域特色的美丽景观。

由于文化的差异及自然环境的不同，现存的传统村落形成了各具特色的景观特征，即各地的传统村落都有自己独特的景观意象和文化特征。这些特色景观极大地丰富了我国的整体景观系统，是景观多样性的重要组成部分。目前，我国已经开始探索关于特色景观的保护体系，全国特色景观旅游名镇（村）自 2009 年起由中华人民共和国住房和城乡建设部与国家旅游局共同评定，至今共有三批553 个村镇入选，其中就包含了相当一部分中国传统村落。

3. 历史文化价值

传统村落是各民族千百年留下的宝贵遗产，中华民族的历史便是从村庄聚落发展起来的，不同民族在不同自然环境中形成不同特色的自然村落形态，文化传统丰富多样。我国优秀传统文化最深远绵长的根脉就在传统村落，大量重要的历史人物和历史事件都跟传统村落有密切关系。

同时，传统村落也是最好的民居民俗博物馆，可以在这里研究民居、民俗、建筑、木雕、石雕、砖雕、楹联、宗祠、家风等，尤其是传统村落中的乡土建筑，有着无法估量的历史文化价值。乡土建筑遗产是重要的，它是一个社会文化的基本表现，是社会与其所处地区关系的基本表现，同时也是世界文化多样性的表现。

4. 艺术价值

传统村落除了供人们观赏外，它还对自然、文化教育课堂，对诗歌、绘画、摄影、文学作品有着明显的启迪作用，对各类文字、图片、音像出版物也有着重要的借鉴价值及商业价值。

不仅如此，传统村落本身就孕育了丰富的传统技艺与艺术，这些传统技艺为传统村落增添了艺术气息，也为艺术的发展提供了一个绝佳的环境。

5. 科学价值

从科研的角度看，传统村落的传统建筑较之极重礼制的历代官式建筑，在适应地理环境、适应当地风土人情习俗、满足生存需要诸方面显示出无比的机巧、智慧，极富地方特色和灵动之气，无论是木构造、砖木构造、竹木构造、土木构造，还是石木构造的古村落民居，它们在采光、通风、隔热、防寒、防潮、防水、防震、防风、防虫、防盗等方面都各有独到的设计，村寨布局、道路设置、建筑规制中更是蕴含着丰富鲜活的营造理论、设计方法，是各类研究人员不可多得的实物资料和研究基地。

6. 社会价值

传统村落承载着数千年的历史文化和中国人的乡土情结，村落空间形态诠释着乡情、宗亲、人际关系等社会关系，是中国传统文化的重要组成部分。有别于现代社会中"原子化"、松散化的人与社会关系，传统村落中的人际交往主要在家庭内部，以及亲戚邻里之间，而不是广泛的社会里。以血缘、亲缘为纽带的家庭及家族是社会的基本单位。家庭关系是以血缘、亲情关系为纽带的一种最自然、最直接的人际关系。

传统村落是广大居民社会资本的有效载体。所谓社会资本，是除经济资本和自然资本以外，人们对周边环境、自然和人际关系等的熟悉和了解，以及已经具有的传统技巧和知识的总和。丧失了社会资本，在某种程度上比丧失经济资本和自然资本的后果更为严重。农村传统的农耕和日常生活离不开互帮互助互学，传统村落不仅是农民兄弟心理认同的地理环境，同时也是其社会资本的有效载体，破坏了这些资源，就等于切断了农民致富的一条门路。

7. 经济价值

传统村落具有的情感价值、景观价值、历史文化价值、艺术价值、科学价值、社会价值等，也使其具有独特的旅游利用、文化创意和商业价值。

传统村落是发展乡村旅游、创新农村农业发展道路的基础。国际经验表明，城镇化中期必然伴随旅游潮的兴起。根据中国实践，无论是四川还是浙江、福

建，凡是坚持保护传统村落、发展农家乐的农村，农民的收入增长均快于其他地区。这些地方已经可以超越"村村点火、户户冒烟"的工业化初级阶段，直接以农家乐和乡村旅游来引领绿色农副产品的栽培和生产，实现第一产业和第三产业相随相伴，走出一条绿色的、可持续的农村农业发展新道路。

第二章
福建传统村落的
现状分析

一、福建传统村落的生存保护现状及问题

独特的自然、历史、地理、人文环境，造就了福建丰富多彩的文化，这些文化深深扎根于传统村落中。在现代文明的冲击下，传统村落一步步沦陷，成为城市的附庸品。福建传统村落众多，各具特色，这既是福建宝贵的文化遗产，也是福建传统村落保护的难点。传统村落如何保护，如何发展，保护和发展如何协调等，一系列问题摆在我们面前。

总体来说，福建传统村落保存较好。近年来，保存较好的古村落所在的各级政府也大力宣传，目的是发展旅游业。然而，福建传统村落保护和发展仍面临以下问题：

1. 田野调查资料不足

福建境内峰峦叠嶂，丘陵连绵，河谷、盆地穿插其中，多山的地形为田野调查工作带来了不便，许多保存完好的传统村落藏在大山深处，因此对这些村落的研究资料几乎为零，村内的建筑因年久失修，也得不到及时的维修和保护。

长期以来，由于对传统村落的稀缺性认识不足、保护乏力，造成乡土建筑"自然性毁损"。传统村落大多年代久远，散落在相对偏僻、贫困落后的地区，破败严重。除了极少数传统村落被列为历史文化名村得到较好保护外，大多数传统村落仍"散落乡间无人识、无钱修"，处于自生自灭的状态，得不到有效保护。

2. 村落旅游发展滞后

目前，福建传统村落旅游规模远不及安徽和浙江，尽管土楼旅游在20世纪90年代开展，通过相关传统村落的问卷调查和现场访谈发现，一般来传统村落

旅游的人中 80% 是福建人，并且游客中以大学学历为主，对传统村落旅游信息的获得渠道主要是旅行社和亲友介绍，两者占将近 4 成，而互联网、媒体和广告三种渠道只占 1·成。旅游前，游客对村落的交通、基础设施、服务、餐饮等，都不抱太大希望。一般传统村落里的古建筑保存完好，基础设施也较完善，然而游客稀少。

3. 保护经费捉襟见肘

我国《文物保护法》第二十一条规定："非国有不可移动文物由所有人负责修缮、保养。"传统村落中的古民居等建筑群多数是非国有的私人住宅或村镇集体所有的公共空间祠堂等，这条"谁所有，谁维修"的法规难以实施。因为大多数的所有者本身就贫困，根本无力支付巨大的修复费用。这些老房子由于年久失修，已经无法满足现代人的居住要求，因此许多村民开始拆旧建新，破坏了古村落的整体风貌。

传统村落大多数处于福建经济欠发达地区，保护需要巨大投资，这对基层政府来说是沉重的负担。大多数政府往往会追求短期的政绩而对古村落的保护绕道而行。

4. 村民参与热情不高

在相关传统村落中通过发放问卷和访谈的形式，对传统村落的保护现状、村民参与状况及管理现状等问题的调查显示：村民对村落的旅游管理方式、旅游发展的投资状况满意度很低，和自身利益无关的事情往往漠不关心，对于村落的保护和发展项目参与度不高，普遍认为自己参与村落的保护和发展决策对传统村落并无影响。

当然，传统村落面临的问题多种多样，并且每个村落由于发展状况不同，遇到的问题也不尽相同，因此，传统村落在保护和发展过程中遇到的问题，要根据每个村落的自身状况采用量体裁衣式的方法逐个解决。

5. 深层原因探讨

传统村落大量衰落与消亡的深层原因有：

（1）价值认知和文化自觉的"认识偏差"：全球化和信息化快速发展，使得外部强势文化不断对传统村落地区弱势文化产生冲击，当地居民特别是大量农民工进城后，不仅增加了经济收入，更带来了城市现代建筑和文化的观念，对传统村落的审美价值发生改变，造成建设性破坏。在电视、互联网等现代传媒作用下，外部文化对农村的影响越来越大，乡土文化被人们下意识地视为可以遗弃的对象；同时，乡村文化精英在经济利益的驱动下纷纷出走，乡土文化传承与发展

的主体越来越弱、群体越来越小。另外，一些地方政府缺少相应的规划和措施，导致传承与保护乡土文化缺乏有效载体。

（2）经济落后、经济发展和技术进步：经济落后会缺乏保护传统村落的资金，导致很多传统村落尤其是村落中的代表性历史建筑，由于年久失修而衰败消亡；经济发展对传统村落保护修缮会产生较好的效果，但如果理念、措施失当，部分传统村落被居民使用现代建筑材料和工艺技术手段拆毁，建设所谓的现代新村；再者，出于经济利益驱动的拆村并点，农民上楼，即所谓的土地占补平衡，一些传统村落成了牺牲品。

（3）保护制度与政策"约束缺失"：现有的制度和政策仅对传统村落部分（如历史文化名村、文保单位、非物质文化遗产等）有约束，而不是整体：我国绝大多数遗存下来的传统村落建筑及其文化遗产与形态，一方面具有文物的特征、属性和价值，另一方面却又往往介于"文物"与"非文物"之间。《文物保护法》不能也不宜将其全部涵盖进而纳入保护范畴之内。而对传统村落的保护，目前又尚无其他法规可依。一些地方虽然出台了一些地方性法规，但其局限性非常明显，难以从本质意义上保护传统村落，因而导致大量未列入或不宜、不能列入文物保护范畴的传统村落，正面临着保护法律缺位性损毁。其次，是制度和政策的执行力度不够。

（4）不恰当地进行新农村建设、发展村镇工业以及无序的旅游开发也是造成乡村蜕变的主要原因之一。近年来国家大力推进社会主义新农村建设，这本是利民惠农的好事。但在实施过程中，由于一些不科学的规划设计和急功近利的实施建设，导致很多乡村采用"大拆大建"的改造模式，造成了不良的影响。我们在感叹先前的"造城运动"破坏了城市的历史传统，批评"千城一面"的同时，却又在大规模的"造村运动"中在乡村重复着同样的事。另外，由于旅游业的快速发展带来的大量人流、信息流和异地文化，以及旅游需求对乡村传统文化的一些不当利用，和大量的缺乏规划或规划不科学的旅游接待设施、景点建设，对乡村景观和乡村社会环境造成了严重破坏。

二、福建传统村落保护与发展的核心问题

1. 传统与现代的冲突

全球化和信息化快速发展，使得外部强势文化不断对传统村落地区的弱势文化产生冲击，当地居民特别是大量农民工进城后，不仅增加了经济收入，更带来

了城市现代建筑和文化的观念。从历史进程看，进入近代社会以来，社会的发展过程是传统不断削弱，地位不断衰退的过程，是现代化不断成为主流的过程。

目前传统村落的生存正遭受到来自现代化的巨大挑战。传统村落的居民普遍愿意追求现代化的生活。一般人看来，现代化首先代表着生活条件的先进、便利、舒适、体面等。在有经济实力的前提下，越来越多的中青年农民坚决地选择到城镇购房定居，离开祖祖辈辈生活的村庄，而一般老年村民和部分中青年村民则坚定地选择固守自己习惯了的村落生活；在面对保留传统民居还是建造具有现代设施的新房时，一般村民都会选择到新房居住。

百姓对改变落后生活环境的要求愈来愈强烈，传统村落内或红砖或水泥的新建房屋屡有出现，主要展现村落风貌的石头路面被覆盖了一层厚厚的水泥，生活垃圾随意堆放，污水肆意横流，管线密麻分布，现代化生活正在蚕食着传统村落。

村落外形和设施可以急剧变迁，但是乡村情感、村落历史、个人生活史、长久以来习惯了的村落生活方式等在村民心中不愿舍弃、难以忘怀，而且从文化遗产角度看是应该予以珍藏、保护和传承的。而传统的农具、民居、礼俗、仪式等是传统村落文化的可见载体，被村民当作有助于留住村庄记忆的文化遗产予以保护。村庄记忆的中断将是村落文化传统断裂的一种体现和标志。

在这种情况下，既不能简单地采取激进措施，比如集体迁居并村以急速彻底消灭村落，也不宜为保持传统文化遗产而阻止村民追求现代化生活。传统村落走向现代化是不可阻挡、不可逆转的大趋势。在农村人口占据很大比例、传统文化已遭到过严重毁坏的我国，农村如何走现代化的道路目前还没有比较完善的为各方信服的方案。在传统村落的保护与发展中，必须处理好现代化与传统文化、传统生活方式、传统精神之间的关系：一方面，现代化为提高传统村落中居民的生活水平有重要的意义；另一方面，传统村落中形成的情感联系，生活习俗，生活经验仍然对人的生存发展以及社会的和谐进步发挥着积极的作用。现代化进入乡村并不一定就意味着乡村的消亡，相反，应该探寻一种现代化过程中为传统村落保护与发展服务的更好形式。

2. 城市与乡村的对立

计划经济时期集中农村资源推进城市工业化，在很大程度上阻隔了我国城乡经济一体化进程。改革开放后，实行城乡分离的工业化模式，农产品生产、流通和加工没有形成有机联系，农民难以分享农产品的加工增值收益；乡镇企业在治理体制上独立于行业治理之外，既无所不包，又自成体系；农村"离土不离乡"的工业化和城市：工业化并行发展和过度竞争，使得农村工业在市场供求格局发

生变化和国内市场与国际市场对接后，发展空间受到明显制约，吸纳农村剩余劳动力的能力减弱，直接和间接地影响到农民分享工业化的成果。改革开放四十年来，我国农村面貌发生了翻天覆地的变化，但是，城乡发展水平的差距和城乡居民收入水平的差距，却明显拉大了；农业处于相对薄弱环节的地位没有发生根本改变；多年来出现了农村的劳动力、土地、资金三大要素都大量流失的困难局面。

"空心村的大量出现，是城乡二元结构尚未破除的一个具体表现"。在城乡发展严重不协调的背景下，"人往高处走"必然导致"空心村"的存在，"只要二元结构不破除，这种趋势仍将不可阻挡"。从根本上破解城乡收入差距拉大的途径依然没能找到，农民增收无门，"空心村"现象为此给出了一个注脚。乡村在与城市的竞争中一直处于十分弱势的地位，使得传统村落很难维持自身的发展。

没有经济统筹作为基础，仅靠上层建筑和公共管理层面的统筹，不可能实现农村经济与现代经济的接轨，也不能扭转和消除多年形成的城乡二元结构。"改变农业弱势产业地位是解决空心村的治本之道"。

3. 保护与发展的矛盾

村落的减少趋势是乡村工业化、城镇化的必然趋势，但也要看到这一过程中的盲目性、无规划或规划的不科学问题。传统村落保留了大量各具特色的民居建筑，承载了厚重的中国农耕文明和乡土文化。中国乡土文化的基本特征其实就是村落文化在地域特色上的概括和提炼。保护传统村落和村落文化，就是保护中国乡土文化、保护农耕文明、保护农民的乡土田园、保护农村经济社会可持续发展的珍贵资源。随着经济发展和城市化的快速推进，以"GDP""经济发展"为导向的开发建设成为整个社会尤其是地方政府的重中之重，在这种开发的热潮中，传统村落也就逐渐成为无人问津的对象。事实上，不仅是农村地区的传统村落面临着衰落、消失的命运，即便是城市当中，一些古迹与名胜，也往往不得不让位于开发与建设。城市中的古迹与名胜尚且如此，农村的传统村落也就可想而知了。

但是这种保护与发展的矛盾并不是不可避免的，认为传统村落的保护就是让传统村落一直保持原有状态，避免任何人为的改变，这种保护观念是片面的，也是不符合实际的。实际上，村落的保护与发展完全可以做到两全其美。在这方面，希腊、法国、意大利等西方国家在城市历史街区保护中采取的一些方法能带给我们一些积极的启示。例如，他们在不改变街区历史格局、尺度和建筑外墙的历史真实的前提下，改造内部的使用功能，甚至重新调整内部结构，使历史街区内的生活质量大大提高。民居不是文物古迹，保护方式应该不同，需要研究与尝试。传统村落的保护与发展不但不矛盾，反而可以和谐统一，互为动力。其原则

是，尊重历史和创造性的发展缺一不可。传统村落保护利用要与改变贫困落后面貌相结合。既要高度重视乡土建筑的抢救性保护，又要关注群众民生，合理安排保护利用项目；既要科学整治村落格局风貌及其自然生态环境，又要加强村庄基础设施建设。

传统村落有效保护必须发掘研究遗产价值和合理整治环境。只有充分发掘、研究好传统村落的历史文化与自然遗产，才能作为资源利用，才能在合理开发中发挥其历史文化价值和自然景观价值。传统村落开发利用是有效保护的具体途径。合理开发利用既要整治传统村落格局风貌及其周边环境，又要保护乡土建筑等文化遗产，更要传承乡土民俗文化等非物质文化遗产，在此基础上进行科学有序的开发利用，发展乡村文化休闲旅游，让城市居民和旅游者参与其中。

三、福建传统村落保护与发展的影响因素

1. 理念认识

长期以来，很多地方对传统村落的稀缺性和不可再生性认识不足，许多传统村落的格局风貌、生态环境不断遭受破坏，一些民间民俗文化濒临消亡，不少传统技能和民间艺术后继乏人，面临失传危险。

对传统村落的保护与发展，首先需要充分认识传统村落保护发展的重要意义。传统文化的根基在农村，传统村落是浓缩的乡村历史文化遗产，是承载和体现中华民族传统文明的重要载体。传统村落一旦损毁与消失，就会失去农耕文明与乡村文化的根基，摧毁华夏文明传承的重要载体，势必造成优秀历史文化的断裂。

其次，要充分认识传统村落保护发展的紧迫性。传统村落经受了历代战乱、自然灾害的破坏，面临着工业化、城镇化和现代化的冲击。近年来，随着经济社会的快速发展与乡村社会的急剧变迁，一些传承数千年的承载农耕文明的传统村落正在加速衰落、消失，加强传统村落保护发展十分迫切，时不我待。

另外，要认识到传统村落保护发展在提升村落经济价值中的现实意义。传统村落记载并延续着各地独具特色的历史文化遗产，不仅能为我们展示古代乡村生活的印记，更能从中探索古代人与自然和谐发展的文化渊源。传统村落是发展乡村旅游、创新农村农业发展道路的基础，具有重要的现实与长远意义。

2. 法规制度

传统村落保护在我国兴起较晚，有关的法规制度建设相对滞后；传统村落概

念范围不明确;《文物保护法》《国家历史文化名城名镇名村保护条例》没有对传统村落做出保护要求与规定；各地的地方性保护法规都具有明显的局限性和地域性。传统村落保护对象既包括物质与非物质文化遗产，又包含自然景观与生态环境，再加上各地情况差别很大，保护对象较为复杂且有交叉，有关的研究工作基础相对薄弱，较难制定统一的保护标准和规范。

目前"中国传统村落"的评选是一个良好的契机，应该抓住这个机会，明确传统村落保护的原则与方向，制定相应的法规制度，将传统村落保护纳入城镇化、城乡统筹、文化发展总体规划中管理。一方面，各级传统村落必须编制保护发展规划。规划要确定保护对象及其保护措施，划定保护范围和控制区，明确控制要求；安排村庄基础设施和公共服务设施建设和整治项目；明确传统要素资源利用方式；提出传承发展传统生产生活的措施。另一方面，应尽快出台传统村落保护法规，完善保护管理体制，创新制度设计安排，强化传统村落遗产的有效保护利用。加强科学管理，分级保护。对不同价值的传统村落、乡土建筑制定详细的保护档案，及时采取相应的保护措施。重点抢救发掘传统村落非物质文化遗产，加强发掘、研究、展示、传承、利用，建立保护数据库，利用微机建档，方便查询。发动全民参与传统村落保护管理，建立"政府主导、民众主体、媒体监督、社会参与"的传统村落保护机制，把传统村落保护纳入科学化、规范化、法制化的轨道。

3. 管理因素

在我国，村镇建设规划由住房和城乡建设部管理，物质文化遗产由国家文物局管理，非物质文化遗产由文化和旅游部管理。传统村落具有物质和非物质文化遗产及自然遗产，应该说三部门都该管，但至今没有一个明确的部门专门负责。另外，有的地方政府为追求政绩而急功近利，急于搞"千村一面"的形象工程，随意推倒重建或盲目大拆大建，甚至按照城市模式大搞"村庄建设城镇化"。有的大搞村容整治，修建马路，对于历史文物或历史建筑周边区域的建筑形式和建筑高度控制不力，造成村落传统空间格局遭到破坏，地方特色风貌逐步丧失，使一些乡土建筑原有的生态环境、历史风貌格局被肢解、破坏，甚至建筑本体也难逃被拆毁或迁移的命运。如何协调政府各级管理部门的管理职责，重视传统村落的保护与发展，并且在实际操作中通力合作，各司其职，做好传统村落的保护工作，是传统村落保护发展的重要环节。

首先，各级政府应建立"保护责任追究制"，将传统村落保护纳入政绩考核。端正发展理念，确立保护传统村落就是发展文化生产力、增强文化软实力的新理

念，将保护列入重要议事日程。

其次，针对传统村落的管理问题，应该在县市级政府专门建立传统村落保护领导小组。由领导小组负责该县市范围内的传统村落保护利用的协调指导工作，并作为考核政绩的重要内容。职能部门分别负责对传统村落的保护、修缮、利用、管理工作，定期研究政策措施，协调解决问题。另外，各级人大、政协应尽快组织专家检查团进行巡回督察，切实解决传统村落保护利用过程中存在的问题，并对以后如何加强保护利用提出政策性、规范性、可操作的意见和措施，确保传统村落保护与发展的"双赢"。

4. 资金因素

在现行制度下，地方政府与开发公司对投资维修的积极性普遍不高。许多乡土建筑的维修费用高于新建筑，现行政策规定文保专项资金不能补贴私人产权的建筑，使乡土建筑无法得到及时的维修与保护，只能"任其毁损"。

长期以来，各级财政用于文化遗产保护的资金主要投资在城区文化遗产，"欠债"于农村传统村落，造成众多传统村落乡土建筑因缺乏保护经费而得不到保护和修缮。近年来，虽然各地对文化遗产的保护越来越重视，专项经费也逐年增多，但对于广大的传统村落而言仍是杯水车薪。

在如何解决传统村落保护的资金问题上，地方政府应采取多层次、多种方式筹集传统村落保护利用基金。一是采取市场化运作方式，由政府牵头，理顺关系，通过土地、房屋产权的置换或租赁等方式，鼓励、吸纳多种资本参与传统村落乡土建筑的保护与利用；二是建立政府奖励制度，对传统村落、乡土建筑保护的优秀项目和有突出贡献的个人给予奖励，发挥财政资金的引导促进作用；三是建立"传统村落保护基金会"，向社会、企业募集资金用于传统村落的保护利用，加大传统村落的保护利用力度；四是旅游企业的地税收入应适当返还，作为保护经费，形成以"名镇名村旅游收入来保养名镇名村"的良性运作机制。

另外，在如何解决私人产权传统村落的保护上，应该鼓励扶助村民依靠自身力量"自保"，即通过增强文化自觉，在文物部门指导下村民自己负责乡土建筑的维修、管理和使用，政府给予适当补助维修经费。

5. 技术因素

长期以来，由于乡土建筑市场的"萎缩"，建造、修缮乡土建筑的民间工匠早已纷纷改行，熟知乡土建筑的形制样式和特色工艺的工匠已经后继无人。近年来，由高校培养的相关专业人才极少，具备专业技能的木工、泥工奇缺，严重制约了传统村落乡土建筑保护工作的正常开展。加之有关部门缺乏对乡土建筑保护

维修的技术指导和政策扶持，仅凭农民自身力量难以做好乡土建筑保护与维修工作。如果缺少了传统的建造、修缮技艺，传统村落的保护就无从谈起，即使重新修缮，也无法复原传统村落的原本风貌，因此技术因素也是传统村落保护与发展中的关键一点。

抓紧民间艺术传承人的申报和认定，建立传统村落保护志愿者队伍，加紧传统村落保护法规政策的制定与宣传。打破行业垄断，调整现行文物古建筑维修资质资格准入制度。对建于乡土、传承于乡土、遗存于乡土的传统村落建筑的维修保护，要充分利用传统民间建筑营造的维修工艺与技术力量，制定出适用于地方传统村落维修的工艺技术标准与维修质量控制体制，解决受保护传统村落原住民"看着房子烂，没有资质不准修、没有资格不能修"的难题。另外，举办传统村落保护的专业培训，加强技术和管理人才队伍的培养，为传统村落保护发展提供充足的人才储备。

一、福建传统村落保护与发展的思路及框架

（一）总体思路

传统村落保护与发展的总体思路为：以人为体，整体保护，增强传统村落保护动力与发展活力。

1. 传统村落保护与发展的主要目标

传统村落的保护与发展，其核心问题是正确处理保护与利用的关系。保护与发展传统村落，要坚持"规划先行、统筹指导，整体保护、兼顾发展，活态传承、合理利用，政府主导、村民主体"的原则。传统村落保护与发展的主要目标是纠正目前的无序和盲目建设，禁止大拆大建。鼓励社会力量参与，建立政府推动、社会参与的协同保护发展机制。建立村民主体机制，在制订保护发展规划、实施保护利用等项目时应充分尊重村民意愿。

保护发展传统村落的任务是：不断完善传统村落调查；建立国家和地方的传统村落名录；建立保护发展管理制度和技术支撑体系；制定保护发展政策措施；培养保护发展人才队伍；开展宣传教育和培训。

具体目标有如下三者：

①传统资源得到有效保护与传承。村落自然环境、整体格局风貌、传统建筑、历史环境要素等得到科学保护，传统文化得到有效保护与传承，村落的地域、民族、文化特色得到彰显。传统村落保护应保持文化遗产的真实性、完整性和可持续性。尊重传统建筑风貌，不改变传统建筑形式，对确定保护的濒危建筑物、构筑物应及时抢救修缮，对于影响传统村落整体风貌的建筑应予以整治。尊

重传统选址格局及与周边景观环境的依存关系，注重整体保护，禁止各类破坏活动和行为，已构成破坏的，应予以恢复。尊重村民作为文化遗产所有者的主体地位，鼓励村民按照传统习惯开展乡社文化活动，并保护与之相关的空间场所、物质载体以及生产生活资料。因重大原因确需迁并的传统村落，须经省级住房与城乡建设、文化、财政部门同意，并报中央三部门备案。

②人居环境得到明显改善。村落的水、电、路、通信等基础设施基本完善，积极引导村民开展传统建筑节能改造和功能提升，改善居住条件，提高人居环境品质。正确处理传统村落保护和村民改善生活意愿之间的关系，在符合保护规划要求的前提下，优先安排传统村落的基础设施和公共服务设施建设项目，积极引导居民开展传统建筑节能改造和功能提升，改善居住条件，提高人居环境品质。

③发展能力得到提升。村落形成特色产业；村民人均收入稳步增长，生活质量不断提高，民生状况进一步改善，自我发展能力进一步增强，形成保护与发展的良性循环。正确处理传统村落保护和发展之间的关系，深入挖掘和发挥传统文化遗产资源价值，在延续传统生产生活方式的基础上，适度发展特色产业，增加村民收入。正确处理保护与利用之间的关系，针对不同类型的资源提出合理的利用方式和措施，纠正无序和盲目建设，禁止大拆大建。

2. 保护与发展关系

传统村落的保护与发展不但不应矛盾，反而可以和谐统一，互为动力。其原则是：尊重历史和创造性发展，缺一不可。规划应在严格保护村落传统资源的基础上，采取切实可行的措施，积极发挥各项传统资源的价值，提升村落的发展能力，使人居环境得到明显改善，村民生活品质得到明显提高，从而形成村落保护与发展的良性循环。

传统村落保护利用要与改变贫困落后面貌相结合。既要高度重视乡土建筑的抢救保护，又要热切关注群众民生，合理安排保护利用项目；既要科学整治村落格局风貌及其自然生态环境，又要加强村庄基础设施建设。

传统村落必须处理好保护与发展的关系。在传统村落中，这二者更应该兼顾并举，不能有所偏废。首先，传统村落的村落环境、空间形态、建筑以及非物质文化遗产都具有极大的价值，必须坚决进行保护，尤其是那些历史文化意义重大的物质或非物质遗产，更是必须尽全力去抢救和保护。"保护"指采取措施，确保传统村落的生命力，包括传统村落各个方面的确认、立档、研究、保存、保护、宣传、弘扬、传承（主要通过正规和非正规教育）和振兴。但是另一方面，村落进入当代，生产和生活都要现代化，村落里的人有享受现代文明和科技成果

的权利。这种发展不仅体现在物质生活层面，同样也体现在精神生活和文化层面，各个群体和团体随着其所处环境、与自然界的相互关系和历史条件的变化不断使代代相传的传统村落文化得到传承与发展，同时让生活在传统村落中的村民具有一种认同感和历史感，从而促进了文化多样性和人类的创造力。

有效保护传统村落必须发掘研究遗产和合理整治环境。只有充分发掘、研究好传统村落的历史文化与自然遗产，才能作为资源利用，才能在合理开发中发挥其历史文化价值和自然景观价值。传统村落是我国文化遗产信息量最大的最后一块阵地，具有独特的历史价值、文化价值，具有科学"史考"的研究价值、科普价值，具有"史鉴"的学术价值、教育价值，具有"史貌"的审美价值、欣赏价值，具有发展旅游的经济价值，具有中华民族的独特精神内涵。只有意识到传统村落的价值，并通过各种手段保护好传统村落这一重要载体，才能对传统村落的各种价值进行合理利用。而如果没有摆正传统村落的位置，在传统村落中大拆大建，那么随后的合理利用也就失去了根基。

传统村落合理利用是有效保护的具体途径。合理利用既要整治传统村落格局风貌等自然遗产，又要保护乡土建筑等文化遗产，更要传承乡土民俗文化等非物质文化遗产，在此基础上进行科学有序的合理利用，发展乡村文化休闲旅游，让城市居民和旅游者参与其中。传统村落的保护绝对不是简单的听之任之，放任不管。相反的，传统村落的保护必须与传统村落的发展结合起来，只有传统村落找到了能支撑自身生存发展的经济动力，传统村落中的居民生活有了保障，生活水平得到提高，传统村落才能得到延续，否则只能逐渐走向衰落和死亡。

（二）福建传统村落的保护框架

在传统村落的保护中，首先制定完善的保护规划，对传统村落保护涉及的各个方面进行统一的梳理和指导，其次应该注意坚持"整体保护"和"活态传承"的保护原则，同时应该在保护实践中充分动员各方的力量，建立多方参与的服务组织，让保护工作能够顺利有序地进行下去。

1. 规划先行，统筹指导

传统村落的保护是一个复杂的工程，涉及各个方面的问题。在对传统村落实施保护的时候一定要坚持"规划先行，统筹指导"，合理地制定解决理念、法规、管理、资金、技术等方面问题的措施，使得历史文化遗产能够得到有效的保护，解决传统村落的破败衰落、人口外迁的问题，维护传统村落空间格局的同时，能够通过现有的技术提高村民的生活水平。

福建省文化厅联合省住房和城乡建设厅等有关部门开展了《福建省历史文化名城名镇名村保护条例》立法调研，条例将于近期颁布实施，为名镇名村保护提供法律保障；出台了《关于重点扶持历史文化名镇名村保护和整治的指导意见》；编制了《福建省历史文化名镇名村保护与发展规划》，从分类与价值评价、保护发展战略、保护利用规划、政策保障措施等方面提出了省域范围内名镇名村和传统村落保护与发展的宏观规划；制定了《福建省历史文化名镇名村保护和整治导则》，明确了名镇名村和传统村落的传统格局保护、文物建筑和历史建筑保护、基础设施建设、安全与防灾、环境整治、非物质文物遗产保护、保障机制等方面的技术要求。在省级层面抓好顶层设计，为整体保护利用工作提供政策保障，并推动其走上法制化、规范化轨道。同时，要求并指导传统村落提前做好新村建设、产业发展、旅游设施、村庄整治、生态恢复等规划工作，确保基层思路清、方向明。

2. 技术指导，整体保护

根据住房和城乡建设部制定印发的《传统村落保护发展规划编制基本要求（试行）》，传统村落应进行整体保护，将村落及与其有重要视觉、文化关联的区域整体划为保护区加以保护；村域范围内的其他传统资源亦应划定相应的保护区；要针对不同范围的保护要求制定相应的保护管理规定。传统村落作为一种不可多得的历史文化遗存，是一个有机的整体，既有自然景观，又有人文景观，众多民居建筑不是孤立的，而是被联系在传统村落格局之中；既有物质环境，又有活跃于这一环境之中的社会生活和民俗民风；是不同时期在特定的地理位置上，由不同的个体创造的和谐统一体。因此，传统村落的任何保护性举措和利用性举措都必须坚持整体保护原则，而不是单纯对某些个体进行保护。

首先，要对传统村落进行整体保护，就是要尽量保持传统村落的历史原真性与统一性。传统村落的所有历史遗存都是在特定的环境下生存的，因此，在保护传统村落的时候必须注意不能对这种历史环境造成过多地影响。有时适当地更新也是必需的，但要注意有机更新，即在不破坏原有氛围的前提下有选择、有步骤地修旧如旧，或新旧协调。当古建筑的初始形式有特殊的历史意义，而缺失部分在总体上只占很小分量时，可以修复缺损。对传统村落的典型建筑，如祠堂、著名商人的宅第、书院等，也可以部分修复，重要的已毁坏的标志性建筑可以依旧样重建。但要有测量的精确性，建筑的立墙、启窗、作顶、挑台应与原有建筑一致。在青瓦、漏花、木饰、石阶、栏杆、脊饰等细微的选择上也应当精益求精，以使修复部分与其余部分整体上协调，以保持民居的历史可读性。有关部门应制

定严格的保护规划，户主按照规划进行合理维修的，政府应给以适当补贴，反之则应处以罚款。

其次，对传统村落的整体保护，主要是要注重营造传统村落的独特文化气质风貌，通过强调传统村落的系统性、有机性和整体性，塑造各具特色的村落文化氛围。传统村落的保护涉及的内容很广，现状复杂，传统村落的文化遗产既包括物质文化遗产，又包括非物质文化遗产，同时这些遗产又是深深植根于这个传统村落形成的特定文化生态环境中的。整体保护要求针对文物、街区、古村落总体格局的地域历史特征，采取从点到面到区域整体分层保护的原则。因此，对传统村落的保护不能仅注重物质层面的修复和保护，更应该注重对文化和社会生活环境的维护。应该为传统村落创造良好的生存大环境，让传统村落的周边环境也体现出与传统村落历史文化相协调的整体风貌，形成系统地展示传统村落历史文化风貌的整体历史文化环境。

另外，整体保护原则要求设立文化遗产生态保护区。死水养不出活鱼。要让一池水都活起来，就不能只是对某一个非物质文化遗产项目或者某一处古建筑的保护，而是让文化遗产生存的环境变成一池活水，体现出"活态传承"的原则。文化遗产的形成，是历史、地理、经济、人文等综合环境造成的。例如，南音、梨园戏、泉州提线木偶之所以产生于泉州，是泉州总体的文化生态所形成的结果，要保护好这些非物质文化遗产项目，就需要在泉州文化生态保护区的整体生态中进行，在当地群众生产生活的过程当中进行保护传承。文化生态保护区的设立，就是要让文化遗产项目在文化生态保护的大环境中得到整体性保护。

3. 突出特色，活态传承

活态传承，即在遗产生成发展的环境当中进行保护和传承，在人民群众生产生活过程当中进行传承与发展，而不是以现代科技手段对文化遗产进行"博物馆"式的保护，用文字、音像、视频等记录非物质文化遗产项目的方式。活态传承能达到遗产保护的终极目的，尤其是对非物质文化遗产的保护方面，活态传承这种保护方式显得尤其重要。

第一，活态传承思想体现了对人的重视。在过去的遗产保护中，往往重视对文物、历史建筑等的保护，而忽视了在人们的生活中代代相传的文化遗产。活态传承的原则是要求对非物质文化遗产项目代表性传承人以及掌握传统村落建设技艺的传统工匠，应该给予足够的重视与扶持。非物质文化遗产的载体是传承人，传统村落的建设方法是传统村落延续的重要基因。所以，无论是英雄史诗、民间传说的讲述者，还是技艺精湛的工艺美术大师，无论是礼仪节庆的组织者、实施

者，还是口传身授出神入化的表演艺术家，没有他们，就没有文化遗产的传承。对于他们，国家不仅要给予他们荣誉，也应给予他们资金扶持，更需要帮助他们传授弟子，使得这些技艺的传承人能够将技艺一代代流传下去，让数千年积累的文化传统继续保留下去。

第二，活态传承提出对非物质文化遗产进行生产性保护。我们今天衣食住行当中的许多部分，都蕴含着非物质文化遗产的内容，这些内容依然拥有强大的生命力。对这些项目进行生产性保护，就是在符合保护规律的前提下，通过生产，使它们能够更好地传承与发展。一方面，通过生产性保护，使得这些非物质文化遗产项目能够在市场环境中生存，获得经济效益，从而调动从业人员的积极性，并吸引更多的人才进行这一项目的学习与传承；另一方面，通过生产经营，让这些非物质文化遗产项目的产品走进千家万户，成为人民大众日常生活中的一部分，让非物质文化遗产扎根民间。这样，非物质文化遗产的传承发展才能建立良性循环，成为具有造血功能的完整系统，实现活态传承。

第三，活态传承要求将文化遗产与人民的生活融为一体，而不是完完全全地保留以往的风俗习惯。今天的世界飞速发展，许多新科技、新观念层出不穷，这些新的创造萌生于传统当中，又不断积淀成为新的传统。不可否认，由于生产生活方式的改变，有一些非物质文化遗产项目已经不适应今天的社会生活环境。从前生活在高山之巅的民族要从山脚下背水，一边走一边唱，成为这个民族的生活习俗。然而当自来水引到家中，再不需要下山背水，自然不必为了保存唱歌这项习俗特意下山背水，而可以作为一项民俗活动来演示，告诉后代曾经有过的历史风俗。我们今天保护非物质文化遗产，不是为了强行保存已经过时的风俗习惯或传统技艺，而是为了尊重我们的历史，尊重我们祖先的创造，尊重社会历史的自然发展规律，让这些非物质文化遗产活在当下，并从中寻找持续发展与创新的灵感和力量。

4. 政府主导，多方参与

一方面，政府应该充分发挥传统村落保护中的主导作用，处理好传统村落的保护与发展的关系，理顺各方关系，动员多方力量参与到传统村落的保护和利用中来。发动全民参与传统村落的保护管理，建立"政府主导、村民主体、社会参与"的传统村落保护机制，使传统村落保护更加规范化。尝试建立多方协作的工作方式和工作规程，成立诸如奥地利的 LEADER 和法国村委会这类专门对传统村落的保护与发展负责的组织机构，让传统村落的保护更加规范化和常态化。

另一方面，要充分发挥村民在传统村落保护中的作用。鼓励"村民自保，村

集体筹资保护"等形式，由政府主导，鼓励帮助村民依靠自身的力量对传统村落进行保护，在文物、建设部门的指导下对乡土建筑进行维修、管理和使用，政府应该为这种"自保"行为提供适当的资金和技术支持。同时发动村民对乡土建筑的破坏、损毁行为进行监督，规范乡土建筑的使用、管理、开放、展示行为。如果村民确实没有能力对自身居住的房屋进行符合要求的修缮，应该由负责传统村落保护的组织机构出面，或者将产权进行转移，或者由村集体补贴，或者垫资抢修乡土建筑。

总之，应该动员多方面的力量，参与传统村落的保护中来。

（三）福建传统村落的发展思路

传统村落的保护必须与传统村落的发展结合起来，只有传统村落找到了能支撑自身生存发展的经济动力，传统村落中的居民生活有了保障，生活水平得到提高，传统村落才能得到延续，否则只能逐渐走向衰落和死亡。因此，必须把传统村落"人居环境得到明显改善"和"发展能力得到提升"作为发展的重要方向。从提供基础设施、公共服务、社会保障等一系列措施来提高村民的收入水平和生活质量。

1. 民本优先，注重持续发展

传统村落的保护表现出保护与利用、传承与发展的复杂关系，体现了人文与自然、生存与生活、家庭与社会的广泛联系，也反映了群众改善生活、追求富裕的刚性需求。因此，我们注重把保护利用与当地特色产业发展相结合，与群众生活水平提高相结合，着力在文物保护和让村民满意上寻找契合点。充分发挥当地村民的主人作用，灵活运用行政、经济等手段协调各方利益关系，推进工作落实。

传统村落的基础设施水平低下，公共服务缺乏，这会直接导致村落缺乏吸引力、人口的流失和村落的衰败。因此，要解决传统村落的衰落问题，一定要改善目前传统村落中的基础设施和公共服务。

2. 政企联合，注重体系构建

一方面，要提供基础设施建设和公共服务，关键是要形成以传统村落保护与发展为目标的政府和社会服务体系。各级政府部门应该对传统村落的保护与发展给予高度的重视，对传统村落的建设和维护活动，规划、文物、建设等部门应该制定相应的保护措施和规范。在条件合适的县市级政府，建立传统村落保护领导小组，由领导小组负责传统村落保护与发展的协调指导工作。督促各职能部门分别负责对传统村落的保护、利用、管理工作，研究传统村落保护的政策措施，并

解决实施过程中遇到的问题。

另一方面，应该积极促进政府向社会力量购买服务，为传统村落的保护与发展提供人力、物力的支持。例如传统村落的修整和维护，可以通过协商，按照一定的方式和程序，交由具备力量的社会力量承担，并由政府根据服务数量和质量向其支付费用。政府向社会力量购买服务，一则能够减轻政府的负担，二则能够融入更多的理念、方法，共同为传统村落的保护与发展贡献力量。

3. 制度优化，注重城乡一体

农村地区社会保障的缺失，也是导致传统居民纷纷选择进城务工，形成大量"空心村"的原因。确保空心村"土著"的基本生活保障，加快发展学有所教、劳有所得、病有所医、老有所养、住有所居的全覆盖的社会保障体系，是解决传统村落衰败问题的关键举措。

党的十九大报告中指出，要按照兜底线、织密网、建机制的要求，全面建成覆盖全民、城乡统筹、权责清晰、保障适度、可持续的多层次社会保障体系。全面实施全民参保计划。完善城镇职工基本养老保险和城乡居民基本养老保险制度，尽快实现养老保险全国统筹。完善统一的城乡居民基本医疗保险制度和大病保险制度。建立全国统一的社会保险公共服务平台。统筹城乡社会救助体系，完善最低生活保障制度。完善社会救助、社会福利、慈善事业、优抚安置等制度，健全农村留守儿童和妇女、老年人关爱服务体系。在实际工作中，要结合传统村落的实际情况，加快传统村落社会保障体系建设步伐。

稳步提高农村社会保障支出在财政总支出中的比重，让广大农民切实从农村社会保障制度中享受更多的实惠。打破城乡分治的制度设计和政策框架，改变目前财政对农村社会保障扶持偏少的现状，在农村首先建立健全以养老保险、医疗保险和最低生活保障为主的社会保障线，实现农民老有所养、病有所医、基本生活有保障的目标。为此，除了建立健全以大病统筹为主的新型合作医疗制度和医疗救助制度外，还要积极推进农村最低生活保障制度和农村养老保险制度建设。

4. 主动参与，注重收入提升

传统村落保护利用必须以民为本，调动农民积极性，尊重村民自治的权利。通过利用传统村落的自然人文资源进行开发获取利益，应该确保传统村落的开发成果能够惠及全体村民、为社会所共享。只有传统村落能够为当地居民带来经济利益，使居民收入水平能够不断提升，传统村落才能实现不断发展，免于衰落的命运。

地方政府应充分尊重传统村落原住民的知情权、自治权、参与经营权、决策

权和监督权，不应以各种形式取代村民行使权利，尤其不能一味想着开发和旅游，把传统村落变成纯粹的赚钱工具。必须把传统居民收入水平的提升作为传统村落开发的首要目标，而不应该仅为了满足政绩的需要或者招商引资的需要。只有居民的收入水平提升了，才能够更大地调动村民保护传统村落的积极性。广大农民是传统村落保护的重要力量，只有农民群众认识到保护传统村落的意义以及与其切身利益的关系，才能促使全体村民参与传统村落保护与利用的行动中来。

传统村落保护要注重村民经济和文化利益。把注重增加村民的经济利益和尊重维护村民习俗的文化权益作为保护利用的出发点和落脚点，确保村民在保护利用中获取收益，让合理利用的成果惠及全体村民，实现社会共享。

5. 立足实际，注重环境改善

传统村落不同于其他古文化遗址，也不是一个单纯的博物馆，而是一个鲜活的处于变动中的有机体。传统村落人文旅游资源显然不只是它的民居建筑，其传统日用品及相关实物工具、民俗文化、传统食品加工方法、民族服饰、传统手工艺品也是不可多得的资源，应及时进行抢救性保护。但是在保护的同时，不能影响传统村落居民生活质量的提高。离开了传统村落居民的活动，传统村落的特色和生命力也就无所依附了。但生活在其中的居民，同时又是生活在当今时代的人们，他们有提高生活质量的需求，有向城里人生活看齐的愿望。社会制度的根本变革和生活方式的改变，决定了简单要求传统村落居住者放弃对新生活的追求是不现实的。不考虑他们的这一生活需求，传统村落的保护是不可能得到当地人的支持的。

因此，在不影响传统村落风貌的情况下，应该对传统村落中的生活环境、基础设施进行整治更新，让传统村落的村民也能享受到现代生活方式其为生活带来的舒适和便捷。在对传统村落进行保护的时候，应该将传统村落居住村民的改善意愿考虑进去，在保护传统村落文化遗产的真实性和完整性的前提下，满足他们改善生活质量的愿望。

二、福建传统村落保护内容

确定传统村落的保护内容具体是指在村落传统资源调查的基础上，综合分析村落的特征，明确其载体，这些特征及载体正是需要着重保护和延续的对象。同时，应分析这些特征及其载体的综合价值及其面临的主要问题，从而有针对性地制定保护及控制措施，提出解决问题的方法。具体来说，传统村落的保护内容包

括以下几个方面。

1. 村落选址与山水格局保护

传统村落的选址一般具有传统文化特色和地方景观代表性。利用自然环境条件，村落布局与自然山水融为一体，包括沿江、抱湖、靠山等几种选址类型，能够反映特定历史时期的居住文化和地域背景，并与维系村民生产生活的方式密切相关。这不仅构筑了一个有利于子孙后代生存繁衍的生活空间，还营造出了一个富有诗意和哲理的精神家园，同时产生了富有厚重的历史感和怡情养性的审美情趣。

对村落的选址和山水格局进行保护，首先要对传统村落的选址特征进行分析。主要是通过文献阅读、村民访谈等，了解村落的选址理念以及与之相关的山体、河流、植被等要素，通过图解分析村落的选址与布局特点、轴线对位、视觉廊道等；其次，应该对村落的自然景观环境特征进行分析，即通过文献阅读、村民访谈、实地考察等，对与村落有直接的视觉关联的山形水系、地形地貌、自然植被、农作物等的形态和种类特征进行考察与分析，对主要景观特征及其内容构成、形态特征、人文内涵等进行分析；最后，还要通过对既有规划分析、村民访谈与实地考察等，分析对村落选址、自然景观环境造成破坏性影响的土地利用、工程项目、建构筑物等因素。

对自然植被、农作物等的形态和种类特征应该进行实地考察和拍摄，分析植被和农作物类型，并且制定适当的保护措施。

对村落的选址和山水格局进行保护分析应该至少得出如下成果：村落选址与自然景观环境特征分析图、村落选址与自然景观影响因素分析图。通过对环境特征和影响因素的识别，明确具体的保护对象并制定相应的保护措施。

2. 传统建筑保护

在传统村落中，传统的乡土建筑往往是最能体现传统村落特征的关键要素。这些传统乡土建筑承载着数千年的传统文化和乡土情结，是美丽中国的核心景区和景观"基因"，具有多方面的珍贵价值，包括情感价值、景观价值、历史价值、科学价值、艺术价值、文化价值、社会价值等，也具有独特的旅游利用、文化创意和商业价值。我国传统建筑（乡土建筑）根据其不同的特点，可以分为多种类型。

从生活在传统民居中的人的生活习俗、行为特征与空间模式的互动角度，大体上分为院落式民居、楼居式民居和穴居式民居。从气候、地形角度，即适应环境要求的角度，可以将传统建筑分为平屋顶、缓坡屋顶和陡坡屋顶。从民族、历

史、文化、宗教，即历史渊源和精神需求的角度，可以分为宗教建筑、历史建筑、民族特色建筑等。

3. 村落形态保护

村落格局鲜明，体现出有代表性的地方传统营造文化，同时能够鲜明地体现出有代表性的传统生产和生活方式，以及村落整体格局保持完整的乡土特征。村落形态包括山区、林区、平原、沿海地区等不同的村落形态布局类型。村落形态主要包括了村落的街巷格局、村落肌理、整体风貌等。传统村落保护中的一个重要内容就是村落形态的保护，从古至今，不同地区的村落形态格局都有自己的特征，因此对村落格局的整理和复原工作十分重要。

对传统村落形态的分析内容包括：

（1）村落传统格局演变分析：通过文献研究、舆图解读、实地考察研究等，对村落格局的产生、发展、演变过程进行分析。

（2）格局特色分析：主要的空间序列和景观轴线、景观视廊等。

（3）街巷河道分析：与村民生产生活利用的关系。

（4）公共空间分析：村落内外主要公共空间体系的构成，各空间的规模、形状、周边建筑、景观要素等，以及村民对其传统的使用方式。

（5）整体风貌特征分析：村落的整体轮廓线形状，主要的控制因素（如建筑与植被的关系、制高点的分布）等。

（6）影响因素分析：对村落格局和整体风貌构成不利影响的因素。

4. 生产生活要素保护

传统村落中居民的日常生产、生活活动是传统村落精神的最好体现。只有有了居民的活动，只有代代延续下来的乡土文化与人际交往模式得到传承，传统村落才能够保持自身的活力，并得以不断发展。在人们的日常生产、生活活动中，最主要的影响因素包括：古井、古树、广场、街巷交叉口等公共交往空间；风水要素；生产景观要素等。

对居民的日常生产、生活活动要素进行保护，实际上就是对传统村落的历史环境要素进行分析和保护。历史环境要素包括：反映村落历史风貌、构成村落特征的要素如塔桥亭阁、井泉沟渠、壕沟寨墙、堤坝涵洞、石阶铺地、码头驳岸、碑幢刻石、庭院园林、古树名木以及传统产业遗存，历史上建造的用于生产、消防、防盗、防御的特殊设施等。对历史环境要素特征进行分析，主要应该从以下几个方面进行。

（1）地域、民族特征。历史环境要素的功能、所用材料和筑造工艺的地域、

民族、时代特点。例如，对历史环境要素地域特征进行分析，找出了水渠、古井、石板等重要的保护对象，对其在人们的日常生产、生活中的作用进行还原，从而对传统村落的保护提供指导。

（2）体系化特征。因村民生产生活的各种需求，如商贸交通、手工业生产、防御性等，而产生的一系列历史环境要素的系列构成及相互间的关系。

（3）技术与艺术特征。历史环境要素在促进人与自然和谐、有效利用自然资源等方面的智慧和技巧。

（4）影响因素分析。对各历史环境要素的保护与传承构成不利影响的因素。

传统村落历史环境要素的分析成果大致包括：历史环境要素地域民族特征分析图；历史环境要素体系化特征分析图；历史环境要素影响因素分析图。

5. 非物质文化遗产保护

传统村落拥有的非物质文化遗产也是应该重点保护的内容。而且，在现有的设计村落文化遗产的保护政策中，普遍对非物质文化遗产的重视不够，学术研究中也普遍出现重视物质文化遗产研究，轻视非物质文化遗产的现象。传统村落中的非物质文化遗产受到的重视明显不足，这也导致了非物质文化遗产的迅速衰亡。故而，对传统村落中非物质文化遗产的保护就显得尤为重要。

非物质文化遗产的调查内容包括：村落中的传统民俗和文化，包括非物质文化遗产代表性项目及其他传统的生产生活方式、乡风民俗等内容，以及其所依托的场所和建筑、用具实物的保护；了解相关知识的特殊村民（如族长、寨老、非遗传承人、老手艺人、庙会主持人、传承了传统建造技术和手工艺的工匠等）；传统手工艺品、食品、器具的做法工艺等。

对非物质文化遗产特征的分析应该从以下几个方面进行。

（1）传承与演变特征。各项主要非物质文化遗产产生与发展的原因及演变过程、传承现状等的分析。

（2）地域与民族特征。主要的非物质文化遗产活动的地域性、民族性特点。

（3）场所线路分析。主要的非物质文化遗产活动与村落形态的关系，与村民生产生活的关联度分析等。

（4）实物用具特征。用具制作的工艺、材料特征、使用方式等的分析。

（5）非物质文化遗产传承的不利因素。

对于非物质文化遗产特征的分析，最后应该得到包括非物质文化遗产活动场所、线路变化分析图在内的一系列成果。

6. 传统村落特征总结

通过以上对传统村落的选址、山水格局、传统建筑、村落形态、日常生产生活活动、非物质文化遗产等方面的特征进行详细深入的分析后，应该对传统村落的特征进行综合描述，整理出最能体现该传统村落特色的综合特征。这种综合特征的分析应该从以下几个方面切入。

（1）与较大区域范围内（地理区域、文化区域、民族区域）相比较的特征。

（2）与邻近区域内（县、邻近县）相比较的特征。

（3）传统村落的综合特征。

在传统村落资源调查的基础上，综合分析村落各项资源的特征以及综合特征和价值，分析传统资源保护面临的主要问题，可以作为传统村落保护与发展规划的指引。

三、福建传统村落发展定位

传统村落的发展定位要区分现实村落的功能与定位村落功能。要把握哪些是合理的，可以继续发展；哪些是不合理的，要进行限制或控制发展。发展定位一定要避免"就村落论村落"。定位的确定应着眼于村落的基本活动部分，要从区域的角度看待村落的作用和特点，包括村落与区域的关系，村落与周边地区的分工。

传统村落的发展定位包括三项基本内容，区域定位、功能定位、产业定位。村落发展定位的三项内容与规划性质和发展的根本有关。从规划的性质看，即规划的综合性、战略性和地域性。

1. 区域定位

区域定位是对传统村落在区域中的地位及空间影响尺度的界定。随着现代化交通与通信技术的发展，地区联系不再局限于周边地区，而是与更广大的区域和地区发生联系。一方面接受其他地区和区域的辐射和吸引，另一方面向其他地区和区域辐射自身的物质、能量和信息。传统村落的经济社会活动的影响是有空间性的。因此，在不同尺度的区域空间内村落功能会有所不同。因此，要在不同的区域内对传统村落的功能进行定位。具体来说，区域定位是对传统村落发展所依托的区域和村落的功能辐射联系区域的确定，根据与地区联系的紧密程度可以划分出不同的区域层次，从而为制定村落规划与发展战略提供区域依据。

2. 功能定位

功能定位是指地区在一定区域内的经济、社会发展中的所发挥的作业和承担

的分工，是根据传统村落发展的历史现状基础与区域条件等，确定村落发展的主要功能与方向。区域定位与功能定位是相互联系和互为基础的，区域定位是对村落功能作用的区域进行定位。因此，不同类型的功能具有不同的服务空间范围。功能定位是村落发展定位的核心，要求突出村落的特色资源，找准自身的比较优势，孕育特色竞争力。

3. 产业定位

产业定位是指地区根据自身具有的综合优势和独特优势、所处的经济发展阶段以及各产业运行特点，合理地进行产业发展规划和布局，确定主导产业、支柱产业以及基础产业。主导产业是指在某一经济发展阶段中，对产业结构和经济发展起较强的带动作用以及具有广泛、直接或间接影响的部门，它能迅速有效地利用先进技术和科技成果满足不断增长的市场需求，具有持续的高增长率和良好的大发展潜力，处于生产联系链条中的关键环节，是区域经济发展的核心力量。

四、传统村落保护与发展主体

村落既是居民生产、生活和娱乐的场所，也是获得人生价值、实现个人发展的基础。任何外来的政策在村落的实践都不可能凭空进行，必须与村落内的种种因素接触、碰撞，这些外来力量与村庄内生因素的相互作用，促成了政策实践的过程、机制和后果，影响甚至重塑了村落形象。

党的十九大报告指出，要加强农村基层基础工作，健全自治、法治、德治相结合的乡村治理体系。培养造就一支懂农业、爱农村、爱农民的"三农"工作队伍。

时代的命题、现实的基础共同推演出一个迫切的传统村落建设课题——如何借助多元利益主体、利用外部资源促进村落内源发展？在传统村落的保护和发展过程中，更应注重村落经营管理过程中多个参与主体之间的协调、配合，以期实现传统村落可持续发展、各相关主体和谐共处的多赢局面。

从对传统村落保护和发展起到重要作用的政府部门、社会组织、当地居民，以及媒体、学界、商界应承担的责任入手，探讨传统村落可持续发展的经营管理模式。

1. 政府部门

中央政府和地方政府作为传统村落保护和发展的组织者，应协调各有关部门有计划、有步骤、创造性地推动村落规划建设工作，其主要职能包括：

（1）制定公共政策。如相关传统村落保护的法规条例；

（2）参与监督、管理。对历史文化村进行评定、宣传和监测，通过行政职权防止对纳入保护范围的古村落的盲目开发和破坏性建设，以及监测古村落的土地使用情况；

（3）协调村落规划、整治和建设。在公共设施服务、旅游管理、交通等方面提供服务及发挥应有的指导作用；

（4）财政支持。为传统村落的保护与发展提供一定的公共财政支持。

如今，传统村落保护和发展工作已受到各级政府的普遍关注。2013年7月，住房和城乡建设部、文化部和财政部联合下发通知，要求各地做好中国传统村落保护发展工作，建立中国传统村落档案，完成保护发展规划编制。通知说，2013年中国传统村落保护发展工作的目标是做好基础性工作。通过科学调查，掌握传统村落现状，建立中国传统村落档案；完成保护发展规划编制。传统村落保护发展工作要坚持以下原则：打好基础，循序渐进开展工作；保护为主，建立规划协调实施机制；探索模式，逐步改善生产生活条件；政府引导，建立全社会保护责任机制。

通知要求，省级部门要尽快组织对第一批已列入中国传统村落名录的村落进行科学调查，完成中国传统村落档案的制作。科学调查完成后，按"一村一档"建立中国传统村落档案。省级部门要抓紧组织开展第一批列入中国传统村落名录但尚未编制规划的村落的保护发展规划编制工作，重点做好各类传统资源的特征分析、分级分类确定保护对象和保护范围、根据不同类传统资源的保护需求制定保护要求和保护传承措施等规划内容的编制工作，妥善处理好改善村民生产生活条件与保持村落整体风貌、延续传统生活的关系。其中，确定保护对象和保护范围要符合有关法律法规的规定，集中反映村落保护价值的重点地段要达到修建性详细规划深度，典型传统建筑的修复整治要达到建筑设计方案深度。

2. 社会组织

传统村落保护和发展中涉及的社会组织包括开发机构（各类企业、投资机构）、民间组织（非政府组织、非营利组织）。

（1）开发机构（各类企业、投资机构）

开发机构对于进行旅游开发的传统村落来说自然起着举足轻重的作用。虽然旅游开发并非古村落发展的唯一选择，但对于部分适宜旅游开发的传统村落来说，对其旅游资源进行适度的开发利用可以促进村落的保护与发展。一般传统村落所在乡镇的地方财政均较困难，缺乏村落开发所需要的资金，而传统村落旅游

开发又是一个较大的系统工程，单靠村民的力量可能很难办到（个别村落除外），所以联合开发商，借助其资本对村落进行合理适度开发，同时加强监管，是传统村落保护与发展的一条有效路径。在必要的时候，开发机构将作为村落整治运行的经济主体，通过市场运作进行传统村落整治、基本建设、产业开发等。

首先，应规范和调控商业开发，实现以保护制约开发、开发促进保护的可持续发展模式。曾经，丽江模式的成功证明了保护与开发可持续发展的可行性，商业开发可以促进当地的经济发展，同时为古村落的保护提供资金来源。但是旅游开发会影响当地特有的社会文化结构，商业开发过度会破坏当地的传统文化和建筑风貌，缺乏有效的商业开发又不能达到促进经济发展、提供保护资金的要求。因此，开发机构的商业开发应注重对度的控制，结合本地情况，以保护为主、开发为辅的原则制定长远规划和政策方针，避免对传统文化和建筑风貌的影响和破坏。

其次，开发机构应努力丰富旅游产品，加强对传统文化的开发。目前国内很多传统村落仍停留在文化观光旅游阶段，而非文化休闲旅游阶段，对游客的体验和历史文化内涵的开发不够，限制了自身旅游业的进一步发展。因此，可以借鉴凤凰古城、周庄等成功的开发模式，加强资源整合，丰富旅游产品，形成多元化的旅游产业结构。同时推出体验产品，丰富游客的体验经历，加强对传统文化资源的开发利用。

最后，开发机构应注重对传统建筑风貌的保护，避免传统文化形态被破坏，传统古村落的存在价值是以其完整的文化形态而出现的，不仅包括古建筑物、古朴的环境和众多文物遗存，还包括世代生活的原住民的传统生存状态。如目前丽江过度的商业开发导致纳西文化和传统建筑风貌等传统文化形态的破坏，宏村因人为因素对古建筑遗迹和环境造成破坏和污染。因此，政府和管理部门应制定相应的保护措施和法律方案，通过政策管制等手段规避部分企业因一味追求经济利益而带来的消极影响。

总体来说，传统村落的旅游开发最终要以保护当地传统建筑文化风貌和环境为主，只有完整的文化风貌和古朴的环境才能体现传统村落的价值，维持当地旅游业的持续发展；同时只有适度的旅游开发才可以促进当地经济的发展，为再次保护提供有利条件，不能只注重经济利益。总之，只有做到保护得体、开发得当，才能最终走上传统村落保护和可持续发展的双赢道路。

（2）民间组织（非政府组织、非营利组织）

民间组织对政策、信息的掌握相对较多，对传统村落规划决策的潜在影响也

能够做出技术性的判断，可从教育、培训、咨询、监督等方面为村落提供学术和资金援助。

现在很多农村已有不少民间组织，如老年协会、红白理事会、村民议事会、专业经济协会等，从不同侧面对农村社会和谐、稳定发展发挥着重要作用。它们应当或者已经在传统村落发展中发挥了作用。例如，青岛市莱西市某村老年协会在20世纪初成立后，除了养老助老，还积极参与村庄治理。老年协会章程规定的业务范围也包括"监督村务公开执行情况"。实际工作中，该老年协会积极参与村务监督活动，对监督内容、形式等提出意见和建议，派人参与村务中的财务监督，从不同侧面促进农村经济、文化和社会事业的发展。当然，已经发展起来的农村民间组织自身还存在自律机制不完善、作用差等问题，但这只是民间组织自身内部治理问题。另外，各类规划设计咨询服务机构，可以从技术角度因地制宜地为村落规划提供支持和咨询服务，以及村落低成本整治规划方案。村民可以在政府的协助下与相关机构进行有效谈判，并制定相关协议以保障自己的利益。

民间组织的主要特征包括："非政府性""非营利性""公益性""自愿性"等。它作为服务人民的组织，有着不容政府、企业部门替代的重要作用。而在以社会正义为目标的社会博弈过程中，其运作模式的"可问责性"、对社会公义价值的承载性，都能起到很好的协调、联系、倡导作用。这些作用的发挥，对于我国建设社会主义新农村、和谐社会等具有不容忽视的重要意义。

3. 当地居民

居民是传统村落整治、建设的主要参与者和最基本的动力，他们往往还具有双重身份：一是当地居民有着传统建筑的产权等，因此其成为资源的拥有者；二是传统村落旅游业的较快发展影响了当地居民正常生活秩序等，使居民成为村落发展的重大利益相关者。这种双重身份决定了当地居民应该拥有对村落规划、整治等重大问题上的参与决策权，以及拥有对开发商的监督权和维护自己合法权益等的相关权利。在实际的村落运营过程中，大部分时候，经由一定的正式或非正式程序，村干部往往作为集体利益的代言人出现。由于大多数居民（包括村干部）文化水平偏低，他们中很多人很难想象超越直接经验以外的远期景象。因此，需要考虑村落、村民的切实需求，充分尊重当地居民的权益和意见，以此为基础，调动当地居民的积极性，引导其投身于村落保护、发展工作中去。

一方面，应通过政府、社会组织等主体的宣传、教育等，提高传统村落居民对自身文化的知晓和热爱、对传统文化的危机感，以及一定的文化反思能力，充分调动传统村落社会资本，实现社会资本孕育出文化自觉、文化自觉又促使新的

社会资本产生的良性循环。另一方面，应鼓励当地居民参与传统村落的保护规划，使得全社会各个阶层、古建筑产权所有者共同努力，以主人的姿态参与保护管理。

另外，不能光强调保护而忽视村民的生活需求。应改善传统村落的居住环境，包括改善基础设施条件；改善传统建筑的居住要求是传统村落保护规划的最现实的问题。传统村落的保护规划在进行分级保护的基础上，对大多数非文物建筑应该允许村民在保留历史风貌的前提下，改善其内部使用条件，满足现代居住生活采光、通风、保暖、卫生等使用条件的需求。

同时，可以通过经济杠杆调节村落发展和居民自身利益之间的关系。例如，使用当地劳动力进行村落旅游开发的各项建设和管理工作；开展专业培训，扶持与引导他们加入旅游开发中；对其农家菜馆、特色商品、农产品等加强规范管理。满足当地居民的利益，才能充分调动起居民保护传统村落的积极性，村落的意蕴与文化才能一直延续下去。

4. 媒体责任

从当前现状来看，媒体对于大多数传统村落的宣传相当少，在网上的介绍、图片、视频也几近于无，游客对其了解很少。在当地也很少看到传统村落的宣传牌、宣传单子等，人员专项宣传几乎没有。由于主要媒体经常性、大规模、强力度的宣传活动很少，使得大部分传统村落旅游品牌难以树立，旅游热点难以持续，知名度难以提高。一些成功的传统村落发展实践表明，媒体的介入不仅可以促进村落旅游业发展，而且有助于传统村落的保护与修复、资金的筹措和运转。对于某一特定的传统村落，媒体工作主要集中在宣传、普及、教育、传播方面，具体职责如下：

（1）普及该传统村落历史沿革、名人轶事、古迹遗存等，突出村落特色，打造具有地方文化特征的村落品牌形象，增强当地居民对村落的自豪感和归属感，提高村落知名度。

（2）宣传传统村落保护的意义。使民众了解传统村落保护在社会、经济、文化发展过程中的重要价值，使保护变为全体民众的自觉行动。

（3）宣传传统村落的保护方法。通过各种宣传渠道，普及传统村落的保护理念、知识、经验与方法，使民众在正确理念的引导下保护、发展传统村落。

（4）宣传、传播村落文化遗产。发挥媒体的宣传与传播工具作用，如通过播放视频、图片、民间戏剧、山歌等方式，让民众直观地了解村落的物质和非物质文化遗产，进行最直接的文化遗产传播工作。

2012 年 12 月，住房和城乡建设部、文化部、财政部联合发布的《关于加强传统村落保护发展工作的指导意见》中提到：各地要通过电视、广播、报刊、网络等媒体，展示传统村落的魅力，提高群众对传统文化资源的认知和了解，增强全民保护传统村落的自觉性。充分利用农村广播、壁画板报、宣传册等多种形式，向广大群众宣传传统村落保护的基本知识。举办传统村落保护的专业培训，加强技术和管理人才队伍的培养，为传统村落的保护发展提供充足的人才储备。

媒体作为一种复杂变动的社会有机体，在谋求自身经济利益之外也应负有维护和增进社会利益的义务。在传统村落的保护和发展工作中，电视、广播、报刊、网络等媒体更应参与到传统文化资源的发掘中，提高群众对传统村落的认知和了解，体现媒体人的文化历史责任感。

5. 学界责任

没有理论的提升和指导，传统村落保护工作就会流于表面甚至失去方向。"民间创造，精英挑选"，冯骥才对于民间文化抢救和保护工作的观点也同样适用于传统村落保护，他认为文化传播不能肤浅，要想让更多的人正确认识遗产的文化价值及其精神内核，就需要借助专家的有效解读，以利于树立正确的社会传播导向。专家学者要在抢救文化遗产中勇于承担责任，走进民间帮助群众传承与弘扬传统文化，这也是专家学者的时代担当。要从文化的高度认识，以精英的眼光挑选，才能去芜存菁，找出真正有保护价值的珍品。

在传统村落保护中，我们既需要高层次、大手笔的指挥者，也需要大量的、有专业素养的具体工作者。也就是说，更多的专业学者需要在具体的传统村落保护事项上深入实际，做一些扎扎实实的田野工作和理论研究。唯有如此，才能真正实现传统村落抢救保护的战略目标。如何保护传统村落，具体而言比如民居建筑、当地传统文化的保护等，是学术界值得深思的问题，也是学界自身的学术责任问题。

在论证保护传统村落的理论和意义的同时，还需要更多的学者学习和运用先进的理论与方法，更新学术观念，并深入传统村落根植的文化背景和习俗，既解密传统村落保护和发展的普遍内在机制，又挖掘出各地区、各民族传统村落的个性价值，从宏观和微观上全面准确地理解和把握传统村落，进而在传统村落保护中真正发挥学者应有的参与层次和学术功能。

值得一提的是，由于不少基层传统村落保护者缺乏学术和理论指导，对保护标准、目标和资料收集、展示、利用的认识和能力相对薄弱；而政府作为传统村落保护主要责任的承担者，对保护什么和怎样保护的概念应进一步清晰化。因

此，应把学界和基层工作者之间的渠道建立起来，积极探索学界和政府合作保护传统文化的新模式。

具体而言，在传统村落保护工作中，学界的职责主要表现在以下两方面：

（1）学习国外经验，指导保护实践。学习国外先进理念、先进做法，发现传统村落及地方文化传承规律及保护规律，明确传统村落的内涵、价值、保护方法，指导保护实践工作。

（2）建立咨询制度，帮助政府决策。在政府传统村落保护工作管理委员会下面设立专家咨询顾问委员会，帮助、支持政府进行决策。其职责包括：

1）传统村落保护规划的制定与监督；

2）传统村落普查方案的制定与监督；

3）传统村落市县级名录的评审、保护与管理；

4）传统村落保护模式的规划评审、认定与监督等。

6. 商界责任

从频频亮相海外拍卖行"夺宝"，到兴办各类民间博物馆，再到介入地方文化遗址保护开发、文化遗产保护领域，商界在传统村落、文化遗产保护方面的作用有目共睹。纵观世界各国传统村落保护史就会发现，许多国家的传统村落保护工作都是从商业运作、旅游开发开始的。但在充分肯定商界介入的同时，也要看到商界介入所存在的问题。商业社会的最大特点就是利益的最大化和利益的及时兑现。但传统村落的最大价值并非其经济价值，而且受传统村落保护的需要，其经济价值往往难以及时兑现。因此，商界在传统村落保护和发展的参与中应以担纲社会责任为终极诉求，胸怀人民福祉，振兴一方经济，造福一方百姓；在尽责中获益，在发展时反哺社会。

在具体实践中，一方面应将商界的资源最大限度集中起来，有组织地更好地去保护传统村落；另一方面应将传统村落、地方文化的精神内涵注入经营理念中，指导规范企业经营，限制经营企业的短期利益行为，鼓励合理健康的旅游开发行为。

传统村落保护工程牵涉面很广，任务很重，需投入的人力、财力浩大，涉及的知识领域广泛，而且具有历史的延续性。因此，应该在确认政府部门主导、当地居民为主体的基础上，建立有效的运行机制并发动社会各界的广泛参与，在传统村落保护工作中，各类民间组织以及学术界、商界、新闻媒体的作用都十分重要。其中，政府的定位是统筹管理，组织、调动与引导各个组织，整合各方力量；当地居民是传统村落整治、建设的主要参与者和最基本的动力；社会组织对

于我国建设社会主义新农村、和谐社会等具有不容忽视的重要意义；媒体应担负促进传统文化资源的发掘、提高群众对传统村落的认知和了解等责任；学术界应科学指导传统村落保护工作，建立与基层工作者之间的联系渠道；商界则应在科学保护的基础上进行适度开发。

传统村落的保护既应注重其物质遗存修复和保护，如古民居、古树名木等，还应保护它的生存土壤，特别是地方特色文化背景。在各方力量的共同合作、努力下，通过建立利益共同体，将各利益主体的责、权、利有机统一起来，可以充分调动各利益主体的积极性，从而避免过度开发，使传统村落得以良性、和谐、可持续发展。

一、村庄概况

（一）区位分析

福安市位于福建省东北部，北与浙江省相邻，东接柘荣，南至宁德市区，处于环三都澳经济区的辐射范围。泰康村位于福安市南部，赛岐镇东部，与五个乡镇接壤。村庄通过省道及宁上高速与福安市区相接，距福安城区一个半小时车程，距赛岐镇区17公里，约一小时车程（图4-1、图4-2）。

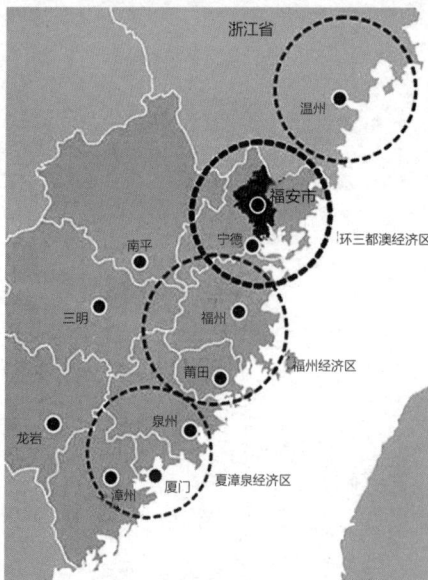

图 4-1　福安市区位示意图

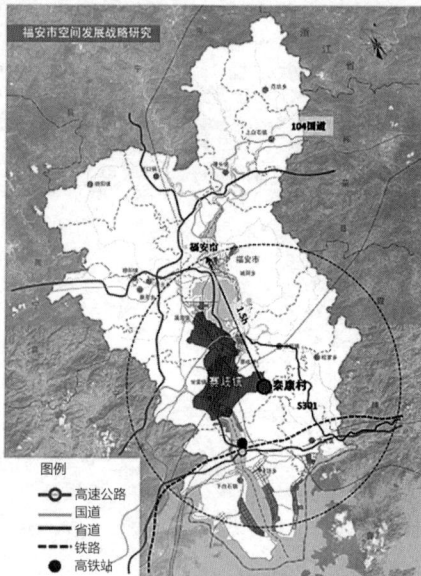

图 4-2　泰康村在福安市的区位

（二）规划范围

本次规划的研究范围为泰康行政村村域范围，村域面积约 4.5 平方公里；规划范围为泰康村主村范围，涵盖主要居民点、人文与自然资源点和对村庄发展有重要影响的地区，总面积为 17.62 公顷（图 4-3、图 4-4）。

图 4-3　规划范围示意图　　　　图 4-4　研究范围示意图

（三）历史沿革

1. 福安市赛岐镇

福安历史上为闽越族居住地，历经西周、春秋战国、秦、汉、隋、唐几代，皆为州府属地。三国时东吴分五次入闽开发闽北，两晋时期中原大规模移民入闽，闽东及福安得到了开发。唐末五代时期，氏族詹氏等族在赛岐聚居，形成村落。宋淳祐五年（1245 年）福安建县。清雍正十二年（1734 年）升福宁州为府；1913 年废府，福安先后属东路、闽海道、第二、第一、第八行政督察区。民国 37 年（1948 年），福安县全县调整为 15 个乡镇，辖 144 保 2067 甲，设赛岐镇。

2. 泰康村史

据周宁梅山汤氏宗谱考证，清朝康熙十七年（1678 年），周宁县梅山让公之裔二十三（庭珠公）为逃避战乱，至泰康开基立业，选址于风景优美、群山环抱、翠竹掩映、绿树成荫的龙岗山下定居。传说此公遵仙人指点方向迁徙，必须怀抱大公鸡，如遇大公鸡打鸣时，此地便是发祥地，因此就有了鸡鸣泰康之说。自此娶妻生子，开荒造田，繁衍兴盛。

土地革命时期，泰康村是苏维埃政权福霞县泰康区委的所在地，也是叶飞、曾志、马立峰、陈挺等老一辈革命家活动和战斗过的地方，曾是攻打霞浦县城的策划地。1934 年，闻名闽东的"泰康惨案"在此发生，一夜之间国民党反动派残忍杀害了 29 位革命烈士。之后，国民党当局对泰康村采取了更加严厉的军事围剿和经济封锁，民众生活举步维艰。

中华人民共和国成立后，泰康村第一件事就是办学校，创办了泰康初级小学。1996 年，福建省军区多次莅临泰康村考察，投资兴建泰康"八一希望小学"，建筑面积 1037 平方米，于同年 8 月 16 日竣工，为全省第一所由部队援建的希望小学。

2006 年，为弘扬血缘传统，纪念勤劳的先祖，对始建于 1897 年的汤氏宗祠进行了重修。

至今，泰康村已有三百多年的历史，世代繁衍至三十六世，人丁已达 4000 多人。

（四）问卷调查与访谈

本次现状问卷调查与访谈主要分住房情况、生活满意度和规划意愿三方面进行调查，共收集有效问卷 45 份，其中包括里泰康 4 份、外泰康 35 份以及牛山下 6 份。

1. 住房情况调查

对住房条件的改善具有较强的意愿，约 80% 村民希望进行房屋修缮，个别村民表示房屋为危房，需要重建。较多的村民未充分认识到传统建筑的价值，需强化村民文化遗产保护的意识。

2. 生活满意度调查

村民对交通出行、购物、看病、休闲设施等现状情况的满意度较低，大部分村民表示需要增加公共服务设施。

3. 规划意愿调查

大部分村民愿意自己投入资金改善自身居住环境；目前最需解决的问题依次为：改善村民居住条件、增加村民公共服务设施、整治村容村貌。

（五）核心问题总结

1. 如何改善与优化居住环境

目前村庄环境建设滞后，基础设施建设不足，应当通过规划提升居民居住环境，完善市政水系管网，补齐生活配套设施，优化村内道路系统。

2. 如何保护与传承传统文化

泰康村拥有大量非物质文化遗产，保护与传承是不得不面临的问题，该过程中不应以有利可图为标准，而应该充分调动民众参与文化自我建设、自我修复的积极性，建立一个良性互动的文化生态环境。

3. 如何利用与活化历史资源

泰康村现状传统建筑保存完整，宗族建筑、红色建筑等点缀其中，同时村庄范围内古树名木众多，村庄建设过程中应与历史资源相结合，打造相宜空间节点，打通村庄整体脉络。

4. 如何定位与彰显村庄特色

远近闻名的泰康红茶是本村一大特色，同时革命时期留下的红色底蕴也让村庄散发出强大的特色魅力，另外村庄周边竹林翠映、村内传承的精湛木雕工艺等特色也丰富了泰康的独特气质。在村庄特色发展中需要抓住主要特色，辅以其他特色内容，形成具有影响力的村庄品牌。

二、历史资源与文化特色

（一）村域历史资源

泰康村域内历史资源丰富，包括人文资源和自然资源。

1. 人文资源

人文资源主要为传统村落内保留的宗庙祠堂、传统民居，以及村外修建的革命烈士纪念碑、五福道教仙宫等。

（1）泰康区革命烈士纪念塔：1934年1月13日，革命低潮时期，由于国民党当局的疯狂镇压，福建省人民政府宣告暂停办公，十九路军被迫撤出福州，国民党当局镇压了十九路军之后，重新开始集结。从福州、浙江两路进攻刚刚创建起来的闽东苏维埃政权和地下军事力量，国民党新十军，海军陆战队，八十七师接踵而来，倾尽全力进行"围剿"。在反动军力的撑腰下，村痞豪绅的反动气焰十分嚣张，组织建立和恢复反动民团还乡进行报复和烧杀掠抢，进攻泰康区委和红军游击队，配合国民党军队的"围剿"行动，企图把新生红色政权消灭在褪褓之中。1935年2月6日晚，在苏维埃泰康区委领导下攻打霞浦县后，130多名游击队员退到泰康村，被反动民团包围，29人惨遭杀害，震惊全省，史称"泰康惨案"。为纪念泰康人革命事迹，福安市政府在泰康村建设泰康区革命烈士纪念碑。

（2）五福道教仙宫：五福仙宫祈福平安保太平，也是泰康村人常去之地。

2. 自然资源

自然资源主要为山川、梯田、瀑布、奇石以及古树等，环境氛围极佳，深具传统乡村意境。

（1）百丈岩：村域北侧有百米瀑布，白水潺潺，险奇壮丽。

（2）蝙蝠洞：村域西侧有一险洞，其内有蝙蝠群栖息，村民可走山道前往。

（3）卧牛石：龙岗山上有奇石，棱角分明，远观有如横卧黄牛，栩栩如生。

（4）梯田茶园：山峦间随处可见大面积的梯田，多种植茶树，蔚为壮观。

（二）村落格局特征

泰康村域范围内起伏较大，主村位于山峦顶部，坐落于龙岗头南侧，海拔500米。主村西侧为牛山下，东侧为大洋坪，南侧为东山村，其中牛山下和大洋坪与主村毗邻，东山距离主村较远，与主村的交通联系不便。泰康村的整体格局特征可以概括为：群山环抱，翠竹掩映；依山就势，秀水流绕；族兴人旺，宜人所居（图4-5）。

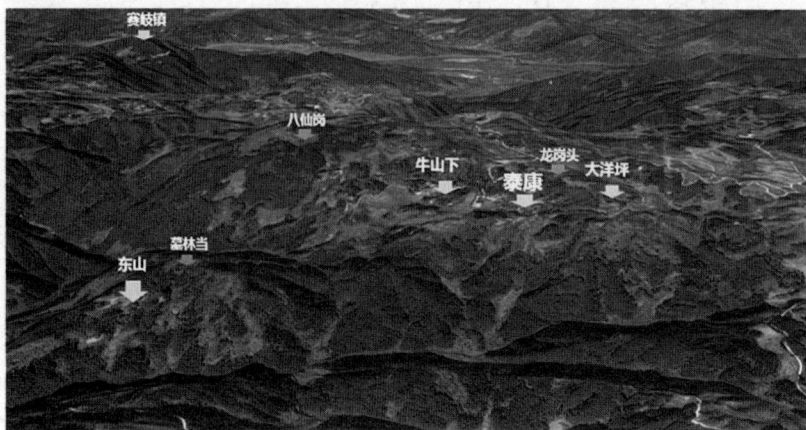

图4-5 村落格局特征分析图

（三）物质历史文化遗存

泰康村是土地革命时期苏维埃政权福霞县泰康区委所在地，被福建省政府列为革命老区基点行政村。村内物质历史遗存主要有传统民居40多处，祠堂1处，猛天大王宫1处，及古名树若干。

1. 宗祠建筑

汤氏宗祠：位于村前的泰康汤氏宗祠始建于1897年，原为土木结构。2006

年泰康汤氏后人为了弘扬列祖列宗的优良传统，纪念勤劳的祖先，投资百万重修宗祠。新祠占地面积 2800 平方米，建筑面积 2100 平方米，既保留古代宗庙之风格，又凸显现代建筑的特色。新祠是彰显族群凝聚力的标志性建筑，是族群文化活动中心，为交流三农科技发展、工商企业研讨等提供了一个良好的场所。

猛天大王宫：泰康村民为了祈求风调雨顺，明代末期在村庄东边宫头山下建立猛天大王宫，占地 1500 平方米。每年正月初五全村家家户户都到宫里烧香祈求平安丰收。

2. 红色建筑

（1）泰康区委旧址：1932 年在村民汤昌森家祖宅成立中共闽东苏维埃福霞县委泰康区委，在二层仓库间仍留有当时活动情况的记录。

（2）"泰康希望八一小学"：1996 年，在福建省军区司令员陈明瑞少将领导下，政委隋绳武少将、陆凤彬少将、政治部主任吴青田少将等先后多次莅临泰康村选址考察，投资兴建泰康希望小学。"八一"希望小学占地面积 3465 平方米，建筑面积 1037 平方米，1996 年 3 月 28 日奠基，同年 8 月 16 日竣工，总投资为 75 万元，由中国人民解放军福建省军区全体官兵捐资援建，为泰康教育兴村打下坚实的基础（图 4-6）。

图 4-6　物质历史文化遗存（传统民居、宫庙、祠堂）

3. 古树古井

（1）古树：泰康村四处绿树葱葱，村边的风景树众多。里外村中间的枫香"夫妻树"和村头三棵连体的"将军树"，几百年来守望着泰康村民，见证泰康村的潮起潮落和兴旺发达（表 4-1）。

（2）古井：外泰康古水井，石头砌的六角形水井，口径 2 米多，全年不竭，

泰康村古树名木登记表　　　　　　　　　　　　　表 4-1

编号	树名	树龄	位置	备注
1	枫香	600 年	里外村中心山头	夫妻树
2	枫香	600 年	里外村中心山头	夫妻树
3	乌桕	500 年	外泰康西北侧	
4	枫香	300 年	外泰康西北侧	
5	枫香	300 年	外泰康西北侧	将军树
6	枫香	300 年	外泰康西北侧	将军树
7	苦槠	200 年	外泰康西南侧	

已经有 350 多年，目前仍然在使用。现在这口井基本满水，"泰康井水满不溢"，自古如此，正如泰康人的性情不急不躁，恰到好处（图 4-7）。

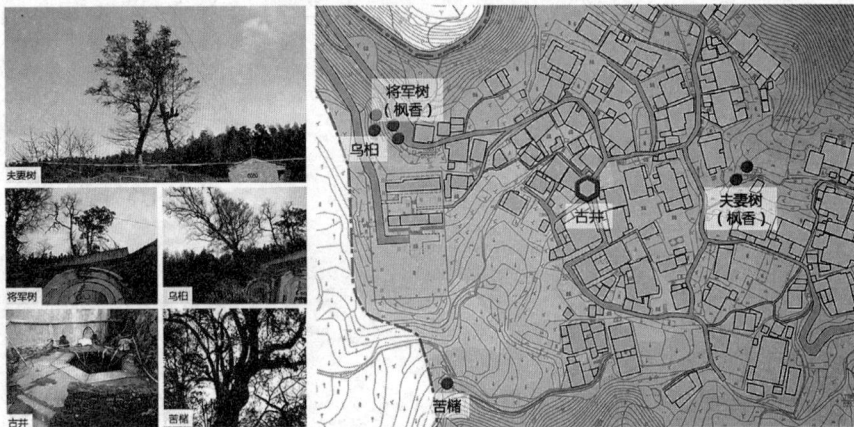

图 4-7　物质历史文化遗存（古井、古树）

4. 传统民居

村内有明清、民国时期修建的民居 40 多座，多为传统木结构，建筑风貌保存较为完整，具有明清建筑特色，有些内部多年失修，中华人民共和国成立后建有少量砖石、水泥、木结构建筑。传统建筑内冬暖夏凉，四季宜居，人与自然和谐一体。

泰康村传统民居建筑主要具有以下特征：

（1）天人合一，尊卑有序

建筑因地制宜、依山而建，与自然环境融为一体，建筑平面布局相对较为灵活，体现了天人合一的建筑思想。建筑平面一般以天井为单元组织单体建筑组成三合院或四合院。"门屋—前天井—檐廊—前堂—后堂"为住宅的主体，其中檐

廊一般采用卷棚轩的形式，为从天井到前堂的过渡空间（与其他村落民居不同的是，前堂与檐廊之间设有高门槛、木隔墙）。前堂正厅为建筑空间的核心，供奉有神位祖位，一般接待贵客或重要仪式都在此举行，后天井两侧厢房一般为厨房和餐厅空间。功能布局体现了我国传统文化中尊卑有序的礼制传统。建筑一层主要以仪式空间和日常起居功能为主，建筑二层较为通畅，起到通风更热的作用，一般作为储藏空间，亦可住人（图4-8）。

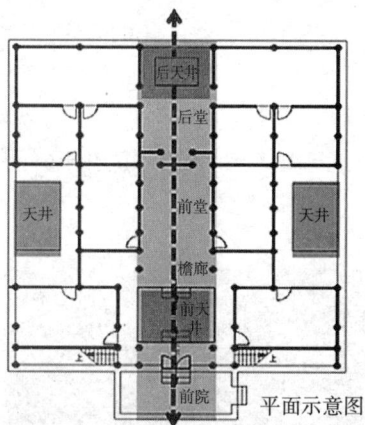

平面示意图

前堂大门　　　　传统建筑风貌　　　　建筑依山而建

图4-8　传统民居建筑特征1

（2）淳朴素雅，就地取材

1）承重结构：穿斗、抬梁混合式木构架，木材一般为清水，不刷油漆；鼓形石柱础，饰以少量石雕；

2）墙体材料：垒石基础（有利于排水，防止洪水侵袭），夯土墙，未见青砖空斗墙，室内为木隔墙及编竹抹灰隔墙；

3）地面材料：室外天井为石砌地面，室内为三合土地面及木楼板；

4）屋面形式：为青瓦大屋面，多采用悬山顶加披檐的形式，且屋檐出挑较深远，利于防风遮雨（图4-9）。

（3）细部丰富，雕刻精美

建筑中装饰性较强的木构件主要集中在前堂，如前堂门楣的"户对"，轩廊

悬山顶加披檐　　　　　　　　　传统木构架　　　夯土墙与垒石基础

图 4-9　传统民居建筑特征 2

檐下斗拱、隔架科，前堂两侧窗花，神龛下雕刻等，除此之外，还有木悬鱼，柱础石刻等细部做法，其他地方则较少装饰。当地还有檐下放置"丈高"这一独特传统（图 4-10）。

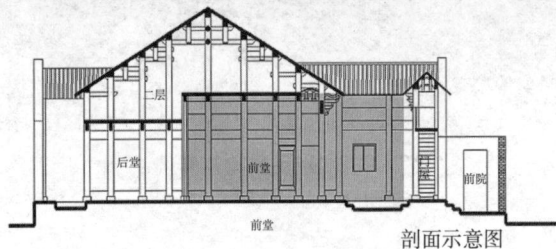

檐下斗栱　　　　　　窗花　　　　　　悬鱼　　　　　　前堂

剖面示意图

图 4-10　传统民居建筑特征 3

（四）非物质文化遗产

泰康人杰地灵，非物质遗产现存和民间流传很多，主要包括口头传说和表述、传统表演艺术、节庆风俗与民俗宗族活动、传统手工技艺、传统农作物种植等。

曾有许多民间艺人吹拉弹唱、自演自练自创样样精通，经"除四旧""十年浩劫"破坏严重，目前恢复部分，尚遗存有木雕刻工艺、"太康红"茶、泰康武术功夫、糯米糍、泰康冬收戏、食新节（日期每户不同）、畲药畲歌、八仙岗传说、五福仙宫等（表 4-2）。

泰康村非物质文化遗产一览表　　　　　　　　　表 4-2

非物质文化分类	内容
传统手工技艺	木雕刻工艺（传承人汤锦堂）、太康红制茶工艺（传承人汤春光）、酿酒、糯米糍粑、地瓜粉扣、畲药
口头传说和表述	八仙岗传说、猛天大王传说、红色革命事迹
传统农作物	茶叶、葡萄、太子参、水稻
节庆风俗活动	食新节、冬收戏、祭祖、拜神祈福
传统表演艺术	泰康武术、畲歌

（1）木雕刻工艺：村民汤奶明、汤祖兴、汤绍奇、汤成康、汤细康、汤锦堂等民间艺人，自幼刻苦学雕刻，一人画线创意，另一人雕刻，互相配合，一会工夫集画、雕、刻、烫等工艺雕刻即刻完成。木雕刻文化传承人汤锦堂作品《大清宝殿》被中国世界民族文化交流促进会评为第二届中国广州艺术品收藏品古典家具博览会"金奖"，《木雕—曲转》被中国美术艺术协会评为第二届中国（惠安）国际雕刻艺术品博览会铜奖。祖辈流传，现在已经开办福满堂古家具公司，为福安独家，规模宏大。

（2）"太康红茶"：是泰康村人的主要经济收入，2008 年泰康茶业在基地泰康村上牛池成立公司，获得国家工商总局"太康红"商标权授予，产品获得 AA 级绿色食品称号，工艺传承人汤春光制茶技术精益，制作的"太康红"茶享誉国内外，获得中国西部茶业博览会金奖。"太康红巾队"，谐音"泰康红军队"，手臂绑红色丝带，曾是泰康人参加革命的代号和识别特征。

（3）泰康武术功夫：泰康武术功夫在福安家喻户晓，泰康村"家家学武术、人人会武功"，习武健身，保家卫国，是泰康村的好传统。汤华现、汤成乾、汤明松、汤春光等人练就一身好功夫。有"白（土）匪不入泰康村城门"的传说，汤华现在 80 高龄，仍有蹲凳拉不下凳的功夫，汤明松曾经技压群芳同竞 8 人。汤成乾 60 多岁，目前仍然每天坚持练武。

（4）糯米糍：泰康村人迄今每年春节，家家户户仍用糯米舂糯米糍，一庆丰收、二祭祀祖宗、三走亲访友伴手礼。

（5）泰康冬收戏：冬季收获结束，泰康村每年必演戏 3～5 天，每家每户请亲戚庆丰收，都要大宴宾客，欢庆节日，祈求平安丰收，享受悠闲的农村生活。

（6）食新节：日期每户不同，泰康村人在每年水稻收割后，在最短时间内，用新米庆祝劳动果实，煮一桌丰盛的晚餐，并邀请好友共同享受美餐，庆祝丰收。

（7）畬药畬歌：每年三月三，牛坑自然村畲族村民，聚集在一起，或隔山隔路隔河对歌，年轻男女若遇见喜欢的就相亲恋爱，年长的互相取乐，陶冶情操，交流农耕经验。畬药是泰康人强身健体的保健方式，早期以畬药保健为主，家家户户均有种畬药、采畬药、喝畬药的传统习俗，得重病、恶性病的人极少，村里八九十岁以上的长寿老人比比皆是，多达50多人，近百岁老人也很多。

（8）八仙岗传说：八仙岗上，纵目远望九重山，烧香祈福定添男。每年农历六月初一，八仙宫人来人往，香火缭绕，鞭炮连声，这里传说拜八仙很灵验。

（9）猛天大王传说：猛天大王为泰康村独有的保护神，为玉皇大帝亲封的蛇仙。据传，经常显灵保佑黎民百姓，因此深得村民敬仰，香火不断，成为保佑泰康村一方水土的护村神。

（10）五福仙宫：五福仙宫祈福平安保太平，也是泰康村人常去的地方。

（五）价值特色与文化本底

1. 聚落格局完整
泰康村处于群山环抱、翠竹掩映之中，具有340年的建村史，目前保存了丰富的历史遗产，包括集中成片、独具风貌的传统民居，以及古井、祠堂、神庙等传统建构筑物，村落整体格局与风貌保存较为完整。

2. 人文底蕴深厚
具有红色文化，民俗文化（传说与传统技艺），农耕文化，宗族文化，武术文化，风水文化等多种文化底蕴，人文内涵十分丰富，且村内人才辈出。

3. 景观资源丰富
村域及周边内既有瀑布峡谷、奇石险洞、古树竹林等独特的自然景观资源，又有茶园梯田、果林菜园等农业景观。

4. 产业特色突出
茶叶为全村主要经济作物，茶园初具规模，"泰康红"茶享誉国内外，村庄周围连片的茶园景观让人赏心悦目。

三、保护与发展规划综述

（一）规划目标

整合当地的物质与非物质历史要素，在保护延续风貌和自然人文景观的基础上，发掘村落传统文化，协调保护与发展的关系。凸显地方特色，改善村民生活

条件，激发古村活力。

（二）村域产业空间布局

1. 发展思路与定位

从理论和实践上看，泰康村经济发展必须以经济建设为中心，以增加村民收入为核心，以发展生产为首要任务，而三者的共同基础是一个持续健康的农业产业。因此，建立一个新的产业发展模式，是当前推动村庄经济又好又快发展的必然选择。把村庄产业做强做大，切实提高村民收入，让老百姓富裕起来才是村庄经济发展的首要任务。泰康村按照"农业增效、村民增收"为目标，以提升产业发展力度、项目实施为契机，着力将生态文明家园建设和产业培育相结合，不断增强发展后劲，达到"村庄环境优美，产业发展强劲"的村庄人居环境。

依据泰康村的现状自然条件及今后产业发展动向，确定泰康村产业发展思路为"一三产业互动"，其产业发展定位为以"泰康为主体，牛山下、大洋坪、东山相辅"积极打造泰康文化旅游产业，以茶叶种植为基础发展特色种植业。

2. 村域产业空间布局

规划形成"一心、五片、四点"的产业空间结构。

（1）"一心"，即泰康村级中心，作为主要的村民聚居区，也是配套乡村旅游的重要服务基地。

（2）"五片"，即以泰康村为中心的休闲度假核心区，以梯田茶园、溪涧瀑布等田园及自然风光为主的农耕田园观光区，以蝙蝠洞为核心的野外运动探险区、体现自然风情的山林峡谷游览区和以生态保育为主的山林生态涵养区。

（3）"四点"，即大洋坪、牛山下、东山三个传统村落社区和一个预留新村社区（图4-11）。

（三）空间结构规划

基于对泰康村整体格局的分析和研究，规划提出了"一路环绕、一轴统领、双心互拥、五区辉映"的村落空间结构。

（1）"一路环绕"，规划打通村庄东西两侧断头路，在外围形成环村道路。

（2）"一轴统领"，规划打造联系山体与太极湖，疏导气运，串联景观节点形成"龙戏珠"格局的风水景观轴。

（3）"双心互拥"，即围绕汤氏宗祠及规划"太极湖"形成的公共景观中心和依托八一希望小学形成的公共服务中心。

（4）"五区辉映"，规划以山边、路边为天然分界线划分五个片区，分别为茶园观光区、农耕乐活区、竹林观赏区、山地观景区和民俗体验区（图4-12）。

图4-11 村域产业空间布局图

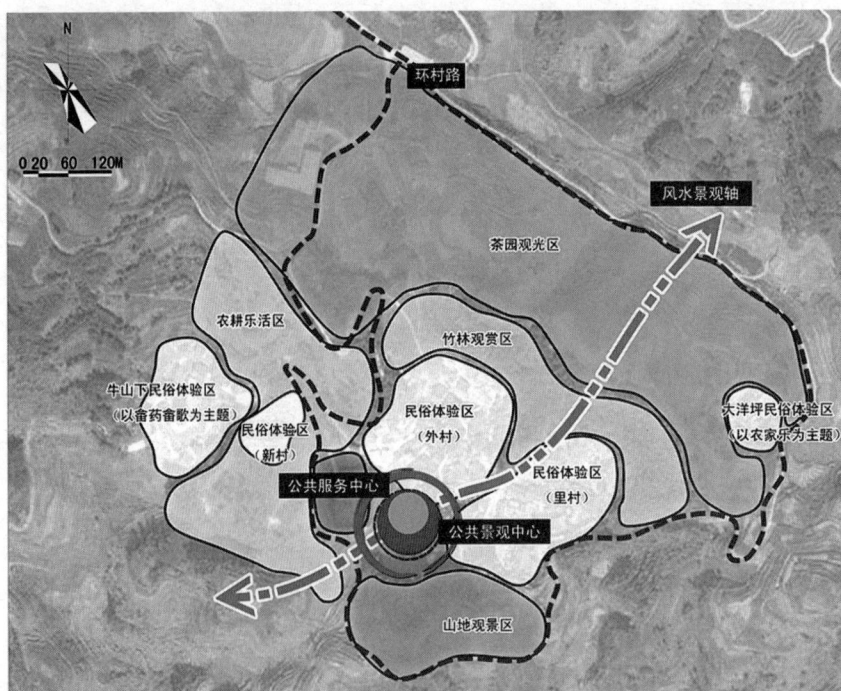

图4-12 村庄空间结构分析图

（四）用地布局

1. 规划设计原则与方法

（1）规划设计原则

1）可持续发展原则：以优美、超前的环境建设奠定可持续发展的基础，以完善的配套设施提供可持续开发的条件。

2）整体性原则：从环境的整体性统筹安排各类用地，塑造富有山水特色的村庄整体形象。

3）可操作性原则：适应动态滚动的分期、分片开发需求；合理布局，严格法规，提高规划的管理可操作性。

（2）规划思路

规划结合村庄自然资源及环境特点，充分考虑现状用地布局，按照节约用地、集约发展、资源共享的原则，保留相对集中的居民点，原地发展，完善配套设施建设。另外，合理安排新区建设，集中有效地利用土地。对破旧的牲口棚、土房、木房等进行合理整合，确实做到有利于基础设施的建设，改善人居环境及村容村貌，提高土地的经济效益。

（3）规划设计方法

客观地分析目前村庄建设面临的新问题，使规划更具针对性与连续性。

强化环境意识，注重村庄空间设计，结合固有的村庄环境与文化资源特性，塑造特有的村庄个性。

结合村庄的自身条件，注重调查研究，科学确定各项技术经济指标，构建适宜的村庄空间结构和布局形态。

2. 用地布局

规划村庄建设用地总面积 5.96 公顷。

主要包括村庄住宅用地、公共服务设施用地、村庄公共场地以及村庄道路用地，各占建设用地面积的 54.87%、9.23%、15.60% 和 19.30%；其余为村庄公用设施用地和村庄交通设施用地（表 4-3）。

泰康村主要居民点规划建设用地汇总表　　　　　　　　表 4-3

用地名称	占地面积（ha）	占村庄建设用地（%）
村庄住宅用地	3.27	54.87
村庄公共服务设施用地	0.55	9.23

用地名称	占地面积（ha）	占村庄建设用地（%）
村庄公共场地	0.93	15.60
村庄公用设施用地	0.02	0.33
村庄道路用地	1.15	19.30
村庄交通设施用地	0.04	0.67
村庄总建设用地	5.96	100

（五）分区景点策划

本次规划将村庄景点分为三个区，分别为竹林游憩观光区、古村人文风情区、山地茶园观景区三大区。

1."赏"——竹林游憩观光区

村庄北部龙岗山为竹林游憩观光区，布局有龙岗观景区、丛林寻宝区、竹园休闲区三个次级片区，充分利用山上成片竹林及优越的观景空间打造以赏日出、赏竹海、赏茶园为主要功能的泰康自然风景观光区。

2."忆"——古村人文风情区

泰康里村及外村合为一个古村人文风情区，该区拥有大量历史遗产，传统建筑集聚。以太极湖、红色文化、民俗文化传承、山居体验为各自重心划分成四个次级片区。集中布置民宿、纪念馆、文化墙、武曲戏台等内容，让人能够游于其间忆英烈、忆先祖、忆民俗。

3."品"——山地茶园观景区

该区域主打茶文化特色展示，主要旅游功能为茶园观赏和农事体验。茶文化方面有着茶园观光、茶艺展示、品茶休憩等项目，农事体验方面主要为果园采摘、农耕体验、户外野餐烧烤等（图4-13）。

（六）保护范围及措施

本次保护规划共划定了核心保护区范围、建设控制地带区范围和环境协调区范围三个保护层级，按不同的保护等级与要求层次进行控制和管理。

1. 划定依据

（1）把握泰康村人居环境改善和产业结构调整，认识古村的价值，保护与利用古村历史文化资源，促进社会经济的发展。

（2）合理协调古村空间发展时序，营造山水田园格局。

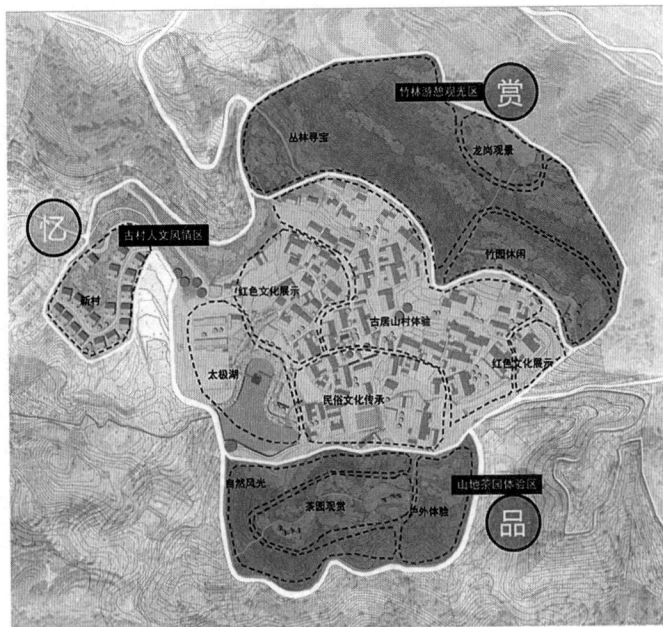

图 4-13　分区景点策划图

（3）分级保护历史遗存，保护历史环境、传统格局、街巷空间，以及反映社会生产、生活习俗、文化艺术、利益风俗等非物质文化。

2. 保护范围的划定

（1）核心保护区范围：保护范围是为保护古村传统街巷的历史文化风貌、保护文物古迹和传统风貌建筑的完整性和安全性而划定实施重点保护的区域。规划把泰康红色纪念馆、泰康区委展示馆等传统建筑区（含千年古木）划入核心保护区范围。核心保护区范围占地面积为 2.75 公顷。

（2）建设控制区范围：建设控制区范围是为与核心保护区范围的历史文化风貌相协调所必须实施规划控制的周围区域，该范围也是古村保护规划用地布局落实的具体边界。建设控制带范围占地面积为 6.18 公顷。

（3）环境协调区范围：以自然山水为界，以村内视线廊道控制为主，把村落周边山体、农田等用地划入环境协调区，面积为 18.45 公顷（图 4-14）。

3. 保护措施

（1）核心保护区保护措施

该范围内的建筑物、街巷及环境不得受到破坏，如需改动必须严格按照保护规划执行并经过上级规划主管部门审定批准。较大的建筑改造活动和环境变化应由上级规划主管部门组织专家评审通过方可执行。

图 4-14　保护范围规划图

保护区内，凡不符合造型、体量、色彩、高度等风貌要求的建筑物必须坚决搬迁和拆除。保护区内的修建活动，应在专家的指导下逐步进行；凡在文物保护单位及其建设控制地带者，须在文物管理部门会同城镇规划、建设等有关职能部门，严格审批后进行；其余的修建活动，在规划建设部门会同其他职能部门严格审批进行。所有的建设活动，应以保护、修缮、改善及内部更新为主。

保护区的建设内容应分别参照服从对文物古迹和历史建筑保护要求，其外观造型、体量、色彩、高度都应与保护对象相适应。功能以居住及公共建筑（传统商业和展示）为主。较大的建设活动和环境变化应由专家评审通过后进行。

（2）建设控制区保护措施

为了保护和协调文物古迹的传统风貌建筑，并保证古村主要风貌的完整性，结合道路及主要地形状况，本次规划划定的建设控制地带，大致为古村内除核心保护区外的大部分地带。

建设控制地带内的各种修建性活动均应经规划部门、建设部门以及文物管理部门等职能机构严格审核，批准后才能进行。其建筑内容应根据保护规划的要求进行，以取得与保护对象之间的合理景观过渡。

该地带内建筑形式以坡屋顶为主，体量宜小不宜大，色彩以黄、青、白为主调，功能应以居住和公共建筑为主。对任何不符合上述要求的新旧建筑必须改造或拆除，近期拆除有困难的都应优先采用植物软处理，改造其外观和色彩，以达

到环境的统一，远期应逐渐拆除。

新建建筑形式要采用传统的形式，遵循传统格局和尺度，与传统民居相协调，保持传统民居体量、色调与自然环境和谐的特色，鼓励采用历史建筑材料，但建筑内部可根据需要自由装修。建筑的细部不作强行控制，可视具体情况而定，但必须符合地方特色和传统风格。

（3）环境协调区保护措施

维护传统村落山水环境，保护现有植被、山势、水系和田园风光，保护视线视域所及范围内自然景观完整、统一、和谐。

在该区域内，严禁任何形式的开山采石、伐木毁林，严格保护山体，恢复并改善泰康村外部生态环境，并可做适当的旅游性开发。

（七）视廊控制与高度控制

泰康村内地形高低起伏，建筑错落有致，视线范围大，视觉通廊基本沿村内景观轴线，另外不少开敞的公共场地能形成较大的视野。泰康村内大多数传统木结构建筑高度保持较好，而新建的砖房间掺杂其中且高度超过一般的传统建筑，因此需要进一步进行视觉调整。为满足上述视廊与视野的美观、通达和历史完整度，保持古村空间轮廓线与周围自然景观环境联系的需要，规划对核心保护区范围、建设控制区范围内需要更新的现状建筑和需要控制的新建建筑进行建筑高度的控制，按保护范围的划定，对不同的范围提出如下的高度控制要求（详见建筑高度控制图）：

1. 核心保护范围

泰康村核心保护范围的建筑高度控制在 1 ~ 2 层（凡传统风貌建筑和建议历史建筑建议确保其自身的高度维持原高），这个高度与现状的高度是一致的。本规划定义为一类高度控制区，建议一类高度控制区范围内的建筑二层檐口高度不超过 6.1 米，正脊高度不超过 10 米（不计建筑基础抬升部分）。

2. 建设控制地带

泰康村建设控制地带内的现状建筑高度普遍控制在 1 ~ 2 层（少量 3 层）；新村不超过 2 层。本规划定义为二类高度控制区，二类高度控制区内的建筑高度以 2 层为主，建筑二层檐口高度不超过 6.1 米，正脊高度不超过 10 米（不计建筑基础抬升部分）（图 4-15）。

图 4-15　建筑高度控制图

（八）建筑分类保护与整治

1. 保护与整治相关概念

在泰康村建筑现状进行详细调查之后，一方面形成了泰康村居民信息一览表，包括建筑建造年代、结构、层数、质量、户主信息等参数；另一方面结合保护规划的要求对古村内的建筑进行了不同的保护策略划分。

古村整治规划应突出建筑修缮、环境卫生、设施完善、住房抢修、防治灾害、文化遗产和乡土特色保护等内容。古村整治提倡村民主体、以居当先、量力而行、循序渐进、综合治理、群防群治、延续特色、整体规划、分期实施。

2. 基本参数设定

建造年代：分为四类。清代、民国、20 世纪 50 年代～ 20 世纪 70 年代、20 世纪 80 年代之后。

建筑层数：分为三类。一层、二层、三层。

建筑质量：分为三类。保存完好，即建筑主体结构完好；基本完整，即建筑主体结构一般；尚可、危房，即建筑主体较差。

建筑风貌：分为两类。一类指传统风貌建筑，含风貌协调建筑，建筑有明显被改造过的痕迹，但其风貌特色基本与古村氛围协调；另一类指经过改造或重建的，对古村空间及传统风貌产生较大影响的其他建筑。

3. 保护原则

（1）真实性原则——对建筑的整治应当详细考证风貌建筑的年代、风格、结构和装饰特征，以及相关人物和建造或改建的社会历史环境，使传统风貌建筑能够传递真实的历史信息。

（2）可识别性原则——对建筑的整治应当注重其不同的特点和周边环境，不应随意添加不符合其风貌的构筑和装饰。

（3）可逆性原则——不得破坏已保存的建筑结构构件，对历史建筑建议一般以修缮为主。对其建筑的主体结构不进行任意的更改，改变内部空间及布局应该在专家的指导下进行。所有的整治措施都不应是破坏性的变更。

（4）修旧如旧的原则——修缮、改善都遵循传统风貌建筑的原有风貌和当地特色，使建筑能达到原本最佳的风貌和景观界面。

4. 建筑分类保护与整治规划

针对建筑不同的年代、高度、质量和风貌等的综合状况，分为修缮、改善、整治、保留和拆除五类模式进行操作实施。

（1）修缮

针对传统村落内保存状况较好，历史文化价值较高的传统风貌建筑（建议历史建筑）。规划对此类建筑以保护为主，可对建筑外观进行适当修缮复原，但不得做结构性改造，在保证建筑原真性的基础上，允许根据情况转换建筑功能。

（2）改善

针对传统村落内有一定历史文化价值，但建筑质量较差、难以适应现代生活需求的传统建筑（一般传统风貌建筑）。规划对此类建筑在保持传统风貌的基础上，实施修缮改造，整治外观，改善居住条件，建筑内部可进行适当的修缮和改造。

（3）整治

针对传统村落内现状建筑质量较好，但与传统村落整体风貌不协调，又难以立即拆除的建筑。规划对此类建筑外观进行整治改造，降低对历史环境的影响程度。

（4）保留

针对传统村落内现状建筑质量较好，对传统村落整体风貌影响较小，无须进行改造的建筑，应规划予以保留，维持现状，条件允许的情况下可对其进行外立面改造。

（5）拆除

针对传统村落内对传统风貌影响较大，质量较差和临时搭建的建筑及构筑

物。应规划予以拆除，拆除后部分空地作为休闲活动场地，部分恢复为绿化用地（图 4-16）。

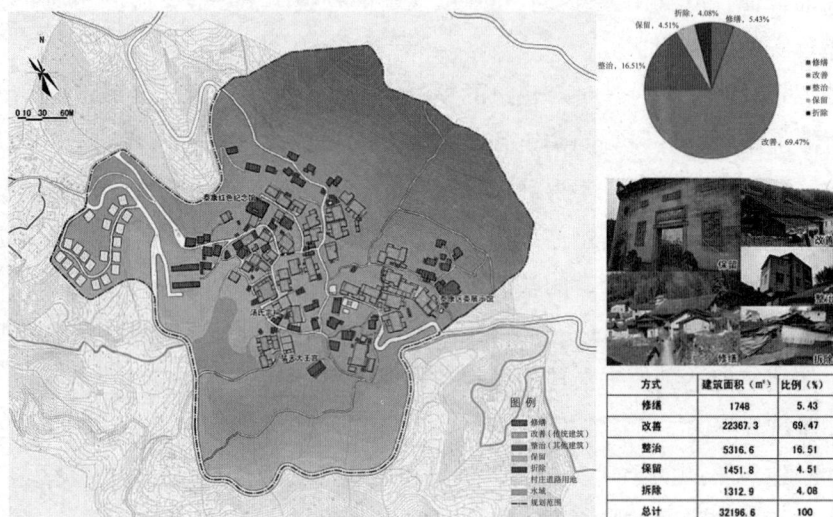

方式	建筑面积（m²）	比例（%）
修缮	1748	5.43
改善	22367.3	69.47
整治	5316.6	16.51
保留	1451.8	4.51
拆除	1312.9	4.08
总计	32196.6	100

图 4-16　建筑分类保护与整治规划图

（九）建筑风貌特色与保护

本次规划对传统风貌建筑的判定并非限制于某个时代，而是从现有建筑艺术、技术和历史地位等各方面的因素综合来分析。泰康村传统风貌建筑的价值更多体现在清代建筑上，而中华人民共和国成立后新建的砖石建筑与整体村落风貌较不协调且不具备更高的历史或艺术价值，因而在保护的过程中更具有侧重性。对于传统街巷和建筑的修复和新建应当有所倾向，符合泰康村的整体历史建筑风貌和空间尺度，以达到整个村落风貌的统一性。

在调查传统风貌建筑本身原有的历史作用和意义的基础上，通过恢复或局部复原一些标志性建筑物来体现其历史价值，展示历史情境，力求体现泰康村在当前环境下体现历史文化承载力，使其所能传递的更多信息，并与其在历史上的作用相符或接近。

传统风貌建筑的修缮、改善应遵循"修缮为主，修旧如旧""整体协调统一，地方特色突出"的原则。对于建议历史建筑应注重周边建筑的风貌协调性，包括体量、符号、色彩、材料等，应与其保持一致。

建筑内部的整治，应在规划的总体控制下，进一步深化其合适的利用目标和功能定位。充分考虑其现代环境下生活水平的各方面要求，如面积安排适当、空

间组织合理、功能布局完善等。同时应保持商业、旅游和居住的相对独立性，互不干扰，保持公共建筑的适用性和安全性等。

（十）历史环境要素保护

1. 街巷空间

（1）对现存的传统街巷布局应严格保护，保持原有的街道空间，对破损的局部应及时修复，应保持原有的街巷空间尺度。

（2）在传统街巷两侧已建的有损古村风貌的建筑，必须加以整治和改造。

（3）任何单位和个人不得在传统街巷与弄堂两侧建筑界面上任意设置、张贴、涂写、刻画各种标语、广告和其他张贴品。

（4）远期在充分现状调研的基础上，逐步恢复古村传统街巷原有铺砌的材料和方式。

（5）街巷小品，如标识标牌、路灯、果皮箱等，应具有地方特色，符合整体风貌保护要求。

2. 古树名木

（1）在册古树名木，统一挂牌。古树名木保护牌应当标明树木编号、树名、学名、科名、树龄（价值、意义）、保护级别、特性、挂牌时间、养护责任人等内容。

（2）加强对古树名木和古树后续资源保护的监督管理和技术指导，组织开展对古树名木的科学研究，推广应用科研成果，宣传普及保护知识，提高保护和管理水平。

（3）应当设立古树名木和古树后续资源保护专项经费，专项用于古树名木和古树后续资源的养护、抢救、复壮，保护设施的建设、维修，以及科研、宣传和奖励等。

（4）在古树名木和古树后续资源保护范围周边从事施工建设，可能影响古树名木和古树后续资源正常生长的，养护责任人应当及时向园林绿化行政主管部门报告。园林绿化行政主管部门可以根据古树名木和古树后续资源的保护需要，向建设单位提出相应的避让和其他保护要求，建设单位应当根据保护要求实施保护。园林绿化行政主管部门应当实施监督、检查。

（5）古树名木和古树后续资源的移植，应当向园林绿化行政主管部门提出申请，报福安市人民政府审批后，方可移植。

（6）保护具有地方特色的行道树，禁止擅自砍伐。如道路确需拓宽时，应结

合道路设计特殊断面，以保护原有树木。

3. 绿化水系

（1）尽可能多地预留绿化，美化村庄的空间环境。绿化的配置包括保护现有茶园、竹林空间，也可结合现有的古树群进行考虑，以及尽量利用宅前屋后、道路街道两侧空地、休闲小广场等的空地。

（2）重点保护现有古井及其周边空间环境，对不符合风貌的建筑应予以拆除或改造。

（十一）非物质文化遗产保护

本着保护和弘扬非物质文化遗产的原则，努力确保和支持创造、保养和传承这些遗产的社会群体以及物质性的承载环境，保证这些遗产不仅作为历史资料得到静态的保存，还要在之后的社会生活中得以运用、传承与发展。

1. 规划原则

（1）原真性原则

汤氏宗族文化已成为泰康文化遗产，因其具有多元文化兼容并蓄的内涵而受到人们的关注和保护，只有保证其内涵包括与内涵相协调的形式的历史真实性即原真性，才是非物质文化遗产得以存在的依据。

（2）发展性原则

由于非物质文化遗产的特殊社会性，在其保护过程中必须注重非物质文化遗产及其空间载体，随社会经济发展和自然环境变迁而进一步发展和完善，使非物质文化遗产得以传承和延续，从而确保非物质文化遗产的生命力。

（3）尊重性原则

需要保护的非物质文化遗产由于所依托的当地群众的地域特性，在进行保护时，必须尊重当地居民传承这种遗产所延续至今的习俗和仪式。

（4）共享性原则

必须加强非物质文化遗产在社会中尤其是所辐射的地域范围内的宣传、教育和弘扬，如与周边村落的文化交流，其具有区域共同性、同时又有其个体独特性，并以此促进不同地区人们之间的沟通与交流和增加非物质文化遗产的影响范围。

2. 保护目标

（1）使古村代代相传的非物质文化遗产随着其所处人工环境、与自然界的相互关系和历史条件的变化而不断得到创新、发展，从而保持人类的文化多样性和延续性，并激发人类的创造力。

（2）使非物质文化遗产在相对广泛的社会群体中得到确认、尊重和弘扬，确保全社会对非物质遗产的共享，同时引导村庄后人和游人对传承这种遗产必须坚持的习俗和仪式予以尊重。

（3）作为人类的共同遗产，保护非物质文化遗产，可以密切人与人之间的关系以及促进他们之间的交流和了解，促使受不同文化影响的人们更加了解以及认识其文化特性。具有的浓郁地域特色，一方面加强了当地居民的归属感，另一方面也使外地游客认识到多元文化的魅力。

（4）提出对非物质文化遗产传承人、场所与线路、有关实物与相关原材料的保护要求与措施，以及管理与扶持、研究与宣教等的规定与措施；提出传统建造工艺、手工艺等的保护与传承措施。

3. 重要非物质文化传承项目规划

（1）闽东福安地区的区域非物质文化资源

泰康村继承了闽东福安地区的文化传统，是福安地区生产生活的代表性村落之一，从这个角度来说，首先要表现的就是闽东福安地区的文化特征。

在具有较强地域性的前提下，这种闽东福安地区的非物质文化体现了它的大众性、多元性和开放性等特征。本规划从区域化的非物质文化体系入手，在村落中体现大地区文化。

（2）古村文化体系下的非物质文化资源

本次规划强调对泰康自身文化的尊重，同时也避免新建一些原本没有的"经典建筑"，以及开展一些子虚乌有的民俗活动（表4-4）。

泰康村非物质文化遗产规划项目一览表　　　　　　　　　　表 4-4

非物质文化类型	内容
传统手工技艺	木雕刻工艺（传承人汤锦堂）、太康红制茶工艺（传承人汤春光）、地瓜粉扣、畲药
口头传说和表述	八仙岗传说、猛天大王传说、红色革命事迹
传统农作物	茶叶、太子参、水稻
节庆风俗活动	冬收戏、祭祖、拜神祈福
传统表演艺术	泰康武术、畲歌

4. 具体措施

（1）依托原住民

对村庄传统建筑进行修缮、整治、维护，让居住建筑在不被破坏整体风貌的

基础上，能够更好地服务于村民，满足村民的日常生活需要，留住原住民，积极培训本地居民，培养"我的村庄我做主"的主人翁意识，同时加强村史、村庄特色的宣传，使得村民都能对本村历史、文化和特色产品有一定认识，并能积极参与到旅游开发活动中。

（2）建立非物质文化遗存档案

在做好非物质遗存文化遗产普查的基础上，运用文字、录音、录像、数字化多媒体、网络等多种方式，对传统村落的非物质文化遗存进行全面记录，建立非物质文化遗存档案，并以书面、图片、电子、照片等多种数据形式保存。

（3）做好非物质文化空间的挂牌和标识

在对非物质文化遗存进行整理的基础上，对其所对应的文化空间进行挂牌保护和标识，表明非物质文化遗存的名称、内容、传承人（讲述人、隶属人）等信息。

（4）做好古建修缮，增加活态功能，复兴古村。

（5）举办民俗、纪念活动

持续每年举办民俗文化节、寻根谒祖等纪念活动，增进交流，传承传统文化。

（6）加强文化空间的展示功能

通过新闻出版、专题宣传、各类广告、多媒体等多种手段加强对文化空间及其承载的非物质文化遗存进行展示、宣传，扩大文化遗产的影响力和知名度，让社会更多的人共享泰康传统村落的优秀文化遗存的魅力。

四、建设时序与实施措施

（一）建设时序

1. 近期（2016～2020 年）——修复、调整阶段

对核心保护区具有较高保护价值的历史建筑进行保护修缮，突出体现地域建筑风貌，对传统院落内的杂乱物品进行清理，增加绿化盆栽。

建立建议历史建筑档案，规划在核心保护区出入口竖立明显的标志牌，标明泰康村历史沿革、概况特色等。

开展传统文化宣传教育活动，寻找传统技艺传承人，在村内开办传统技艺培训班，举办传统技艺展示活动，使更多的人了解本村传统文化。

完善道路设施及环卫设施，初步打造精品旅游项目。

2. 中期（2021～2025 年）——建设、发展阶段

构建完整的古村形象，以古村内建筑风貌的改善为主要内容。包括对核心保护区内风貌不协调的建筑进行改造或拆除，整修内部街巷，打造太极湖景观中心、村民公共活动中心等。

3. 远期（2025～2030 年）——完善、充实阶段

完成村内建筑的改造形成整体的统一风貌；公共服务设施配套齐全，基础设施配套完善。健全古村保护法律机制；加强古村文化遗产管理，建立文化遗产保护档案；成立民间保护机构；培育稳定的古村保护管理人员和古建筑修缮队伍；市场保护和开发相结合、适度开发旅游（表 4-5）。

建设时序引导表

表 4-5

项目 类型	项目名称	项目内容	时序引导		
			近期	中期	远期
保护 整治 项目	传统建筑的修缮及维护	对核心保护区具有较高保护价值的历史建筑进行保护修缮，突出体现地域建筑风貌，对传统院落内的杂乱物品进行清理，增加绿化盆栽	○		
	历史建筑的建档与挂牌保护	建立历史建筑档案，规划在核心保护区出入口竖立明显的标志牌，标明泰康村历史沿革、概况特色等	○		
	传统文化保护	开展传统文化宣传教育活动，寻找传统技艺传承人，在村内开办传统技艺培训班，举办传统技艺展示活动，使更多的人了解本村传统文化	○	○	
	建筑街巷整治	对核心保护区内风貌不协调的建筑进行改造或拆除，整修内部街巷		○	○
	生态环境保护	清除村内垃圾废物，严禁随意倾倒垃圾，美化村容村貌；对村内古树名木进行挂牌保护	○		
旅游 开发 利用 项目	太极湖景观改造	廊桥、水车、葡萄架、木栈道、叠水景观		○	○
	村民公共活动中心	猛天大王宫露天戏台、门球场、跌水		○	○
	古村民俗体验区	民宿改造、文化展馆改造、青年旅社、精品农家乐、泰康红色纪念馆、文化展示墙、泰康区委旧址	○	○	
	山地茶园观景区	户外烧烤、品茶台、果园采摘、环村骑行	○		
	竹林游憩观光区	景观步道、游览标识牌、观景台、露营基地、竹亭竹廊	○	○	
设施完善项目	道路设施	环村道路、停车场、休闲广场、步行道	○	○	

续表

项目 类型	项目名称	项目内容	时序引导		
			近期	中期	远期
设施完 善项目	公用设施	路灯、指示牌、健身设施、给水管网、排水设施 改造、电力地埋改造		○	○
	环卫设施	公共厕所、垃圾筒、垃圾收集点	○		

（二）近期项目

近期重点修缮和维护传统建筑，改善生态环境，完善村庄道路系统，初步改善村内的生活居住条件；同时，初步建立泰康对外接待能力，打造部分游览点（表4-6）。

近期建设项目引导表 表4-6

项目类型	项目名称	项目内容
保护整治项目	传统建筑的修缮及维护	对核心保护区具有较高保护价值的历史建筑进行保护修缮，突出体现地域建筑风貌，对传统院落内的杂乱物品进行清理，增加绿化盆栽
	历史建筑的建档与挂牌保护	建立历史建筑档案，规划在核心保护区出入口竖立明显的标志牌，标明泰康村历史沿革、概况特色等
	传统文化保护	开展传统文化宣传教育活动，寻找传统技艺传承人，在村内开办传统技艺培训班，举办传统技艺展示活动，使更多的人了解本村传统文化
	生态环境保护	清除村内垃圾废物，严禁随意倾倒垃圾，美化村容村貌；对村内古树名木进行挂牌保护
旅游开发利用项目	古村民俗体验区	民宿改造、文化展馆改造、青年旅社、精品农家乐、泰康红色纪念馆、文化展示墙、泰康区委旧址
	山地茶园观景区	户外烧烤、品茶台、果园采摘、环村骑行
	竹林游憩观光区	景观步道、游览标识牌、观景台、露营基地、竹亭竹廊
设施完善项目	道路设施	环村道路、停车场、休闲广场、步行道
	环卫设施	公共厕所、垃圾筒、垃圾收集点

（三）实施措施

1. 健全古村保护法律机制

（1）应由赛岐镇政府牵头制定符合泰康村特点的保护管理办法等规章制度，对村庄严格进行科学管理，核心保护区范围内所有建设活动均要求按法定程序办

理报批手续。

（2）建立有效的监控制度，及时反映和听取社会各阶层的意见和建议，及时掌握并预测保护发展的各种动态，有效地了解和把握信息。

（3）制定乡规民约，约束居民无序的建设行为，提高居民的保护意识，热爱遗产的意识，建立和谐社区。

2. 加强村庄保护的领导，成立泰康村理事会

（1）建立泰康村理事会，将传统村落的保护提到议事日程。

（2）联系文物主管部门负责对古村内有价值的历史遗存进行评估，尤其是非物质文化遗产部分，建立相应的文化遗产保护档案，明确专人负责。

（3）建议相关部门负责对核心保护区的建设活动进行管理。

3. 成立民间保护机构

成立各级保护协会，由村庄各个产权所有者、管理部门、文化团体和热心古村保护事业的人参加，同时聘请有关专家、学者担任顾问，指导保护和发展。重视推广传统手工艺传承和发展。

村庄保护协会的主要职能是：反映村庄各个方面的真实情况和意见；遵循村庄的各项保护规章采取自律行为，相互监督；积极筹措保护资金，监督保护专项基金的使用；组织开展村庄保护有关政策咨询；开展各种文化交流。

4. 培育稳定的村庄保护管理人员和古建筑修缮队伍

对村庄的保护管理人员实施定期培训制度，培养稳定的技术管理队伍，保证村庄的保护性建设按照规划要求进行。同时对参与古建筑修缮维修的设计施工队伍进行资格审查，确保古建筑的维修在专家指导下进行。

5. 市场保护和开发相结合、适度开发旅游

村庄的保护开发及资金筹集工作要推向市场，吸引社会各界参与村庄保护。利用村庄的人文资源兴办旅游产业，发展旅游经济，带动地方经济的发展。但应该注意的是，旅游经济的适度发展是在保护村庄传统风貌的前提下，在合理的环境容量范围内，以免对村庄造成不可挽回的破坏。

第二篇——

田园综合体的规划应用

第一章
规划总则

一、规划背景

1. 环境背景：生态时代，尊重自然本身

福安作为福建省级森林城市，近年来通过实施绿色城市、绿色村镇、绿色通道、绿色屏障"四绿"工程建设，突出显山露水、休闲宜居的生态园林城乡特色。全市域拥有广袤、高品质的农林空间，维系并保护好本土的自然环境资源，是福安实现社会、经济和生态全面发展的立足之本。松罗是省级生态乡镇，森林覆盖率达82%。田园综合体以农业为主导，尊重本土自然环境，是将生态农业与旅游综合体进行组合的创新型综合体，也正是顺应了福安绿色发展，而开创的一种独具潜力的土地利用形式（图1-1）。

图1-1　福安城区全貌图

2. 经济背景：创新时代，加强产业互动

福安是国家现代农业示范区和国家农业可持续示范区创建县，全市形成了以粮食、水果、茶叶为主要原料的食品加工业，为全国农产品加工业示范基地。但

受制于资金、技术等方面的约束，一二三产业互动较弱，产业延展效益不明显。随着农业供给侧改革，社会资本高度关注农业，综合发展的期望较强。而田园综合体作为资源优化配置的"驱动器"，可以作为创新技术、金融融资的新型平台，有效吸纳社会资本的进入，从事农业生产之外的二产加工业、三产服务业等与农业相关的产业，进而形成一二三产业融合发展的模式（图1-2）。

图1-2　福安茶叶种植区实景图

3. 社会背景：变革时代，重塑城乡关系

福安作为闽东地区的工业大市，同时也是农业大市。但由于早期城乡发展战略，导致城乡关系失衡，城乡二元制结构依然存在。田园综合体是以田园生产、田园生活、田园景观为核心组织要素，多产业多功能有机结合的空间实体，其核心价值是满足人回归乡土的需求，让城市人流、知识流真正做到反哺乡村，促进乡村经济的发展（图1-3）。

图1-3　福安松罗兔女郎山庄实景图

4. 文化背景：回归时代，关注人的需求

乡村旅游独具魅力，近年来创新类型多样，但始终未解决"产、社、人、文、悟"诸要素在空间上的优化集聚问题。农庄、农场、农家乐等乡村旅游载体对乡村旅游要素的"综合度"还不够强，对人们期盼体验的"真实田园"营造不足，无法实现市民与田园"浸染互动"的体验层次，因此，其所激发的消费动力还处在表

层。田园综合体的真实图画、乡野氛围、业态功能等，可以带给人们真实的田园体验，实现乡村旅游从"玩一把"向"住下来"、从"浅花钱"向"深消费"转变。

二、规划范围

规划范围涵盖松罗乡下辖的松罗、柳溪、后洋、尤沃、王加等 5 个行政村完整村域，以及周边行政村部分村域，涉及农户 1549 户，人口 7254 人，总规划面积约 15 平方公里（图 1-4）。

图 1-4　规划范围示意图

三、规划依据

（1）《关于开展田园综合体建设试点工作的通知》（财办〔2017〕29 号）。
（2）《关于加大改革创新力度加快农业现代化建设的若干意见》（2015 年）。
（3）《福安市"十三五"现代农业发展专项规划》。
（4）《福安市城市总体规划（2010-2030）》。
（5）《福安市土地利用总体规划（2016-2020）》。

四、规划期限

规划期限为 2017 ～ 2019 年。

一、区位优势：地处腹地、内外通达

福安市位于福建省东北部，位于海峡西岸经济区和环三都澳区域核心区，历为闽东经济、文化、交通中心。市域地处鹫峰山脉东南坡，太姥山脉西南部、洞宫山脉东南延伸部分。市域东邻柘荣县、西连周宁县，北接寿宁县、浙江省泰顺县，南接宁德市，总面积 1880 平方公里。

松罗乡地处福安市东南部，东与霞浦县崇儒、柏洋乡相邻；西与赛岐镇、溪尾镇毗邻；南与霞浦县盐田乡接壤；北与溪柄镇相邻。道 301 线穿境而过，与松柏公路、松溪公路相连接，到霞浦、宁德、福安等各重要城镇距离适中，均在 1 小时车程之内便可到达，到赛岐、湾坞、盐田高速公路入口，以及温福铁路福安火车站均在 20 分钟以内的车程，交通便捷，区位优势明显。规划范围周边 35 公里内，是宁德经济最发达、人口最密集的湾坞半岛、赛甘下和霞浦等开发潜力最大的区域，可辐射带动溪柄省级农民创业示范园和赛湾国家现代农业示范区万亩设施葡萄产业园等农业开发项目（图 2-1）。

二、自然优势：山水富饶、气候宜人

福安市地处九峰山脉东南麓，太姥山脉西南部以及洞宫山脉东安南延伸部分，山体大致走向呈北东—南西展布，或呈北西 - 南东走向；地势从北向南倾斜，东西部高，中间低，形成南北走向的狭长谷地。松罗乡位于福安市的东南部，属于典型的丘陵地带风貌。

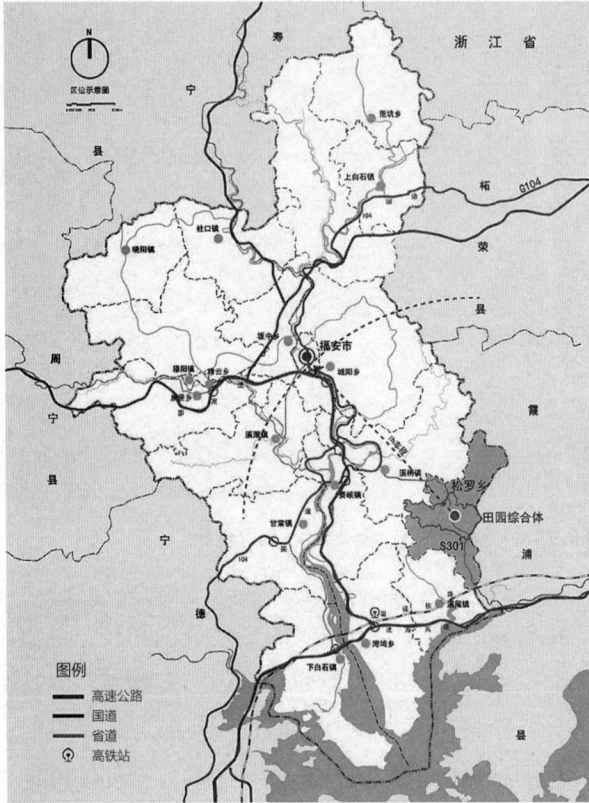

图 2-1　区位示意图

　　松罗乡属亚热带季风气候，温暖湿润，光热充足。由于所处地理纬度低，濒临东海，受季风环流影响，具有四季分明，夏季稍长，冬季稍短；光热充足，无霜期长，季风明显，台风频繁；雨量集中，夏旱突出等特点。年平均日照在 1600 ～ 1700 小时，全年总辐射量约 1024 卡 / 每平方厘米；年平均降水量约800 ～ 1900 毫米，无霜期约为 240 ～ 330 天，不易发生霜冻灾害，适宜农作物生长（图 2-2）。

图 2-2　松罗丘陵地带风貌实景图

三、人文优势：历史悠久、内涵丰富

福安建县历史悠久，宋理宗御批"敷赐五福，以安一县"，福安因而得名。松罗乡也有千年的历史，其中柳溪村已建村1400年，乡内多次发现宋代瓦窑等遗址，历史气息浓厚。在革命战争年代，福安的松罗、溪柄等地为革命活动的主阵地，有着"闽东延安"的美称。松罗人民为党的事业发展和革命成功做出了巨大的贡献，南溪"九家保"、杜坑"畲嫂救曾志"、柳溪"红军后方医院"等红色故事广为流传、感人至深，松罗烈士就达将近300位。同时，松罗知青特色文化保存完整，目前也在正在进一步的挖掘和保护。另外，后洋村获得2017年全国第二批少数民族特色村寨。松罗、尤沃、柳溪、赤溪被列为2017年美丽乡村建设项目。全乡人文气息浓厚，群众基础良好（图2-3）。

图2-3 松罗主要文化资源示意图

四、资源优势：水土充裕、开发有序

现状规划范围内以农林用地为主，包括水田4438亩、旱地1487亩、果园1306亩、茶园3392亩、其他园地281亩、有林地8766亩、灌木林地87亩、其他林地1839亩、其他草地1325亩。另外，规划范围内村庄建设用地40公顷，占总规划面积2.50%，水域30公顷，占总规划面积1.86%（表2-1）。

土地利用现状一览表　　　　表2-1

类型	面积（公顷）	面积（亩）	占比
水田	295.90	4438.49	18.52%
旱地	99.15	1487.26	6.20%
果园	87.09	1306.35	5.45%
茶园	226.16	3392.44	14.15%

类型	面积（公顷）	面积（亩）	占比
其他园地	18.76	281.33	1.17%
有林地	584.40	8766.05	36.57%
灌木林地	5.80	87.04	0.36%
其他林地	122.65	1839.75	7.67%
其他草地	88.34	1325.05	5.53%
水域	29.78	446.73	1.86%
村庄建设用地	40.02	600.28	2.50%
规划范围	1598.05	23970.77	100.00%

福安市域水资源丰富，由交溪、富春溪、赛江、白马河组成的交溪水系，为福建省五大水系之一。河流流域面积 30 平方公里以上的有 19 条，20 平方公里以上的有 4 条，河流除钱塘溪、山溪等单独入海外，其余主要为交溪水系。

其中松罗乡水利建设是福安市水利灌溉中的重要组成部分，是当地居民的生产、生活用水需求的重要保障。

五、产业优势：果茶并重，三产融合

福安是国家现代农业示范区和国家农业可持续示范区创建县，全市形成了以粮食、水果、茶叶为主要原料的食品加工业，为全国农产品加工业示范基地；以坦洋工夫、绿茶、花茶为主的茶叶产业，为全国十大产茶县之一；以巨峰葡萄、穆阳水蜜桃、东魁杨梅、晚熟龙眼、芙蓉李等为主的水果业，为南方最大的设施葡萄产业基地；以及以太子参为主的中药材业，以生猪、水禽为主的畜牧业等几大农业产业格局。

松罗农业特色产业突出，全乡葡萄种植面积 1.1 万亩，年产值约达 1.6 亿元，是国内品质最优质的巨峰葡萄产区。连续两次获得全国葡萄评比金奖。葡萄产业技术提升与集成推广被列为国家科技部国家科技富民强县专项行动计划项目。2019 年 9 月，全国葡萄协会还将在松罗召开葡萄产业发展现场会，并授予松罗乡"南国最美葡萄小镇"称号。福安松罗高山葡萄还将作为指定产品进入今年的金砖五国会议。松罗有茶园 1.5 万亩，年产值 1 亿元，是南方优质高山生态茶叶主产区。陆续被授予闽台合作葡萄科技推广示范基地、闽台茶叶生态园基地，目

前正在持续实施闽台生态茶叶园和智慧茶园项目。

松罗依托千亩高优葡萄示范园区，形成以葡萄为主，带动并促进葡萄大棚套种、獭兔养殖、灵芝种植、生物有机肥生产、观光休闲、电子商务、村淘及果品深加工等新兴产业发展，形成"1+N"现代生态循环农业发展格局，为发展循环农业、创意农业、农事体验于一体的田园综合体打下良好基础。2016年12月3日，全国新型农业创新创业与乡镇企业发展研讨交流（福安）现场会在松罗，松罗"1+N"生态循环发展模式得到各界人士的认可。全乡农业经营主体发展活跃，现有农民专业合作社84家，其中国家级示范社1家，省级示范社2家，宁德市级示范社3家。

第三章 规划思路

一、指导思想

认真贯彻党中央、国务院决策部署，深入推进农业供给侧结构性改革，适应农村发展阶段性需要，遵循农村发展规律和市场经济规律，围绕农业增效、农民增收、农村增绿，加强乡村基础设施、产业支撑、公共服务、环境风貌建设，实现农村生产生活生态"三生同步"、一二三产业"三产融合"、农业文化旅游"三位一体"，积极探索推进农村经济社会全面发展的新模式、新业态、新路径，逐步建成以农民合作社为主要载体，让农民充分参与和受益，集循环农业、创意农业、农事体验于一体的田园综合体。

二、基本原则

1. 以农为本，联动发展

以保护耕地为前提，提升农业综合生产能力，突出农业特色，发展现代农业，促进产业融合，提高农业综合效益和现代化水平；确保农民参与和受益，着力构建企业、合作社和农民利益联结机制，带动农民持续稳定增收，让农民充分分享田园综合体发展成果。

2. 生态优先，绿色发展

保持农村田园风光，留住乡愁，保护好青山绿水，实现生态可持续。积极发展循环农业，充分利用农业生态环保生产新技术，促进农业资源的节约化、农业生产残余废弃物的减量化和资源化再利用，实施农业节水工程，加强农业环境综

合整治，促进农业可持续。

3. 市场主导，共赢发展

按照政府引导、企业参与、市场化运作的要求，创新建设模式、管理方式和服务手段，全面激活市场、激活要素、激活主体，调动多元化主体共同推动田园综合体建设的积极性。

4. 循序渐进，持续发展

依托现有农村资源，统筹运用好农业综合开发、美丽乡村等建设成果，从实际出发，循序渐进，挖掘特色优势，提倡形态多元性，建设模式多样性；创新发展理念，优化功能定位，探索一条特色鲜明、宜居宜业、惠及各方的田园综合体建设和发展之路，实现可持续、可复制、可推广。

三、发展策略

1. 提升现代农业产业

依托当地特色的葡萄、茶叶、林下作物等农业资源，通过引进新品种、新技术提升种养水平和农产品质量，延伸产业链，发展农产品加工及休闲农业，塑造地方品牌，实现产业结构优化升级，农业增效，农民增收。

2. 促进乡村旅游融合

拓展农业生产的多功能性，依托乡村历史文化、民俗风情，实现农业与旅游、教育、文化、健康养老等产业深度融合，构建具有地方特色的休闲农业和乡村旅游体系，促进一二三产融合发展。

3. 挖掘地方文化特色

尊重并深入挖掘特色文化、民俗风情，将其历史变迁、重要人物、神话故事、艺术工艺、村寨园林、餐饮文化等物质文化遗产和非物质文化遗产与乡村休闲旅游发展相融合，实现乡村文化的可持续发展。

4. 维系山水田林基底

维持乡村山、水、田、林、路、屋等的生态格局，营造自然生态农田景观，充分发挥乡村特有景观的功能与风貌魅力，扩展观光旅游的外延，使其成为休闲农业和乡村旅游的环境基底。

四、规划目标

1. 总体目标

充分利用高山资源优势，创建一个以田园景观和农业生产为基础，以农民充分参与和受益为核心，以综合开发为手段，以村容绿、村业兴、村民富为目标，以生态的山水环境为依托，以观光休闲功能为主题，以提高农业供给质量为主攻方向，以体制改革和机制创新为根本途径，融合了生产与生活生态、一产与二产三产，集循环农业、创意农业、农事体验于一体，力争成为"产业升级、农民富裕、村庄美丽、管理高效"的高山生态田园综合体。

2. 具体目标

（1）增加农民收入。通过发展现代农业和休闲农业，壮大新产业新业态，拓展农业产业链价值链，促进试点区域农民人均纯收入大幅度提升，到 2019 年农民人均可支配收入突破 2.5 万元，年均递增 15%，高于全市平均水平，真正体会到产业链延伸、产业功能拓展带来的收益。

（2）增加村财收入。结合田园综合体项目落地，实施"一村一品一主体"富民强村计划，采取盘活"三资"、发展生产、提供服务等措施，破解村级集体经济发展难点，促进村财增收，力争通过三年时间全乡 19 个行政村村财收入全部达 10 万元以上，其中核心区村财收入达 50 万元以上。

（3）保障有效供给。严守耕地保护红线，补齐农业农村短板，改善农业基础设施条件，力争到 2019 年底，试点乡镇新增设施葡萄面积 5000 亩，改造生态茶叶 5000 亩（约 333 公顷），农产品加工产值超 3 亿元，全面实施农业标准化生产，实现品牌化经营，新增"三品一标"农产品 5 项，农产品质量安全抽检合格率保持全省领先，建成高优农产品产业集聚区。

（4）提升农业效益。优化产品产业结构，着力推进农业提质增效，强化科技创新驱动，引领现代农业加快发展，力争到 2019 年，试点乡镇农林牧渔业总产值超 10 亿元，年均递增 12%，增幅位居全市前列。

（5）改善生态环境。推行绿色生产方式，增强农业可持续发展能力，大力发展循环农业，力争到 2019 年底，试点乡镇全面推广测土配方施肥技术病虫害统防统治，实现农药用量、化肥用量零增长，畜禽养殖污染排放 100% 达标，作物修剪枝利用率达 85% 以上，森林绿色面积再提高 5% 以上，农村人居环境明显改善。

（6）提高生活品质。将乡村旅游业与生态精品农业、养生养老产业相结合，大力发展高山休闲农庄、创意农业和农事体验，力争成为福建省高品质乡村旅游目的地，凸显"高山绿谷·欢乐田园·南国最美葡萄小镇·亚高原生态茶叶走廊·乐活生态小镇"的区域品牌，以提高城乡居民生产品质。2019年接待游客50万人次，休闲康养综合性总收入1亿元人民币以上，年均增长30%左右。

3. 功能定位

根据试点乡镇松罗乡的地形地貌、资源禀赋、产业基础，以及区域特色、功能、发展预期和生态承载能力，区域产业发展布局分为五个特点不同的农业功能区。

（1）规划"三大农业景观区"。即尤沃设施葡萄景观区、高山茶叶景观区、林下经济景观区。重点发展农业高新技术研发、创意农业、农业主题公园和休闲观光农业，打造农产品展示交流平台。面向城市高端人群、市民，打造新乡村旅游、休闲农业观光目的地（图3-1）。

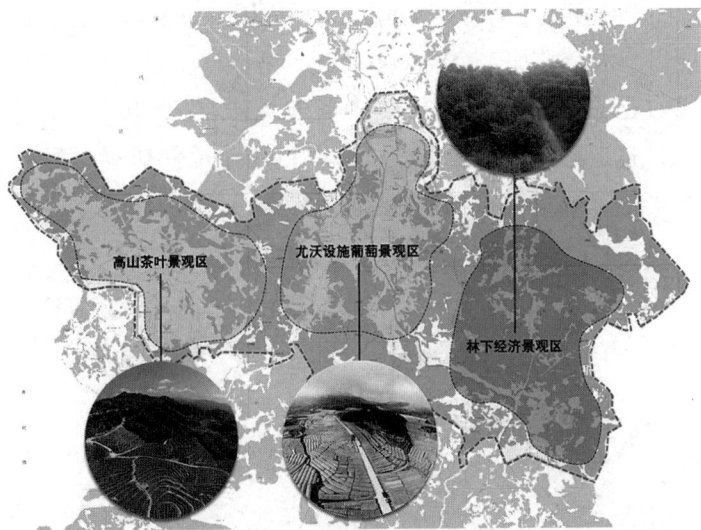

高山茶叶景观区　　尤沃设施葡萄景观区　　林下经济景观区

图 3-1　三大农业景观区规划图

（2）规划"三大休闲聚集区"。即后洋畲族特色村寨聚集区、兔女郎主题文化休闲聚集区、农耕文化园康养休闲聚集区。以绿色、有机农业为重点，发展特色农业、健康养殖产业，打造一批特色果品产业带和有机农产品生产基地，以生态涵养为主，着重发展循环农业、低碳农业、有机农业，拓展农业功能，服务城区市民休闲需求。面向当地居民、养老人群、城市市民，打造和谐宜居、度假养生的和谐乡村生活社区（图3-2）。

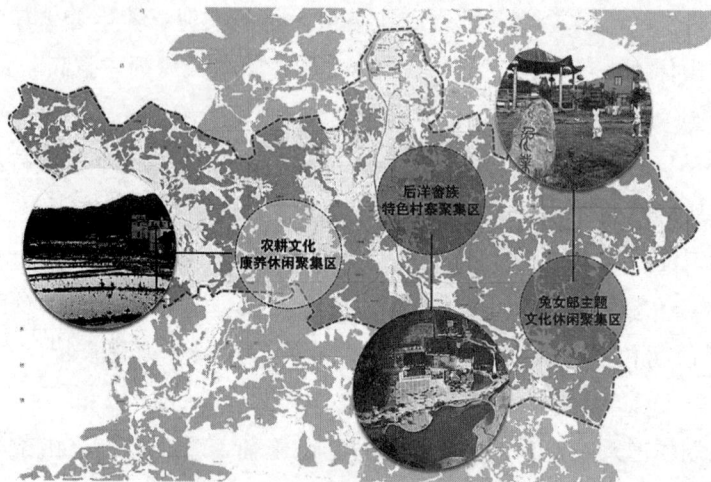

图 3-2　三大休闲聚集区规划图

（3）规划"六大现代农业产业园"。即尤沃葡萄生态循环农业产业园、王家智慧茶叶产业园、柳溪生态林业产业园、珍稀食用菌仿生态种植产业园、农业发展创意产业园以及农产品加工企业创业孵化产业园等。以绿色、无公害为重点，发展高效节水农业、设施农业和农产品加工物流产业，保障农产品的有效供应。面向产业领域，打造产、学、研结合的高科技农业示范基地；面向儿童、青少年，打造生态教育、自然体验的教育基地（图 3-3）。

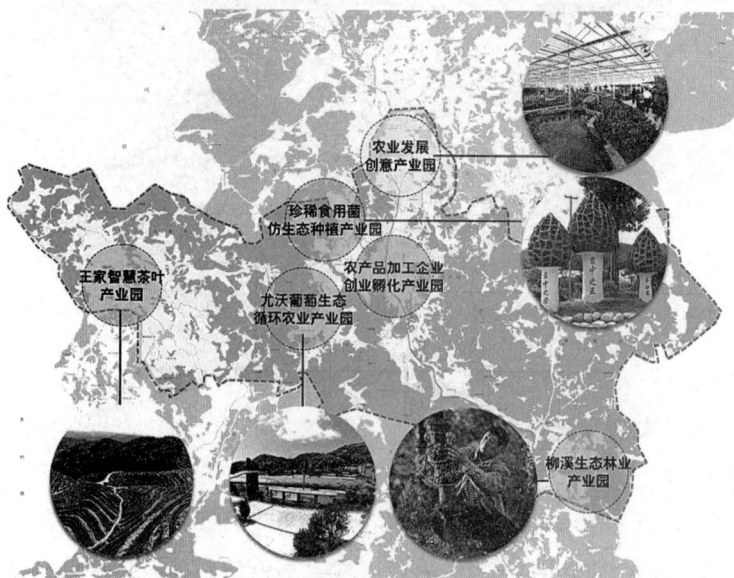

图 3-3　六大现代农业产业园规划图

（4）规划"四大生活居住区"。即松罗生活居住区、后洋生活居住区、尤沃生活居住区、王加生活居住区，面向各级政府机构，打造新农村建设、城乡统筹的全方位示范平台（图3-4）。

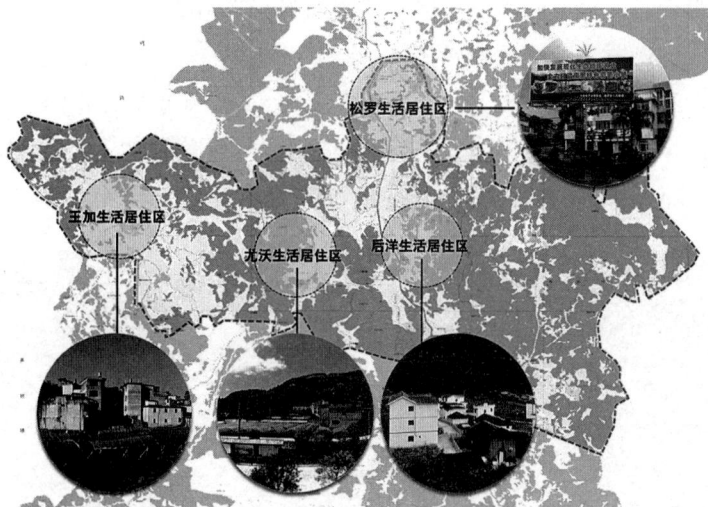

图3-4　四大生活居住区规划图

（5）规划"两大村社服务区"。即产业公共服务区、居民便民保障服务区，形成一张服务网络，打造新型城镇化公共村社服务平台（图3-5）。

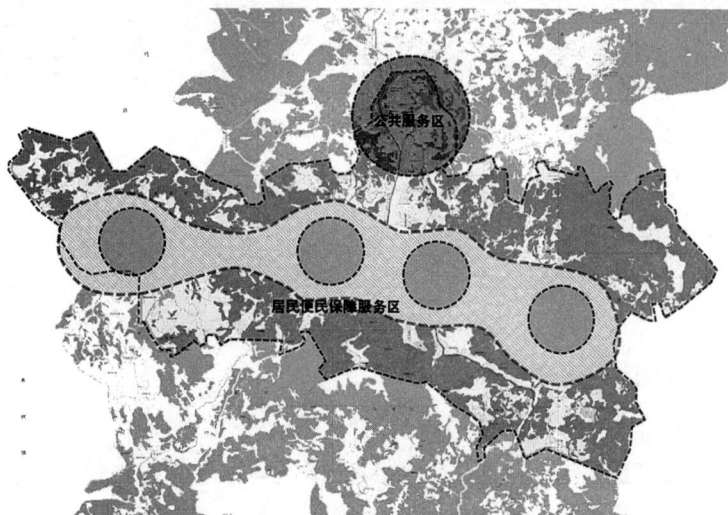

图3-5　两大村社服务区规划图

五、总体布局

整体上形成"一核、两带、三区"的空间格局（图3-6）。

（1）一核：松罗葡萄小镇综合服务核。

（2）两带：东翼乡村发展带（松罗—霞浦）、西翼乡村发展带（松罗—赛岐）。

（3）三区：尤沃葡萄生态循环农业产业区（尤沃葡萄沟）、王家智慧茶叶产业区（王家茶苑）、柳溪林下经济产业区（柳溪药谷）。

图3-6 总体布局结构图

其中：

（1）松罗葡萄小镇综合服务核

发展方向：完善配套服务设施配建，打造展示松罗旅游形象最佳窗口。

发展重点：松罗田园综合体旅游服务中心、红色文化艺术馆、会议度假中心、松罗主题休闲街（丰富夜生活）。

（2）尤沃葡萄生态循环农业产业区（尤沃葡萄沟）

发展方向：打造高山优质葡萄种植园，提供高标准休闲体验场所。

发展重点：葡萄采摘、脚踩葡萄古法酿酒体验、葡萄树游乐园、葡萄景观长廊、葡萄籽养颜屋、葡萄综合加工厂、葡萄产品展售厅、羊肚菌食宴、葡萄醋制作体验。

（3）王家智慧茶叶产业区（王家茶苑）

发展方向：建设智慧生态茶园，打造松罗茶业新亮点。

发展重点：观光茶园、采茶摘果、自助茶寮、茶道表演、茶膳品尝、香茗展售中心（结合茶场设置）、篝火晚会、茶园垂钓。

（4）柳溪林下经济产业区（柳溪药谷）

发展方向：打造康养产业集中区，食疗养生与观光体验相结合。

发展重点：金花茶产业园（园区游览、盆景观赏）、药膳养生堂（食疗食补、美味养生）、空气疗场（吐浊纳清、放松身心）、药草加工厂（鲜草加工，参观体验）、本草铺子（展售自产中药材）、垂钓、兔女郎休闲度假山庄。

围绕田园综合体的建设目标和功能定位，重点抓好生产体系、产业体系、经营体系、生态体系、服务体系、运行体系等六大支撑体系建设。

一、生产体系：夯实基础，完善生产发展条件

顺应松罗乡村经济社会发展趋势，充分考虑未来一个时期综合体建设对村庄布局、居住方式、基础设施布点所带来的变化，既要突出建设重点，优先解决农民最急需的生产生活设施，又要始终注意加强农业综合生产能力建设，促进农业稳定发展和农民持续增收，同时结合乡村旅游发展，适度超前建设或预留配套服务设施。

1. 推进高标农林建设

依托现有以葡萄和茶叶种植为主导的农业生产空间，综合考虑松罗当地的山林地质地貌以及自然水文条件，通过农村土地整治，并结合水利工程建设，进一步整合耕地资源，按照集中连片、设施配套、高产稳产、生态良好、抗灾能力强的高标准农田进行建设。打造"1.1+1.5"（即1.1万亩葡萄种植+1.5万亩茶叶种植）高标准农林种植示范区（图4-1）。

2. 完善交通设施建设

（1）加强对外交通联系。推进松罗—王加、松罗—赤溪、柳溪—西胜乡村公路的升级改造工程。

（2）优化乡村交通布局。针对打造葡萄小镇交通需求特征，逐步完善乡镇主干路网络，合理分流过境交通、旅游交通与乡镇交通。加快实施乡镇主要道路沿

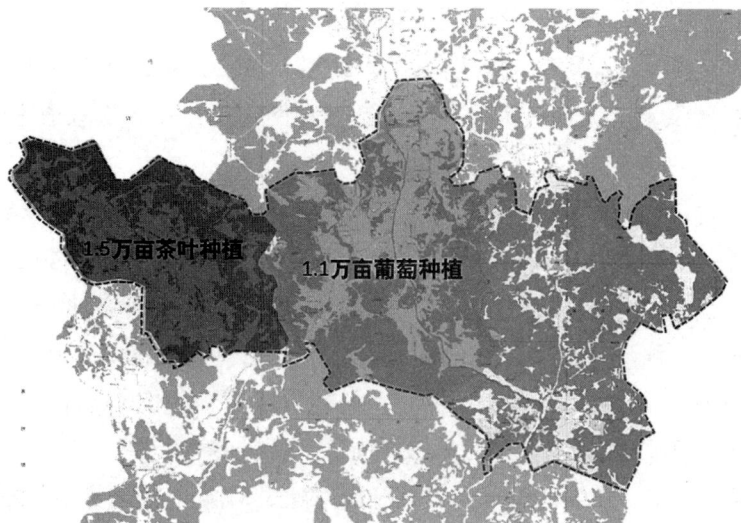

图 4-1　高标农田种植示范区规划图

线街道景观的升级改造工程。

（3）统筹客运站点布局。贯彻"路、站、运一体化"的思想，统一规划、同步实施乡村道路与客运站点，实现乡道路客运网络化。

（4）彰显慢行交通特色。推进松罗—尤沃—后洋—柳溪—满洋乡村慢行环路的建设工程（图 4-2）。

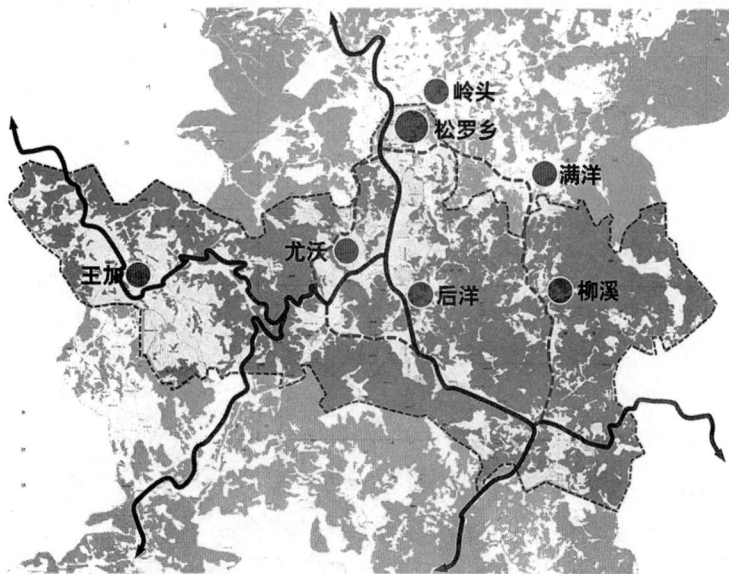

图 4-2　主要道路交通规划图

3. 巩固市政设施建设

（1）供水工程。推进和完善供水工程建设，扩大供水范围，逐步实现同质化供水和联网供水，提高供水普及率，完善管网建设，控制供水成本，保障供水安全。

（2）污水工程。加大污水处理设施建设力度，结地形特点统筹布局污水处理设施，合理确定污水处理系统分区，扩大集中收集处理范围，提高污水收集处理效率。规划新建污水处理厂一座，位于松罗乡政府西南侧约 600 米处。

（3）电力工程。完善和优化电网结构，提高电网供电能力，提高供电可靠性，降低网络损耗。统筹考虑电源和负荷的接入需求，使电网具备各类分布式电源接入、各类负荷送出的适应能力，具备多样化服务能力。

（4）通信工程。加强通信基础设施和网络建设，实现通信网络的宽带化、数字化、综合化与智能化。加快互联网的建设和能力提升改造；统筹信息网络资源，促进电信网、互联网和广播电视网，三网融合；开发、建设相应的公共信息服务平台。结合福安广电、通信主管部门统一规划，行政村实现村村通电话、有线电视 100% 入户。

（5）环卫工程。建设覆盖整个乡域的活垃圾收运处理体系，逐步取消现状乡镇和村庄自行填埋处理方式，生活垃圾统一收运处理，使生活垃圾无害化处理率达到 100%。同步推行垃圾分类收集，构建完善的城乡垃圾分类处理体系，改善规划范围的环境卫生与环境保护状况。结合农村改水改厕，逐步提高无害化卫生厕所覆盖率，推广水冲式卫生公厕。村内须设置公厕，每个主要居民点至少设 1 处（图 4-3）。

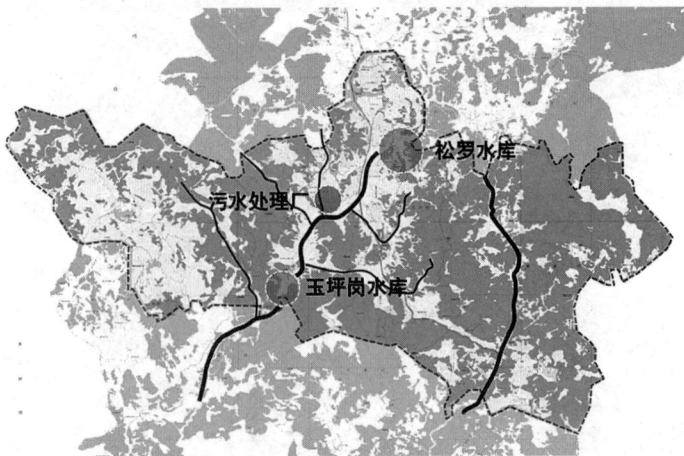

图 4-3　主要市政设施规划图

4. 强化安全设施建设

（1）防洪工程。提高重要河道溪流的防洪标准。排水体制逐步转变为雨污分流制，雨水管道排放与排水沟渠排放相结合，完善雨水排放系统。增加排水河道及沟渠，提高水面率，增强雨洪调蓄能力，降低暴雨径流峰值，减缓排水压力。

（2）消防工程。贯彻预防为主、防消结合的方针，积极推进消防工作社会化，针对消防安全布局、公共消防设施建设、消防安全组织建立、消防器材装备配置等内容。防火分隔宜按 30～50 户的要求进行。结合给水管道设置消防栓，间距不大于 120 米，并设置不小于 4 米的消防通道，利用现有鱼塘、河流、水库等水体设置消防备用水源。

（3）抗震工程。统筹进行避灾疏散场所与道路的安排与整治。村庄道路出入口数量不宜少于 2 个，1000 人以上的村庄与出入口相连的主路有效宽度不宜小于 7 米，避灾疏散场所内外的避灾疏散主通道的有效宽度不宜小于 4 米。避灾疏散场所应与村庄内部的晾晒场地、空旷地、绿地或其他建设用地等综合考虑，每个行政村原则上建 1 个村级避灾点，人口较多或居住范围较分散的，可根据当地实际建 2 个村级避灾点，单个避灾点容量不小于 100 人。

5. 提升旅游设施建设

重点利用乡镇现状配套服务资源，合理引导各种生产要素集聚，为游客提供饮食、住宿、交通工具、景点介绍等服务。依托柳溪、后洋、尤沃、王加等四个村庄资源特点，在旅游观景点基础上为游人适当提供餐饮、住宿等服务。结合自身条件，根据需要配套相应旅游服务功能。

根据旅游资源情况、旅游区位以及乡镇自身旅游设施情况，形成旅游城镇、旅游村二级旅游服务体系。

（1）旅游城镇——即松罗葡萄小镇，重点利用乡镇现状配套服务资源，合理引导各种生产要素集聚，为游客提供饮食、住宿、交通工具、景点介绍等服务。

（2）旅游村——即柳溪、后洋、尤沃、王加等四个村庄，依托村庄资源特点，在旅游观景点基础上为游人适当提供餐饮、住宿等服务。结合自身条件，根据需要配套相应旅游服务功能（图 4-4）。

二、产业体系：突出特色，构筑产业发展平台

在保持松罗乡特色农业产业优势的基础上，拓宽现代农业发展思路，助推传统农业转型升级，着力构建"高效生态、特色精品、绿色安全"的现代农业体系。

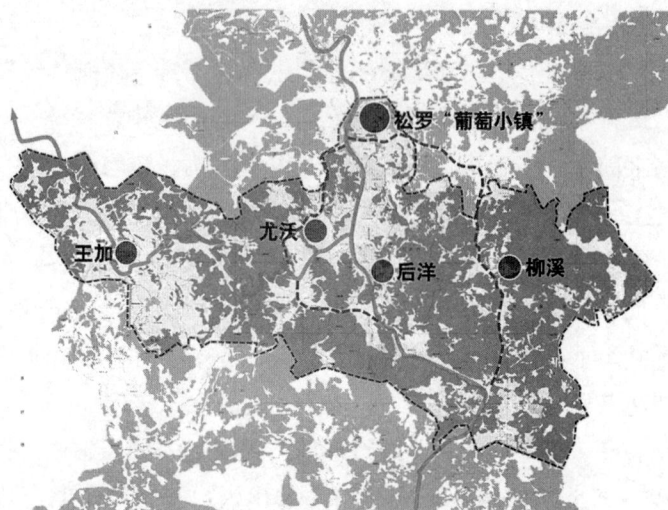

图 4-4　主要旅游设施规划图

1. 做大做强集群农业

壮大晚熟优质葡萄、茶叶及林下经济三大主导产业，大力打造三大农业产业集群，分别为（图 4-5、表 4-1）：

（1）松罗—尤沃—后洋高山葡萄种植区：以生产标准化、产业规模化、科技高新化、机制市场化、园区景观化为目标，融合高优栽培、品种示范、保鲜物流、休闲景观、葡萄酒加工、采摘体验等功能为一体，建设福建省一流的高山晚熟葡萄生产基地和现代葡萄产业发展示范基地。

图 4-5　三大农业产业集群规划图

三大农业产业集群发展引导一览表　　　　　　　　表 4-1

集群农业	发展方向	发展目标
松罗—尤沃—后洋高山葡萄种植区	高优栽培、品种示范、保鲜物流、休闲景观、葡萄酒加工、采摘体验	建设福建省一流的高山晚熟葡萄生产基地和现代葡萄产业发展示范基地
王加优质茶叶种植区	引进新型茶树良种，加大名优特种茶开发力度，发展茶叶精深加工	建设闽台茶叶合作示范点
柳溪林下经济种植区	种植香樟、罗汉松、金丝楠木等经济树木，以药养树、以林养农，进行养蜂、养禽、种植金花茶、食用菌等多种套种、养殖模式	建设闽东林下经济示范点

（2）王加优质茶叶种植区：引进新型茶树良种，加大名优特种茶开发力度，发展茶叶精深加工，推动闽东茶叶品种结构调整、生态茶园建设和闽台茶叶合作示范点建设，有力带动全市茶叶经济发展，促进茶农增收。

（3）柳溪林下经济种植区：在种植香樟、罗汉松、金丝楠木等经济树木的基础上，以药养树、以林养农，进行养蜂、养禽、种植金花茶、食用菌等多种套种、养殖模式，并引入加工、景观利用等附加功能，建设林下经济示范点，提高山地农业经济效益。

2. 积极发展创意农业

培育"农业＋"发展模式，开发农业多功能性，推进农业产业与旅游、教育、文化、康养等产业深度融合（表 4-2）。

（1）农业＋观光。利用现代农业技术，开发具有较高观赏价值的作物品种园

创意农业发展引导一览表　　　　　　　　表 4-2

发展模式	发展重点	发展载体
农业＋观光	农业观光园、自摘水果园、农俗园、果蔬品尝中心	尤沃葡萄园、成增林下经济示范基地、王加茶场、皇家茶场
农业＋教育	利用设施农业、循环农业、生态农业等载体，向农业工作者和中、小学生进行农业技术教育	成增林下经济示范基地
农业＋文化	利用农耕技艺、农耕用具、农耕节气、农产品加工活动等，开展农业文化旅游	后洋畲族特色村、后洋知青文化展示区、尤沃葡萄酒庄
农业＋康养	以齐全、高档的设施和优质的服务，为游客提供休闲、康养设施。结合中草药种植，开发养生膳食产品	兔女郎山庄、成增林下经济示范基地、尤沃养生生态园
农业＋运动	航拍摄影、户外自驾、乡村徒步、登山、房车露营和越野定向等休闲运动	松罗水库、松罗环形步道

地，或利用现代化农业栽培手段，向游客展示农业最新成果。组建农业观光园、自摘水果园、农俗园、果蔬品尝中心等。主要载体有尤沃葡萄园、成增林下经济示范基地、王家标准化茶园等。

（2）农业＋教育。利用农业园区的资源环境，组织考察高科技农业技术成果，包括设施农业、循环农业、生态农业等，向农业工作者和中、小学生进行农业技术教育，形成集农业生产、科技示范、科研教育为一体的新型科教农业。主要载体为成增林下经济示范基地等。

（3）农业＋文化。利用农耕技艺、农耕用具、农耕节气、农产品加工活动等，开展农业文化旅游。主要载体为后洋畲族特色村、后洋知青文化展示区等。

（4）农业＋康养。以山水田林资源为依托，以齐全、高档的设施和优质的服务，为游客提供休闲、康养设施。结合中草药种植，开发养生膳食产品。主要载体为兔女郎山庄、成增林下经济示范基地等。

（5）农业＋运动。利用山水地形地貌和良好的空气环境，开发航拍摄影、户外自驾、乡村徒步、登山、房车露营和越野定向等休闲运动。主要载体为松罗水库、松罗环形步道。

3. 有序推进智慧农业

智慧农业是充分应用现代信息技术成果，集成应用计算机与网络技术、物联网技术、音视频技术、3S 技术、无线通信技术及专家智慧与知识，实现农业可视化远程诊断、远程控制、灾变预警等智能管理，包括农业电子商务、食品溯源防伪、农业休闲旅游、农业信息服务等方面的内容。

（1）葡萄小镇云平台。将 3S、传感、数据传输、智能控制等信息技术，应用于葡萄生产的环境感知、远程监测、决策管理、自动控制、精准作业、精细施肥等方面，通过安装数字传感器、数字高清网络摄像等，实时感知生产环境信息，根据不同生产过程自动调节相关环境因子，提高农业生产智能化水平，并在后期添加线上经营销售功能，与农业电子云商充分结合。

（2）王家智慧茶园。结合物联网、云计算、大数据分析、GIS 地理信息服务以及可扩展低耦合的信息系统架构技术，建设视频实时监控、土壤自动检测、水肥一体化管理、数据统计分析、3D 模拟影视展示等功能为一体的茶园管理信息化管理平台，实现茶叶生产的优质、高产和高效。

4. 实现三产融合发展

（1）加快农产品加工业发展

建立尤沃和王家一二三产业融合基地，大力发展农产品加工业，通过加工带

动，提高农产品附加值。重点培育茶叶加工、果蔬加工、酿酒与饮料加工等行业，壮大发展茶叶、葡萄等农产品精深加工，发展旅游休闲食品、方便即食食品、功能性产品和生物制品。强化农产品加工龙头企业引领作用，强调紧密型利益联结机制，让农民分享农业全产业链增值收益。

（2）加强农产品流通设施和市场建设

完善农产品终端布局，规范农产品产地批发市场，建立特色农产品产地田头交易市场。搭建农产品营销流通公共服务平台，加大农产品分级、冷链等产地初加工设施投入，改善农产品储藏条件，设立特色农产品展示窗口，推广品牌宣传力度，提高产品的知名度。

（3）加快发展农业电商

实施农村光纤入户工程，改善农村信息化基础设施。融合资源构建电商公共服务平台，与第三方电商或者物流企业合作，开展多种形式的网络销售，大力培育农村电商企业，引进村淘、京东等著名电商企业进驻，开展农村电商服务。支持建立农村电商培训基地，开展农产品电商和微商培训，缓解当前最紧迫的农村电子商务人才短缺问题。

5. 全面推广品牌建设

（1）提升农产品品质。鼓励企业提高农业生产各个环节的规范化和标准化水平，健全农产品监管体系、质量安全追溯体系和例行监测等制度，严格农产品质量安全。

（2）促进品牌转化增值。大力支持农产品精深加工，延伸农业产业链条，完善和提升农产品产后的保鲜、贮运、加工环节，生产二次增值产品。

（3）加强品牌认证。加大农产品品牌培育，提高企业"三品一标"（无公害农产品、绿色食品、有机食品、农产品地理标志）认证的积极性，进行福建省著名商标、中国驰名商标等品牌认证。

（4）注重品牌推介。精准产品需求定位，对产品进行结构性包装，确定宣传传播方式。打破报纸、电视等传统营销方式，通过事件营销、新闻营销、公关营销打开产品市场。

三、经营体系：创业创新，构建农业经营体系

新型农业经营体系是集约化、专业化、组织化和社会化四个方面有机结合的产物。从松罗乡发展实际出发，以农业经营主体、社会服务体系、利益联结机制

三个维度为抓手，推动农业生产经营向规模化、产业化发展，形成"公司＋基地＋农户""龙头企业＋合作社＋基地＋农户"等的现代农业经营模式（图4-6）。

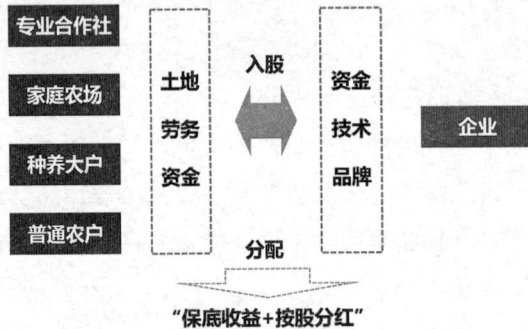

图4-6　农业经营体系示意图

1. 壮大新型农业经营主体

（1）引进和扶持农业龙头企业发展。完善法人治理结构，建立现代企业制度，鼓励龙头企业兼并重组、盘活存量资产，发展企业集团，做大做强龙头企业。支持符合条件的龙头企业通过证券交易所、中小企业代办股份转让系统和海峡股权交易中心等多层次资本市场开展股权融资。

加快技术创新，增强产业竞争能力。企业就近与知名大专院校、科研单位合作，如华南农业大学、福建农林大学等，以研带产，加大科技研发力度，促进科技成果转化，应用现代信息技术改造传统农业，提升产品的科技含量和附加值。

支持联农带农，发挥龙头企业生产带动作用。提供试点型"联农带农"专项资金补贴，充分发挥龙头企业在品种、技术、管理、销售、市场等方面的优势，带动更多农民参与农民合作社、家庭农场等规模化经营，扩大生产，开拓市场。

（2）提升专业合作社服务能力。组织实施农民专业合作社规范化建设工程，健全组织体制、经营机制和管理制度，完善组织生产、统一服务、产品销售、对外联结等功能，鼓励发展农民合作社联合社，落实财政补助形成的资产转交合作社持有和管护政策。政府扶持农业合作社项目重点向高优葡萄、生态茶叶、林下药材、品质毛竹等产业倾斜。

（3）积极开展家庭农场创建活动。明确家庭农场的准入条件和认定管理办法，建立和发布示范家庭农场名录，促进家庭农场提高经营管理水平。形成适度的土地经营规模，引导和鼓励家庭农场经营者通过实物计租货币结算、租金动态调整、土地经营权入股保底分红等利益分配方式稳定土地流转关系。加大政府优惠力度，帮助家庭农场参照农民专业合作社，享受用地、用电、用水等优惠措

施，落实税收减免、农业保险、金融信贷等优惠政策。

（4）鼓励和培育专业大户发展。对专业大户进行调查建档，在县、乡两级全面建立种养大户台账，实行动态台账管理。加强农村金融服务支持力度，努力解决专业大户的资金短缺问题，在财政资金、信贷、项目等政策上给予专业大户更多优惠和扶持。

（5）加强新型职业农民培训。以"有文化、懂技术、会经营、善合作"为内容，对种养大户、合作社带头人、家庭农场经营者、农民经纪人等开展培训，加快培育一批现代农业领军人才和新型农场主，切实提高农民创业创新能力，为农业规模经营创造条件。

2. 完善农业社会服务体系

（1）完善公益性服务体系，加强农业公共服务能力建设。

整合为农服务资源。加强政府主体地位，打破部门、领域、行业界限，形成以农业部门为主、其他部门配合，合力提供基础性、公益性社会化服务的局面。形成市—乡—村三级服务中心，市级农业服务中心承担较高层次的政策机制落实和较高层级的农业技术推广，乡级农业服务中心承担全乡的农业技术推广、动植物疫病防控、农产品质量监管、农业电商服务指导等功能，村级以村委为依托建设农业服务基层联络站。

强化全面服务。在进行技术指导与培训、生产资料供应、农产品销售等传统服务的基础上全面拓展仓储物流、电子商务、品牌宣传、金融借贷等多方面服务，推广现代农业、增强市场意识。

增加投入预算。增加政府购买公益性农业服务的投入预算，鼓励向经营性服务组织购买易监管、可量化的公益性服务。按照服务优先、质量优先原则，公开择优遴选确定服务组织。

（2）扶持经营性服务组织发展，形成多元竞争的服务格局。

支持农民合作社、专业服务公司、专业技术协会、农民经纪人、涉农企业等为农业生产经营提供低成本、便利化、全方位的服务，包括农资供应、农机作业、仓储加工、技术信息、农业废弃物处理等服务。

3. 发展新型农业经营方式

（1）促进农业适度规模经营。积极稳妥推进土地承包经营权流转，发展多种形式的适度规模经营，如土地流转、股份合作、代耕代种等。加强土地流转风险防范，严防流转土地非农化和非粮化，提高土地产出率和劳动生产率，实现农业资源有效配置和永续利用。

（2）积极探索农业经营新模式。利用新型农业经营主体的规模优势，降低农业生产成本，提高土地资源利用率。粮棉油等土地密集型产业宜推广"家庭农场＋社会化服务"的模式，果蔬等园艺产业宜推广"专业大户＋专业合作社"的模式，畜禽产业宜推广"龙头企业＋专业大户"的模式。

（3）完善各主体管理章程和利益联结机制。引导农村新型经济组织规范发展，指导其明晰权责和产权分配，帮助其建立民主管理和财务管理制度。正确处理农村各类经营主体的利益关系，引导农村新型经济组织建立合作互惠、监督约束和利益分配机制。

四、生态体系：绿色发展，保障乡村生态系统

建立资源节约型田园综合体经济体系，维系乡村的自然山水格局，构建体现田园特色的景观系统。高度重视节约资源，改变以大量消耗资源为特征的粗放经营，提高水土资源的利用效率。

1. 彰显田园景观特色

（1）农业景观形式之美。农业景观通常由农作物、防护林带、道路、水渠等元素形成的大小不一的镶块体或廊道构成。以葡萄种植园、山地茶园为主，新城相互色彩交错的景观大背景。在此背景上点缀树木、防护林带、耕作的动物和人，形成生动和谐的乡土大地艺术景观。规划"三大农业景观区"，即尤沃设施葡萄景观区、高山茶叶景观区、林下经济景观区。面向城市高端人群、市民，打造新乡村旅游、休闲农业观光目的地。

（2）乡村环境自然之美。松罗乡域多山水，自然山水是乡村景观框架的基础和大背景。且乡村周边的山体大多郁郁葱葱，生态环境幽美，乡村环境的自然生态性也表现了人与土地的和谐关系。

（3）乡村生产生活之美。传统农业耕作技术与经验强调天人合一和可持续发展，传统农业生产工具代表着时代或地域的农业科技化发展水平。松罗乡域的葡萄、茶叶，以及林下经济作物的采摘，具有极强的旅游吸引力。

（4）民俗风情体验之美。民俗文化是一种活动的文化形态，包括语言、服饰、饮食节庆活动、民俗娱乐等，是乡村旅游中很具有吸引力的项目。松罗所在的闽东地区，民族民俗文化丰富多彩。如畲族的服饰、节庆等活动，以及与宗族相关的民俗活动，对城市居民具有较大的体验性、参与性和吸引力。

2. 突出循环农业示范

按照"减量化、再利用、资源化"的原则，优化调整种养业结构。推进形成"资源—产品—废弃物—再生资源"的循环农业方式，不断增强农业可持续发展能力。

（1）"兔—菌—肥—草"循环农业

正塈富民农业发展有限公司利用果农修弃的葡萄枝制作灵芝生长菌桶；同时，利用兔粪便、兔内脏、腐叶草及灵芝采收后的废弃菌桶等，生产生物有机肥，用于葡萄园改善土壤结构，提高农产品品质。

（2）"果—蔬—菌套种"循环农业

利用作物间生长期差异的优势，在葡萄园下套种羊肚菌或白芦笋等特色蔬菜，经济效益翻倍。通过这种"果 - 蔬 - 菌"的套种模式，提高了葡萄园复种指数，有效增加农户收入。

3. 强化水土资源保护

（1）水资源保护。强水资源的保护工作，采取有效措施，防治水土流失和水源污染，防止水流堵塞和水源枯竭，改善生态环境。

（2）水资源开发。按照兴利和除害相结合及资源优化配置的原则，统筹水源利用。制定农业、工业和乡村发展规划，并结合水资源综合规划，保证水资源的可持续利用。

（3）水资源节约。水行政主管部门应当会同农业行政主管部门制定农业灌溉节约用水规划和计划，完善农业灌溉工程的改造配套和渠道防渗设施，大力推广节水灌溉，合理制定用水定额，减少耗水量。

（4）严格保护基本农田。严格保护耕地和基本农田，落实宁德市下达的补充耕地和基本农田保护责任目标，坚持耕地数量保护与质量保护并重。严格控制非农建设占用耕地规模，积极推进土地整理复垦开发，加强基本农田项目建设。

（5）保障重点工程项目。统筹安排各类建设项目用地规模和布局，优先保障综合体重点项目建设用地。各类重点项目建设用地要符合土地利用总体规划，强化规划的管理和实施效能，规划选址时尽量将用地安排在非耕地，不占用水田或少占水田。

（6）坚持节约集约用地。针对福安地区人地矛盾突出的现状，实行严格的节约用地制度。合理安排乡村基础设施和新村建设用地，逐步推进农业产业化，加强村庄建设和环境整治，提高农业综合生产能力，改善农村生活生产质量。

4. 推动农业环境整治

（1）区域生态建设。加大松罗水库、满洋水库等水源地的保护力度，减轻流域内生态脆弱地区的环境压力。加强对重点生态功能保护区的环境监管，建立健全生态功能保护区管理体制和运行机制。

（2）乡镇生态建设。保护规划范围内的自然水系、湿地系统。结合防洪要求，沿赤溪建设滨水绿带，处理好水系、绿化与乡村的关系，营造优美的乡村滨水景观。重视乡镇绿化系统建设。合理布局公园、街头绿地，加强居民区、企事业单位绿化建设。生态绿化应注重与乡村旅游设施相结合，打造别具特色的生态景观系统。植被选取应保护和发展乡土物种，强调多物种并存。

（3）环境治理。实施雨污分流排水体制，雨水就近排入河道，生活污水全部收集进入污水管网。逐步推行垃圾分类收集与转运，合理布局建设垃圾转运站、公共厕所等设施，建立垃圾的综合处理与循环利用体系。

（4）循环利用。加强生态环保技术的应用，重视生态景观设计。重要公共建筑（旅游服务设施）应使用安全、节能、可循环利用的绿色建材。逐步提高液化石油气等清洁能源使用比例，积极利用太阳能等可再生能源，降低煤炭能源消耗比重。

五、服务体系：完善功能，补齐公共服务短板

坚持以乡镇为核心，服务乡村，提升乡村公共服务设施水平。兼顾设施规模和服务半径的需求，构建多层次公共服务体系。公共服务设施布局与城乡居民点布局、城乡交通体系规划相衔接，尽可能贴近农民生活便捷。

1. 构建层级生活服务

结合松罗乡实际情况，参照福建省村庄建设相关要求，按照"乡镇—中心村——一般村"三级乡村公共服务体系。其中，乡镇一级服务人口在2万人左右。主要布置基础公共服务设施如小学、社会福利等机构。同时乡镇作为农村生产生活服务基地，又是各种农村生产服务设施，如农民技能培训机构、农业技术服务站、农产品交易中心等的设置地点。主要指松罗乡政府所在地。

中心村规划建议配置村委会、医疗室（计生站）、文化中心（站、室）、幼儿园、商业服务网点等公共服务设施和体育、休闲、社交活动等公共场所，以形成村庄公共活动中心。主要包括柳溪、后洋、尤沃、王加等4个行政村村委所在地。

2. 有序引导生产服务

严格执行乡村土地管理制度，结合松罗农业加工产业发展需求，有序引导相关加工企业集聚发展，于尤沃村域内 301 省道西侧规划预留农业加工配套用地，建设农产品加工企业创业孵化产业园。按照乡村环境保护要求，加强园区基础设施建设，避免对乡村环境造成影响。

3. 加强科技创新服务

加大农业科技人才培养力度。联合相关农业技术科研机构或大专院校，进行农业科技人才培养，依托乡镇建设农民技能培训机构、农业技术服务站等设施。鼓励和扶持个人、集体、民资、外资参与农产品流通，扩大流通队伍，改善流通设施，拓宽流通渠道，提高流通效益。

六、运行体系：形成合力，健全优化运行模式

1. 政府主导

农业综合开发涉及多部门、多学科、多主体，要保证田园综合体的全面、协调、可持续发展需成立福安市级松罗田园综合体建设领导小组，高位协调农业、国土、水利、发改委、财政、科技、交通等相关部门，负责综合体的规划编制、实施和政策制定，整体负责综合体的建设、运营、管理工作，提高开发建设效率，保障农业、农业企业合法权益，营造有利于田园综合体发展的外部环境。

2. 企业主营

以政府和社会资金作为初期撬动，整合项目规划统筹、经营主体、投资主体和人才引进，可推动乡村产业化可持续发展的良性循环机制的形成。在福安市级层面成立松罗田园综合体建设开发公司，由市财政出资控股，作为田园综合体项目按照规划进行整体建设、运营、管理的企业平台，主要负责田园综合体的交通、市政、水利等基础设施建设，村庄的特色化改造、景观工程等公共建设项目建设，以及建设示范工程，为农业企业、新型农业经营主体提供农业六次产业发展所需的投融资指导、管理支撑和创新资源，帮助和促进有潜力的特色农业企业、新型农业经营主体快速成长和发展。

探索 PPP 合作模式，吸引龙头企业参与综合体的建设运营。强化龙头企业的辐射带动作用，重点是发展龙头企业集群，在大的龙头企业带动下，使具有发展潜力、创新意识强的项目得到发展，逐渐形成大中小农业企业体系。

3. 农户参与

通过合作化、组织化等方式，培育农民种养大户、家庭农场、农民合作社、村集体龙头企业、社会化服务组织等各类新型农业经营主体，引导农民参与葡萄、茶叶、林业、食用菌、农业创意产业、农产品加工孵化等松罗田园综合体的六大现代农业发展，实现在综合体发展中的收益分配、就近就业。

依托村集体、农民合作社等组织，实现村民参与田园综合体的规划编制、土地使用、项目选址、产业决策等过程，加强与政府领导小组、建设开发公司以及龙头企业的协作，共同促进田园综合体的高效建设运营和管理。

4. 模式创新

创新多元化的建设模式，根据用地规模和开发类型"一事一议"。根据土地规模的大小，经营主体分为单一主体和多主体。多主体可包括三种形式：一是建设开发公司 + 龙头企业 + 农村经营主体；二是建设开发公司进行一次性开发，然后进行招商、合作或者出租；三是集体经济入驻，实现共享模式，农民收益则涉及工资、地租、集体股份、股权收益等。三种形式均应体现田园综合体以市场为经营主体的发展趋势进入稳定发展期后，政府应逐渐让位于市场，应更多地进行监督、管理与服务。

根据开发类型可探索灵活多样的开发建设模式。公益性项目可由建设开发公司按照规划统一征地，由建设开发公司独资或与龙头企业合作模式建设，探索对合作龙头企业予以农业项目开发的优先权、土地、税收优惠等政策支持；涉及公共设施、公共性旅游服务、景观风貌塑造等半公益性项目，由建设开发公司独资或与市场化企业合作开发，统一建设，以招商或出租的经营模式收回成本；市场化运营的项目，采取建设开发公司 + 企业 + 新型农业经营主体（大户、家庭农场、农民合作社、村集体龙头企业）的模式，发动农民通过土地入股、资产资源入股等方式，整合发展资源，优化葡萄、茶叶等特色农业和休闲旅游经济的品质、类型和规模，促进田园综合体的有序建设。

在多方协作的建设机制以及体系完善的管理架构下，遵循"政府营造外部环境、平台主导建设开发、龙头企业经营带动、新型经营主体参与"的原则，展开田园综合体的管理、建设和运营。

一、构建责权明晰的主体体系

在福安市级层面，成立福安市农业综合开发田园综合体试点建设项目工作领导小组（简称领导小组）和田园综合体建设开发公司平台（开发公司）。领导小组由福安市人民政府市长任组长，市委常委、市政府常务副市长任第一副组长，分管农业的副市长任常务副组长，市政府副市长和市人大副主任任副组长，领导小组成员由政府办、财政、农业、发改、住建、国土、环保、水利、林业、科技和松罗乡组成。领导小组下设办公室，办公室主任由财政局局长兼任，副主任由松罗乡乡长、农业局副局长、财政局副局长兼任，领导小组成员需确定田园综合体对口负责联系人，便于及时沟通解决综合体开发建设管理中的问题。

开发公司初期由政府主导成立，公司领导由市财政局主要领导兼任，根据开发公司职能可设置招商、基础建设、旅游投资、农业科技、宣传推介等部门，有效补充领导小组在建设经营方面的市场化功能。开发公司资金来源可探索福安市政府财政全资、财政控股+政策性金融、财政控股+龙头企业、财政控股+龙头企业+农户等模式，考虑到开发公司主要参与综合体初期公益性、半公益性投资建设以及样板化项目建设，在建立初期应设计田园综合体形成稳定化发展趋势后的相应退出机制。

二、建立农业利益联结机制

强化农业产业各环节的利益共享机制。为使农业产业链各环节内部形成合

力，探索建立新型的利益共享、风险共担联结机制，合理调整产业链各环节关系，保证产业链各环节有条不紊地运转。在此基础上，引导农业龙头企业、新型农业经营主体、农业科技部门等积极参与田园综合体的建设运营投资，充分发挥多元主体的资金投入、技术应用、组织管理、市场开拓、品牌创建、服务创新等方面优势，以劳动联合、资源联合、科技联合、资本联合为重点，把龙头企业、新型农业经营主体、农业科研单位等利益相关者有机组织起来。

采取各种有效形式健全利益机制。引导龙头企业在平等互利基础上，与新型农业经营主体签订农产品购销合同，形成稳定的购销关系，实行农产品收购保护价、承贷转贷、建立风险基金制度等多种形式，形成企业和农民利益共同体。强化合同化管理制度，凡是通过农民建立基地的企业或合作社，须与农民签订购销合同，推广和完善以合同为纽带的利益机制，提高合同的履约率，加大违约成本。重点引导个体农户组织形成专业合作组织，以团体的形式与龙头企业进行签约，分散经营风险。鼓励农业企业优先聘用流转出土地的农民，为其提供技能培训、就业岗位和社会保障，引导农业企业辐射带动农户扩大生产经营规模、提高管理水平。

建立政府监督约束机制。以松罗田园综合体建设领导小组为主体，推进形成各类农业产业化组织与农户形成的联合模式和利益分配机制。通过公共信息平台和村务公开栏，适时公布农产品市场行情和收购指导价格，引导和规范经营主体，强化合同管理、明确收购保护价、利润返还、预付定金、返租倒包、保险理赔、财政补贴等责任规定，保障农户的合法权益。

三、强化科技支撑机制

科技是田园综合体能否持续发展的动力。与福建省农业科学院、福建农林大学、宁德地区农业科学研究所等农业科研单位建立全面的战略合作关系，鼓励农业科研单位及早介入、直接参与、全程支持，强化科技支撑能力。充分发挥各农业科研单位的技术优势，通过现代生物技术、现代信息技术和新材料技术，改造育种繁种、农产品精深加工、农业标准化生产、农业新品种创新等方面的技术，提升综合体农业产业的竞争力和知名度。

农业科研单位围绕农业综合体的建设与生产目标，建立与之相适应的高效的工作机制，实行首席专家制，下设责任专家，专家从规划、实施到生产，全程一对一参与。项目首席专家负责组建相关工作团队，负责与田园综合协会商制定项

目总体建设方案及年度工作计划，确定年度实施项目及经费安排，负责团队日常管理和绩效考核等。责任专家负责科技合作项目具体实施工作。另外，根据建设需要，还可以通过设立院士工作站、组建专家团队来提高科技支撑力度、丰富科技手段。健全农业科技创新激励机制，推进科研成果使用、处置、收益管理和科技人员股权激励改革，激发科技人员创新创业的积极性。

四、创新资金筹措机制

资金是田园综合体得以顺利建设的基础。制定导向性、鼓励性政策，拓展投融资途径，为综合体建设的深入推进提供政策保障和驱动力，吸引有实力的农业龙头企业、农业科技主体和民间资本积极参与松罗田园综合体建设。

田园综合体以农业为核心的产业体系存在投资规模大、周期长、风险高等特征，大量的资金缺口亟须广开融资渠道，大量吸纳社会化资金，才能保障综合体建设的顺利进行。重点建立"政府搭台、企业唱戏、多种所有制共同参与投资"的灵活的投融资机制，建立多元的、多渠道的投资方案，可采取四种形式筹集资金：第一种，由建设开发公司为主体，发行田园综合体债券，吸收零散的企业、民间资金等；第二种，由龙头企业投资为主，政府给予必要政策支持；第三种，是由农户自筹为主，企业参与，政府扶持；第四种，是在综合体建设取得一定成效后，政府从建设开发公司逐步撤资，建设开发公司转型为股份公司，向社会募资。不论何种融资方式，经营管理均须以企业为主体。同时，投资形式多样化，货币资金、土地、技术（含专利和成果）、劳动力等均可作为投资。

实施农业投资政策倾斜化，降低农业投资的机会成本，提高投资者的投资信心。鼓励多主体、多方式的投资模式，积极吸引集体、个人、社会力量、企事业单位、外商等以独资、合伙、入股等多种形式投资松罗田园综合体建设与运营。制定政策鼓励以土地、技术入股或赋予技术成果人以一定的产权权益，扩展投资方式和利益团体，分摊风险。实行"谁投资，谁受益"，保护投资者合法权益，并给予投资人一定的税收减免、信贷支持等优惠政策。

创新多样化的资金筹措关键点在于投资利益明确化，充分调动投资积极性，激发投资者的投资热情。另外，可探索将受益农户纳入资金筹措范围，适当负担综合体的资金需求，强化受益农户对设施建设后管理的责任，并可考虑财政补贴、对受益农户实行长期低息贷款，提高农户积极性。

第六章
投资估算

一、投资估算

根据田园综合体的总体规划、空间布局的建设内容，项目建设预计总投资7.3 亿元，具体建设内容如表 6-1 所示。

二、资金筹措

项目资金总投资为 7.3 亿元，其中农业综合开发资金安排用于土地治理项目和产业化经营项目的资金规模为 2.4 亿元，占逾 32.88%；统筹整合现代农业等其他渠道财政资金 1.8 亿元，占比 24.65%；融合社会资本及金融资本 3.1 亿元，占比 42.47%。

试点项目三年（2017～2019年）规划基本情况和投资计划表

表 6-1

项目类型	项目名称	建设单位	计划总投资（万元）						实施年度（年）
			合计	中央财政	省级财政	市县财政	自筹资金	银行资金	
高标准农田土地治理项目	农业综合开发2017年度福安市松罗乡尤后片高标准农田土地治理项目	松罗乡人民政府	2350	1305	783	262			2017
生态综合治理项目	农业综合开发2017年度福安市松罗乡洋牛片生态综合治理项目	松罗乡人民政府	1600	890	534	176			2017
财政补贴项目	福安市400亩尤沃村设施葡萄改造项目	福安市裕农种植专业合作社	720	200	120	40	360		2017
	福安市15亩高标准智能化设施葡萄改造项目	福安市绿声源农业发展有限公司	360	100	60	20	180		2017
	福安市130亩牛洛洋村设施葡萄改造项目	福安市普昌种植专业合作社	630	175	105	35	315		2017
	福安市30吨传统工艺茶新建项目	福建知忆农业发展有限公司	720	200	120	40	360		2017
	福安市年产1000吨葡萄果醋饮料加工厂新建项目	福建日富食品有限公司	1800	500	300	100	900		2017
	福安市300亩羊肚菌生产基地及菌种繁育基地（一期）新建项目	福建富生源农业科技发展有限公司	720	200	120	40	360		2017
	福安市年产500吨高山优质茶初加工改扩建项目（一期）	福安市双茶茶叶专业合作社	360	100	60	20	180		2017
农发项目	福安市茶叶基地仓储及初包装车间建设项目（一期）	福建省天茶茶业有限公司	540	150	90	30	270		2017

续表

项目类型		项目名称	建设单位	计划总投资（万元）						实施年度（年）
				合计	中央财政	省级财政	市县财政	自筹资金	银行资金	
农发项目	财政补贴项目	福安市300亩金花茶种植基地新建项目（一期）	福安市成增种植专业合作社	360	100	60	20	180		2017
		福安市年产2000吨茶叶初加工新建项目	福安市五马峰种植专业合作社	360	100	60	20	180		2017
		福安市年产1000吨竹制品加工扩建项目（一期）	福安市源韵种植专业合作社	360	100	60	20	180		2017
		福安市年产200吨茶叶初加工新建项目	福安市金牛山农业发展有限公司	360	100	60	20	180		2017
		福安市100亩芦笋种植基地新建项目	福安市高山种养专业合作社	180	50	30	10	90		2017
		福安市60亩灵芝种植及初加工新建项目	福建省正垄富民农业发展有限公司	630	175	105	35	315		2017
		福安市年养殖2000只野花猪生态放牧新建项目	福安市绿源养殖专业合作社	180	50	30	10	90		2017
		福安市100亩百香果种植基地项目	福安市叶洋种植专业合作社	144	40	24	8	72		2017
		小计		12374	4535	2721	906	4212		
		福安市300亩羊肚菌生产基地及菌种繁育基地（二期）新建项目	福建富生源农业科技发展有限公司	720	200	120	40	360		2018

续表

项目类型		项目名称	建设单位	计划总投资（万元）						实施年度（年）
				合计	中央财政	省级财政	市县财政	自筹资金	银行资金	
农发项目	财政补贴项目	福安市年产 500 吨高山优质茶初加工改扩建项目（二期）	福安市双荣茶叶专业合作社	360	100	60	20	180		2018
		福安市 300 亩金花茶种植基地新建项目（二期）	福安市成增种植专业合作社	360	100	60	20	180		2018
		福安市茶叶基地仓储及初包装车间建设项目（二期）	福建省天荣茶业有限公司	540	150	90	30	270		2018
		福安市年产 1000 吨竹制品加工扩建项目（二期）	福安市源韵种植专业合作社	360	100	60	20	180		2018
		福安市 500 头阁东山羊养殖基地扩建项目（一期）	福安市康宏养殖专业合作社	360	100	60	20	180		2018
		福安市九豪保生物科技发展有限公司年产 3 万吨果汁饮料生产项目	福安市九豪保生物科技发展有限公司	2040	200	120	40	1680		2018
		福安市年产 1 万吨葡萄和茶树修剪枝综合循环利用项目	福安市赤龙水电开发有限公司	720	200	120	40	360		2018
		福安市新味农产品深加工旅游中心（一期）	福建新味食品有限公司	720	200	120	40	360		2018
		扩建福安市年产 200 吨精制茶叶加工厂（一期）	福安市贵族茶业有限公司	720	200	120	40	360		2018
		福安市年产 300 吨油茶加工及基地建设（一期）新建项目	福安市朗农业发展有限公司	800	200	160	40	400		2018

续表

项目类型	项目名称	建设单位	计划总投资（万元）						实施年度（年）
			合计	中央财政	省级财政	市县财政	自筹资金	银行资金	
农发项目	福安市1000亩毛竹、小径竹基地及初加工（一期）新建项目	福安市银河种植专业合作社	360	100	60	20	180		2018
	葡萄酒生产项目（一期）	福安市绿声源农业发展有限公司	1122.8	312	187	62.4	561.4		2018
	创意观光农业休闲度假养身项目（一期）	福安市大红榕农业发展有限公司	2250	625	375	125	1125		2018
	牛樟芝主题村投资项目（一期）	福建大医和众健康科技有限公司	783.2	218	130	43.6	391.6		2018
	福安市年产300吨金花茶初加工（一期）新建项目	福建日月天香农业开发有限公司	720	200	120	40	360		2018
	小计		12936	3205	1962	641	7128		
财政补贴项目	福安市300亩羊肚菌生产基地及菌种繁育基地（三期）新建项目	福建富生源农业科技发展有限公司	720	200	120	40	360		2019
	福安市年产500吨高山优质茶初加工改扩建项目（三期）	福安市双茶茶叶专业合作社	360	100	60	20	180		2019
	福安市300亩金花茶种植基地新建项目（三期）	福安市成增种植专业合作社	360	100	60	20	180		2019
	福安市茶叶基地仓储及初加工包装车间建设项目（三期）	福建省天荣茶业有限公司	540	150	90	30	270		2019

续表

项目类型		项目名称	建设单位	计划总投资（万元）						实施年度（年）
				合计	中央财政	省级财政	市县财政	自筹资金	银行资金	
农发项目	财政补贴项目	福安市500头闽东山羊养殖基地扩建项目（二期）	福安市康宏养殖专业合作社	360	100	60	20	180		2019
		福安市新味农产品深加工旅游中心（二期）	福建新味食品有限公司	720	200	120	40	360		2019
		福安市年产300吨油茶加工及基地建设（二期）新建项目	福安市明朗农业发展有限公司	800	200	160	40	400		2019
		扩建福安市年产200吨精制茶叶加工厂（二期）	福安市贵族茶业有限公司	720	200	120	40	360		2019
		葡萄酒生产项目（二期）	福安市绿声源农业发展有限公司	2250	625	375	125	1125		2019
		创意观光农业休闲度假养身项目（二期）	福安市大红榕农业发展有限公司	3372.8	937	562	187.4	1686.4		2019
		牛樟芝主题村投资项目（二期）	福建大医和众健康科技有限公司	900	250	150	50	450		2019
		福安市年产300吨金花茶初加工（二期）新建项目	福建日月天香农业开发有限公司	720	200	120	40	360		2019
	小计			11822.8	3262	1997	652.4	5911.4		
	其他项目	福安市葡萄产业公共服务平台（一期）项目	福安市贵族茶业有限公司	640	200	120	120	320		2017
		福安市葡萄产业公共服务平台（二期）项目	福安市贵族茶业有限公司	640	200	120	120	320		2018

续表

项目类型		项目名称	建设单位	计划总投资（万元）						实施年度（年）
				合计	中央财政	省级财政	市县财政	自筹资金	银行资金	
农发项目	其他项目	福安市松罗农贸交易中心项目	松罗乡人民政府	350	218	132				2018
		福安市赤溪木龙旅游文化景区（一期）建设项目	福安市赤龙水电开发有限公司	640	200	120		320		2017
		福安市赤溪木龙旅游文化景区（二期）建设项目	福安市赤龙水电开发有限公司	640	200	120		320		2018
	小计			2910	1018	612		1280		
非农发展项目		南国最美葡萄小镇	松罗乡人民政府	3600	2000	1200	400			
		南国最美葡萄小镇	松罗乡政府	3600	2000	1200	400			
		新建农产品深加工旅游工厂	相关农业经营主体	1800	1000	600	200			
		新建农产品深加工旅游工厂	相关农业经营主体	1800	1000	600	200			
	整合财政资金	福安市知青农山庄	福建知忆农业发展有限公司	720	200	120	40	360		
		福霞畲族民俗风情园	福建知忆农业发展有限公司	720	200	120	40	360		
		福安市兔文化主题休闲旅游（一期）建设项目	福建省正垄富民农业发展有限公司	720	200	120	40	360		
		福安市兔文化主题休闲旅游（二期）建设项目	福建省正垄富民农业发展有限公司	3600	1000	600	200	1800		
		松罗乡小型农田水利重点县项目	松罗乡	1100		400	400	300		
		自来水工程	松罗乡	410			300	110		

续表

项目类型		项目名称	建设单位	计划总投资（万元）						实施年度（年）
				合计	中央财政	省级财政	市县财政	自筹资金	银行资金	
非农发项目		溪尾水库	松罗乡溪尾镇	1000		600	400			
		松罗乡35千伏输变电新建工程	松罗乡	300		200	100			
		松罗乡2017年水土流失治理项目	松罗乡	187.5		100	87.5			
		松罗乡电网改造工程	松罗乡	1138	600	300	238			
		农业产业（葡萄）园区	松罗乡农业局	830		600	230			
		特色羊肚菌初加工基地项目	福建富生源农业科技发展有限公司	500			250	250		
	整合财政资金	葡萄钢结构大棚项目	种植户	4292		1146	1000	2146		
		路网建设项目	相关村	1024		600	200	224		
		特色葡萄小镇、农耕园建设	松罗乡	456			200	256		
		休闲农业	相关企业	870		500	200	170		
		现代销售产业冷链物流链建设项目	葡萄产销联盟	180			80	100		
		松罗乡公租房项目	松罗乡	600			300	300		
		农业产业融合发展项目	松罗乡	300			200	100		
		现代果业产业园	松罗乡	200		200				
		乡村生态公益林、森林抚育项目	乡林业站	120		120				
		农田水库除险加固工程	松罗乡	830	830					
		松罗村美丽乡村建设	松罗村	120		120				
		尤沃村美丽乡村建设	尤沃村	120		120				

续表

项目类型		项目名称	建设单位	计划总投资（万元）						实施年度（年）
				合计	中央财政	省级财政	市县财政	自筹资金	银行资金	
整合财政资金		柳溪村美丽乡村建设	柳溪村	90		90				
		赤溪村美丽乡村建设	赤溪村	90		90				
		后洋村美丽乡村产业提升建设项目	后洋村	600		600				
	小计			31917.5	9030	10958	5705.5	6836		
本级财政资金		新型农业经营主体培育项目	松罗乡	100			100			
		松罗乡土地整治项目	松罗乡	100			100			
		山垅田复垦项目	成增种植专业合作社	50			50			
		扶贫资金建设项目	相关村	200			200			
	小计			450			450			
非农发展项目	银行资金	福安市出口示范基地生态茶园建设	福建农垦茶业有限公司	2000					2000	
		智慧茶园	松罗乡	300					300	
		松罗乡污水处理厂	松罗乡	1435.56					1435.56	
	小计			3735.56					3735.56	
	社会资本	乡村电商、民富中心、便民服务中心建设项目	相关村	100				100		
	小计			100				100		
合计				73335.8	21050	17638	8354.9	25467.4	6935.56	

一、社会效益

田园综合体通过新型农业科技的推广及开展新型农民就业培训，对调整农村产业结构，增加农民收入，解决农村剩余劳动力就业等有着良好的社会效益。

田园综合体的建设和生产将为当地提供大量就业岗位，可增加地方收入，对稳定社会秩序具有重大意义。此外，还有促进粮食增长和转化、养种植结合、生态平衡、带动加工、运输等行业发展间接效益，其社会效益良好。

二、经济效益

田园综合体有利于促进农业和旅游业的融合，建成后能充分利用当地特色自然资源，延伸农业产业链条，提高当地就业率，促进当地财政增收。

项目整体完成后，将极大地促进地区生态产业发展及旅游观光产业附加值，科技产业项目建设可以促进高端人才引进、地方就业、产业整合、资源开发、政府税收等。推动区域经济可持续健康发展，社会和谐稳定，实现经济效益、社会效益双丰收。

三、生态效益

田园综合体的建设将带动土地使用方式的转变。通过有效的土地整理及种植果树、苗木及花草等，可提高土地绿化覆盖面积，从而减少水土流失。通过修筑

沟渠、鱼塘护坡等可以提高农业生产用水使用率，杜绝灌溉用水跑、冒、漏等，作物病虫害的综合防治、高效、低毒、低残留的农药、渔药的使用，可以减少对环境的污染及对人体的危害，对生活及加工产生污水的治理，可以减少水体的富营养化，提高水体质量，有利于鱼虾等较好的繁育生长。

田园综合体将大力推广沼、果、渔同步发展的立体产业综合开发模式，实现了种植与养殖有机结合，形成良性循环的生物链，促进生态环境进一步好转。通过本项目综合开发建设，使新养殖场粪尿达到无害化处理和资源化利用，使该场年排放的废水和大量的养殖场固体废弃物得到资源化循环利用，周边的环境得到大大改善。粪污经过生物堆肥和厌氧发酵等环节的处理，杀灭有毒有害病菌、病毒和寄生虫卵，根除了蚊蝇的滋生场所，减少人畜病害；大大减少了污水的COD、BOD及其他有害杂质，减轻了对地下水及下游水质的污染，保护当地及下游饮水人口的身心健康。同时，沼肥的施用，可减少农药、化肥的施用，明显改善土壤性状，优化土壤生态环境，达到了生态、循环、环保的目的。

一、环境影响与保护措施

环境影响主要包括相关项目施工期间和运营期间。

1. 施工期间

施工期间环境影响主要来自相关配套设施的建设，包括场地开挖、余土装运等过程产生的扬尘以及运输车辆产生的尾气；水污染源为生活污水及施工机械产生的含油废水；噪声由推土机装载机、搅拌机、挖掘机等施工机械产生；固体废弃物主要为建筑废弃物及生活垃圾。

施工期间虽然会产生上述污染。但由于工程量较小，施工期短，离居民区较远，因此施工期间产生的污染影响较小。

2. 运营期间

运营期间主要污染来自养殖场粪便、污水，生活废水和固体废弃物等。环保、污染治理措施如下：

（1）粪便、污水处理措施

利用沉淀池对兔场的污水进行处理，处理后的污水作为有机肥种植当地适宜栽的农作物。

利用厌氧发酵池对兔场的固态或液态粪污进行发酵处理，发酵后的沼渣经处理后可制成有机肥，沼液可应用于灌溉。

（2）无害化处理设施

用于收集和无害化处理养殖场病死生兔、生猪用，防止乱扔导致污染环境。

（3）噪声防治措施

加强交通管理，禁止噪声超标车辆在相关区域内行驶，噪声应符合环保要求，并且要划定行驶路线，不得驶入噪声敏感区域。

（4）固体废弃物防治措施

执行垃圾分类收集，不得让固体废弃物直接进入水体污染水源，各养殖、种植基地及服务设施的固体废弃物统一规划处理，生活垃圾由环卫部门收集运往垃圾处理场做无害化处理。在游步道、停车场、接待中心等公共场所根据需要设立美观大方的垃圾箱，并组织清洁队清理垃圾，并按环保部门指定的地方进行处理。

二、水土保持

相关项目建设过程中，道路的开挖及弃石堆置都将改变原地形地貌，减少地表植被，破坏生态环境。应采取必要的工程措施及植被措施对裸露面、坡面等进行绿化、扩坡、复垦，恢复土地功能。以减少对环境的影响程度及防止水土流失。禁止毁林、填湿地、开荒，有选择地建设水土保持防护林。

统筹部署水土保持措施：一是重点治理和面上防护相结合，对产生水土流失的区域进行重点治理；二是工程措施和植被措施相结合，以工程措施为先导，尽快控制水土流失。

三、环境评价

田园综合体贯彻生态农业综合开发与环境整治相结合的建设方针，针对当地农业结构建设连片的生态农业示范基地，进行合理规划，推广先进的生态技术，实现良性生态循环，并且建立综合养殖示范基地，进行科学养殖，形成良性食物链。葡萄等下脚料、生活垃圾用于沼气池，产生能源供应养兔和生活燃料。兔粪经过发酵处理后，以及沼渣可作葡萄生产基地的肥料。建设生态农业生产基地有利于改善整个示范区的生态环境，营造出一个优雅、清新的自然环境。

田园综合体为生态养殖、种植、观光和休闲以一体的综合农业项目，项目建成后基本上无污染，采用覆盖技术可以减少水土流失，培肥土壤，提高土地的覆盖率，保护生态环境。

一、土地政策保障

支持土地承包经营权有序流转。做好农村土地承包经营权的确权、登记和颁证工作。将田园综合体的农村土地流转市场纳入福安市土地流转服务平台，进行信息共享和网络互通，开展土地流转储备、委托流转等服务工作，实行流转管理的合同制和备案制。加强土地流转价格指导，保护农民土地收益，提高农民流转承包土地的积极性。

探索土地经营权向农业大户、公司化集中，主要农作物从大田作物转向经济作物、景观生态作物转变。探索土地流转、土地入股合作、代耕代种、土地托管等方式促进农业适度规模经营，优化农业生产经营体系，增加农业效益。

对三个村庄主体分类指导，对如期完成年度建设目标任务的主体，可按实际使用指标的一定比例给予配套奖励，对连续 2 年内未达到规划目标任务的，实施倒扣奖励用地指标制度。

二、财政金融政策配套

整合新增田园综合体内部建设用地土地有偿使用费、耕地开垦费、农田水利建设资金、农业土地开发资金、农业综合开发资金、水利建设基金等各类专项资金。探索先建后补、贴息、以奖代补、担保补贴、风险补偿金、农民财产权益抵押担保等财政金融政策，创新财政投入使用方式，发展合作金融和普惠金融，探索推广政府、社会资本、农民多元合作机制。

鼓励引导金融资本、工商资本、社会资本投向农业产业化企业培育、农产品加工体系建设、龙头企业科技创新、农产品现代流通体系建设等领域，构建多元化的投入支持机制。鼓励企业通过利用外资、发行企业债券、股票进行融资，扩大资金来源。

争取提高各级金融机构对符合条件的农业企业的信贷支持力度，从授信总量扩大、利率优惠、信贷品种拓展等方面，切实为农业企业提供高质量的配套金融服务。建立健全农业产业化信用担保体系。

三、科技支撑政策保障

发挥科技投入见效快、效益好的优势。走发展高效、外向农业的道路，必须以技术成果为支撑，依靠科技进步，进一步提高综合效益。以项目为导向，鼓励和调动科研部门和项目实施单位灵活调整科研方向，为产业发展提供科技支撑，在加快名特优新品种的引进、开发和推广的同时，大力培育适合当地资源条件和具有地方传统特色的新品种，提高松罗山地丘陵综合体开发的科技含量，同时针对生产中出现的科技问题保持关注，并及时给予立项解决。以农业新品种、新技术、新装备、新工艺等农业科技创新为基础，鼓励发展农业嘉年华、农业迪士尼、农业奥特莱斯等集休闲旅游、展示、销售、商业为一体的田园综合体发展模式，促进农业一二三产的融合发展，而通过新业态、新模式的需求进一步促进农业科技的进步。

四、人才培养政策保障

加强对农民的科技培训，要以项目和示范园区为载体，以产品生产、销售为纽带，开展多种形式的技术培训，让技术进村入户。

依托福建农业职业技术学院、宁德地区农业科学研究所、实践基地及各种形式的农民田间学校，与福安市农业、科技、科协、农业研究所等协作，积极组织葡萄、茶叶、灵芝、羊肚菌、毛竹、林下种植及獭兔养殖等方面的技术培训，培育特色产业带头人，通过各产业带头人领办合作社、企业、农业项目等，发挥其"传、帮、带"作用，增强农技推广的倍增效应。

五、评估考核政策保障

建立目标责任制度，确保田园综合体试点工作积极稳妥推进。推进信息化建设，加快建成涵盖全部项目布局、项目监控、开发流程控制、开发运行动态管理、资金管理、绩效管理等具有现代管理水平的信息化系统，以信息化平台为基础，建立评价指标体系和年度报告制度，把试点工作和重点建设事项纳入市县绩效考核，按年度分解并逐项落实，及时总结试点工作中发现的问题、积累的经验、形成的典型。

第三篇 ——

乡村旅游区的规划实践

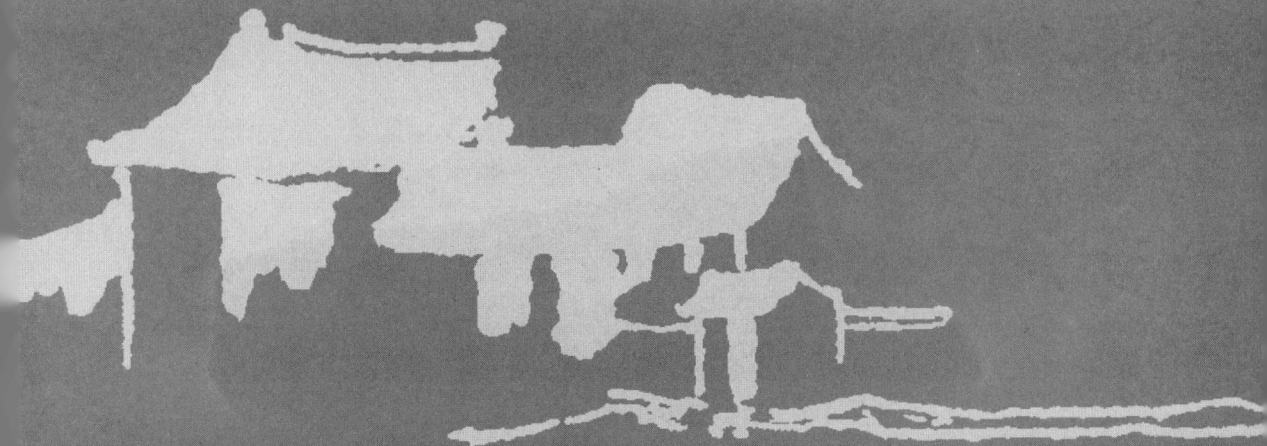

第一章 概述

棕树山旅游景区位于福建省福安市城阳乡荷洋村东部，距福安市城区30公里，距宁德市90公里，距福州市185公里，距温州市215公里。景区范围：东以芹山山脉山脊线为界，西至棕树峰堵坪村；南起溪兜，北至坪冈蛇会坑。地理坐标：东经119°45′21″-119°46′54″，北纬27°3′54″-27°5′58″。东西长1.8公里，南北长5公里，用地面积约9平方公里。

巍巍棕树山，活力朝里溪。

（1）巍巍棕树山。棕树山位于鹫峰山脉北段向东延伸的支脉北端。东侧为芹山—雷顶山山脉，西侧为王家山山脉，两条山脉对峙。主要山峰有7座，最高峰为雷顶山，海拔871.8米；最低处为峡谷底部，海拔120米（图1-1）。

图1-1 棕树山山岳景观风貌

芹山大峡谷位于群峰中部，是旅游景的核心区域，大部分旅游景点集中分布在峡谷溪涧中。峡谷垂直落差达751.8米，平均坡度为55%，呈"V"字型深

切峡谷。峡谷两侧峦共有蛇会坑、羊圈谷、坪康谷、东坑谷、猴穴坑、里朝里谷、朝里谷等大小 16 条沟谷构成，绵延起伏，似波涛涌动；山脊如筋骨隆起，莽莽苍苍，山阴则薄影轻罩，依稀可见，整个山体阴阳如纸褶皱，层次分明。

远眺山岳，层峦叠嶂，巍巍耸峙，又似飞龙盘踞，气势磅礴。

（2）活力朝里溪。山之灵在于水。游行朝里溪峡谷底部，是本旅游景区自然资源的精华所在。

峡谷在地质构造和长期的流水作用下，形成了众多的飞瀑、跌水、深潭、浅滩、奇石景观。比较典型的有双龙瀑、水帘瀑、一线瀑、人参瀑、石门瀑、飞玉瀑、五叠瀑、玉珠瀑等八瀑；还有五彩潭、爱心潭、卧龙潭、石门坎（潭）、麒麟潭、葫芦潭、龙首潭、龙爪石（潭）、龙鼻潭、翔鱼潭、龙井潭、金叶潭、月牙潭、叮叮潭、三叠潭、长青潭等十六潭；以及金龟望月、白豚出游、龟蛇相会、黑熊护幼、金蟾戏水、金龟回眸、金鸡下蛋、游子思乡、天鹅照镜、群龙吸水、双龙戏珠、玉门关、点将台、海狮兽、寿桃石、试剑石等十八景。飞瀑水流湍急叠落，汹涌澎湃；跌水层层叠叠，欢腾活泼；深潭水面波平如镜，清澈见底；浅滩卵石密布，光影斑驳；溪石形态各异，栩栩如生，活力四射。

巍巍棕树山，活力朝里溪。这里的山景、水景和村景交相辉映，山脉、水脉、人脉和文脉完美和谐融合，构成一幅美丽动人的写意山水画卷。

第二章 旅游资源调查

根据现场调查统计，本旅游景区景源共 80 处。其中，自然景源 79 处，人文景源 1 处，主要景源分述如下。

一、自然景观资源

旅游景区最大特色是芹山"V"字形深切峡谷及其底部朝里溪所构成的自然山水景域。包括山岳地文景观、溪涧水域景观和森林生态景观等。

1. 山岳地文景观

景区内有翠云峰（海拔 716.5 米）、鹅冠峰（海拔 386.8 米）、拴龙峰（海拔 545.0 米）、双驼峰（海拔 439.2 米）、棕树峰（海拔 794.5 米）等 7 座主要山峰。

芹山大峡谷位于景区中部，峡谷长约 5000 米，顶部宽约 700 ～ 1600 米，底部宽约 10 ～ 30 米，深约 500 ～ 700 米，纵坡约 50% ～ 60%，构成了"V"字型深切峡谷地貌景观。峡谷两侧峰峦叠嶂，巍巍耸峙，气势非凡。清幽的自然生态环境（图 2-1）。

（1）翠云峰

位于棕树山南麓、棕树山村西南侧，海拔 716.5 米。登临绝顶，远眺赛江、三都澳，茫茫群山皆伏脚下，有"一览众山小"之感。每年春季，杜鹃花盛开，满山遍野盛开着红色、

粉色和白色的杜鹃花，娇艳的花卉和与蓝天、峡谷构成一幅幅美丽的画卷，美不胜收。

山下小乡村，风拂炊烟，如薄雾弥漫、若隐若现；俯瞰荷洋村梯田，纹理清

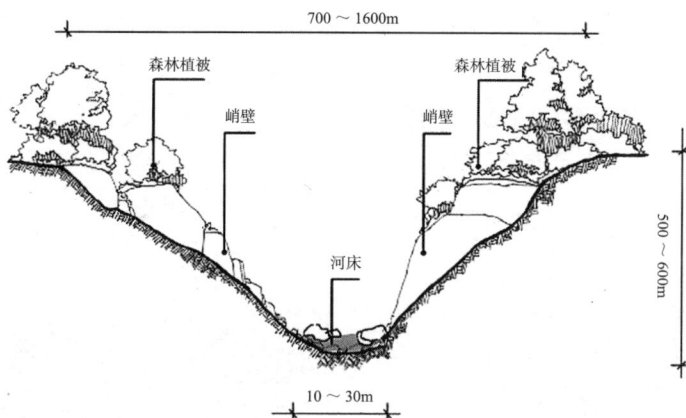

图 2-1 "V" 字形峡谷分析示意图

晰、弯曲有度，一派田园风光（图 2-2）。

（2）鹅冠峰

位于峡谷中段西侧，海拔 386.8 米。山峰顶部平坦，南北两侧宽 8 ~ 10 米，北面为鹅冠崖，南面为堵坪坑谷，悬崖峭壁相对高度近 200 米，远看似 "鹅冠"，故得名 "鹅冠峰"。

登鹅冠峰，地势险要，山陡林密，保护完整的大面积闽东原生植物群落，物种资源丰富，林相景观优美（图 2-3）。

图 2-2 翠云峰景观（夏季）

图 2-3 鹅冠峰

（3）拴龙峰

位于峡谷上段西侧，海拔 545.0 米。山体四周地形复杂，岩石崖壁被大面积的原生植被覆盖，仅露出拴龙桩。相传古时福安市西部的白云山有 9 条兴风作浪、搞得山民不得安宁的孽龙，其中为首的最为凶残，后来被缪仙宫降服拴在这桩上，从此，山民才过上安宁的日子。拴龙峰山脚下溪涧蜿蜒，瀑潭遍布。

目前，山林植被茂密，群落复杂稳定，季相景观优美（图2-4）。

（4）双驼峰

位于朝里棕树山村北部、朝里溪中下游，海拔439.2米。周边地形蜿蜒曲折，崖壁错落，随地形西高东低，向峡谷延伸，似"双驼下山"。穿行在崖壁、石缝中，享树木成荫，听山泉潺潺，别有一番洞天，是夏季登山游玩的好去处（图2-5）。

图2-4　拴龙峰　　　　　　　　　　　　　　图2-5　双驼峰

2. 溪涧水域景观

朝里溪、坪康溪迂迴于芹山峡谷和坪康峡谷之中，是景区中最具活力和灵气的资源。溪涧地势复杂，形成大量的瀑布、跌水、瀑潭、浅滩等景点，根据景点分布特点，共有8处景群，从上游顺流而下，分别是五彩潭景群、五叠瀑景群、石门坎（潭）景群、爱心潭景群、金叶潭景群、三叠潭景群、飞玉瀑景群和双龙瀑景群等。

（1）五彩潭景群

位于鹅冠峰北面山脚、朝里坑与坪康谷之间溪段，长度约285米，以五彩潭为景观核心，包括翔鱼潭、龙井潭、玉珠瀑、白豚出游、天鹅照镜、蟹爪石、试剑石等景点。

五彩潭水清见底，长度约150米，四周岩壁色彩斑斓。

南端与玉珠瀑和龙井潭相连，动静有变；北端白豚、天鹅、蟹爪等溪石形态各异，步移景易（图2-6～图2-8）。

龙井潭位于玉珠瀑下方，直径5米，水深4米，似一口深不见底的趵突泉井。旁边岩壁平缓，十米见方，是一处赏五彩缤纷潭、听澎湃飞瀑的最佳位置。

（2）五叠瀑景群

位于堵坪谷至里朝里坑的溪段，长度约350米。五彩潭景群往上游经过一段

图 2-6 五彩潭

图 2-7 龙井潭

图 2-8 天鹅照镜

浅水滩后，则是由一曲三湾构成的五叠瀑景群。主要景点有五叠瀑、黄蝶潭、卧龙潭、碧波潭、金蟾戏水、龟蛇相会等景点（图 2-9 ～图 2-11）。

图 2-9 五叠瀑

图 2-10 金蟾戏水

图 2-11 卧龙潭

五叠瀑由五级跌水小飞瀑组成，每级跌水高差 1 ～ 2 米，每级跌水下方都形成小水潭，犹如一把白色的神笔卧躺岩壁间，颇为壮观。溪潭崖壁凹处，时有成群黄蝶，翩翩起舞。景群地处溪段三个弯，山脊交错，两岸山势有陡有缓，溯溪而行，可淋漓尽致地体验自然美景。

（3）石门坎（潭）景群

位于朝里坑往北溪段，起于上朝潭、止于麒麟潭，长度约 380 米。主要景点有石门坎（潭）、葫芦潭、麒麟潭、上朝潭、鸳鸯瀑、游子思乡、金龟望月等。

石门坎是由两级深潭组成，中间石坎平整光滑，横跨溪流两侧，水潭的不同深浅表现了不同的水深颜色，不紧不慢地流水仿佛在诉说她与岩壁的千年守望（图 2-12）。

葫芦潭长度达 30 余米，最深处水深 3 ～ 4 米，两侧林木郁郁葱葱，倒影在水中，更如一块翠玉，晶莹剔透；两侧岩壁奇形怪状，纹理清晰，凸凹有致，与这潭碧绿形成葫芦，故取名"葫芦潭"（图 2-13）。

游子思乡是一组象形石，矗立在右岸，身躯没入水中，犹如常年在外奔波的老者，五官清晰形象，深情忧愁；另有一老者卧躺水中，水流从后颅、颈部、胸前流淌，紧闭双眼，似乎在倾听着老者的思乡之愁（图 2-14）。

图 2-12　石门坎（潭）

图 2-13　葫芦潭

图 2-14　游子思乡

（4）爱心潭景群

位于蛇会坑溪段、龙鼻弯南侧，起于金鸡下蛋，止于爱心潭，长度约 300 米。主要景点有爱心潭、仙浴潭、卧龙瀑、飞龙瀑、龙爪石（潭）、黑熊护幼、金鸡下蛋等景点。景群地处龙鼻弯，是本景区范围峡谷最北端，弯曲有度，河床较平缓，峡谷空旷，别有洞天。

爱心潭，顾名思义，形似爱心，中间深，两边浅，分布着大小不一的河卵石，鱼虾成群结伴。据说，一对相爱的人同到爱心潭寓意是爱情百年，相爱到白头偕老。将来，到爱心潭许愿，将成为游客互相表达爱慕的去处（图 2-15）。

飞龙瀑由 5 级跌水组成，落差较大，水流湍急，似一只正在被缪仙宫降服挣扎的飞龙，时而咆哮，时而喘息（图 2-16）。

卧龙瀑由九级小跌水组成，每跌高差 0.3～0.9 米不等，总长度 20 余米，落差 2 米左右，犹如被缪仙宫降服的卧龙，故名"卧龙瀑"（图 2-17）。

图 2-15　爱心潭

图 2-16　飞龙瀑

图 2-17　卧龙瀑

（5）金叶潭景群

位于堵坪东坑谷溪段、朝里村南部，起于群龙吸水，止于海狮兽，长度约450米。主要景点有群龙吸水、苍龙起舞、浣纱湾、双龙戏珠、金叶潭、玉门关、连心潭、元宝潭、点将台、海狮兽等景点。景群地文景观和水域景观交融分布，水面较为开阔平缓，水流急缓交错。

金叶潭，潭水轮廓梭形，似一片树叶，正午阳光洒在两岸的树林，倒影在潭中，金光闪闪，如金色的叶子，故取名金叶潭（图 2-18）。

群龙吸水，是峡谷两岸一组象形石群。石群犹如一群低头吸水的龙，龙首卧于平静的水面，阵阵涟漪仿佛是龙吸潭水激起的波澜。其体量巨大，是藏于青山绿水之中的一处妙景。

双龙戏珠，溪瀑两边各有一组巨大的石块犹如两条龙，加上背景石块圆如火珠，画面生动而取双龙戏珠之意（图 2-19）。

图 2-18　金叶潭

图 2-19　双龙戏珠

（6）三叠潭景群

位于朝里溪下段、溪兜附近，起于龙潭，止于长青潭，长度约 350 米。主要景点有仙龙潭、叮叮潭、寿桃石、弥勒潭、试剑石、长青潭等。

三叠潭，由三级长度各20余米的深潭组成，总长度60余米。每级深潭落差很小，一眼望去，颇有气势（图2-20）。

寿桃石，位于河床中部，是一块体量较大的象形溪石，高达5.5米，似一颗遗留在人间的仙寿桃（图2-21）。

图 2-20　三叠潭　　　　　　　　　　图 2-21　寿桃石

（7）飞玉瀑景群

位于景区中部，起于坪康谷与朝里溪交汇处，止于坪康谷中部的水帘瀑。以飞玉瀑为主景，包括白蝶瀑、石门瀑、一线瀑、人参瀑、水帘瀑等，构成六大瀑布景观群。

飞玉瀑是坪康谷瀑布群的起点，与朝里溪较为平坦的溪潭景观成为一动一静，相互呼应。不同角度观赏飞玉瀑，景观效果不同，时而细长，犹如掩藏在密林中的一条玉带，时而宽阔，沿岩壁攀爬而上，一级一级的叠瀑犹如飞玉般映入眼帘（图2-22）。

人参瀑，密林掩盖下，藏着一处形状奇特的瀑布。它形如巨型的千年人参，一路奔珠溅玉，在阳光下泛起斑斑耀眼的光芒。

石门瀑，瀑布高十余米，下方是一处长10米、宽1.5米左右的深潭，如同一道天造自然石门，又因深潭形似"棺材"，又称棺材瀑，寓意升官发财（图2-23）。

水帘瀑，巨石架起石洞，形成一个小厅室，一旁的石壁挂着水帘一般的小瀑布，游人可进入洞中玩赏，置身其中，十分清凉。

（8）双龙瀑景群

位于堵坪坑村以东的坪康谷，起于鎏金壁，止于飞玉瀑。长度约1000米。主要景点有鎏金壁，双龙瀑，听瀑崖等景点。该景群地处峡谷陡峭之处，形成景观以瀑布为主，水声轰轰，在其间行走寻瀑，享谷间清幽，有"柳暗花明又一

图 2-22　飞玉瀑

图 2-23　石门瀑

村"之感。

　　双龙瀑，是坪康谷上段两条沟谷汇集形成的两条大型瀑布，瀑布约有 30 多米高，沿着峭立的岩壁飞泻而下，如两条一前一后追逐嬉戏的玉龙（图 2-24）。

图 2-24　双龙瀑

3. 森林生态景观

本景区植被类型属中亚热带照叶林地带，在福建省植被区划上属闽中东戴云山、鹫峰山常绿槠类照叶林小区（ⅡB5）。区内植被类型较多样，有针叶林、针阔叶混交林、阔叶林、混交林、次生灌丛和竹林等6个植被类型。

由于长期人为活动，棕树山区域已形成人工杉木林、马尾松林等人工次生植被；仅在芹山—雷顶山峡谷仍保留着原生天然林。森林群落类型繁多而又复杂，局部还分布的古树，如福建柏、枫香、香樟、马尾松等。据现场调查，结合参考有关统计资料分析，景区内有维管束植物179科665属1055种（福安市有197科704属1376种），其中：裸子植物7科15属25种；被子植物151科606属921种；蕨类植物28科44属109种。

（1）植被类型景观分析

1）针叶林景观：主要类型是常绿针叶林，有马尾松林、杉木林、杉木马尾松林、竹柏林等。该类型主要分布于棕树峰区域。针阔叶混交林景观：包括马尾松鹅掌楸林、甜槠马尾松林、马尾松木荷林、杉阔混交林、马尾松木油桐林、马尾松枫香林和马尾松甜槠木荷林等。该类型主要分布于芹山峡谷两侧、朝里至蛇会坑一带区域。

2）阔叶林景观：为区内典型的地带性植被类型，包括常绿阔叶林和落叶阔叶林2种植被类型。其中，常绿阔叶林有鹅掌楸林、栲栲林、甜槠林、丝栗栲林、福建青冈林、拉氏栲林、闽楠林、樟树林、木荷林、阿丁枫与细柄阿丁枫林等；落叶阔叶林有木油桐、枫香林和拟赤杨枫香树林。该类型广泛分布在芹山峡谷两侧、朝里至骆驼峰一带区域。

3）混交林景观：包括常绿落叶阔叶混交林和竹林2种植被类型。其中，常绿落叶阔叶混交林有鹅掌楸枫香林和鹅掌木油桐林；竹林有毛竹林、竹和针阔混交林等。该类型主要分布于堵坪坑区域。

4）次生灌丛景观：包括低山丘陵次生灌丛和中山灌草丛2种植被类型。低山丘陵次生灌丛有灌木丛、胡枝子灌丛、刚竹灌丛、箬竹灌丛、苦竹灌丛等；中山灌草丛有丁香杜鹃及猴头杜鹃灌草丛、木荷（矮化）灌草丛、密花树灌草丛、山矾灌草丛、蚊母树灌丛、檵木灌草丛等。

5）竹林：广泛分布在堵坪坑、堵坪村等村庄周边的河谷、水滨，竹种有毛竹林，绿竹等。林分结构主要为毛竹+杉木-芒萁群丛；毛竹+甜槠-芒萁群丛。

（2）典型植被林相景观

景区内分布有大量的鹅掌楸、木油桐、鹿角杜鹃等。每年不同季节，杜鹃花

海、木油桐花海、枫香色叶等"红、白、绿、黄"季相景观丰富。

每年春季3～4月，棕树峰、翠云峰高山鹿角杜鹃花满山遍野，没有人工修饰，清新脱俗，一层一层的红色浸染了山岭，是登山览胜、摄影的最佳时机（图2-25）。

5～6月，漫山遍野的白色木油桐花和淡黄色的黧蒴栲花，争奇斗艳，远远望去，犹如初夏飘雪，大地像换了一套衣裳似的，成了绿色森林里一道独特的景观（图2-26）。

图2-25 杜鹃花海

图2-26 木油桐花与黧蒴栲花争奇斗艳

7～8月，景区内一片绿意盎然。绿色，永远是景色的主打颜色，谷底溪水潺潺，林木葱茏，置身其中，聆听山的声音、水的美妙，不禁使人忘却尘嚣，仿若置身童话世界、世外桃源。每年夏季，这里便成了世外桃源，是游人休闲、度假、养生、体验、亲水的最佳去处。

9～10月，秋季枫香、乌桕慢慢开始变红、变黄，点缀着这片清爽的山林，大自然换了多彩衣裳，行走到林荫小道，秋叶飘落，亦是别有一番味道。

（3）古树名木景观

景区内棕树山村、朝里村、堵坪坑村生机勃勃的风水林和古树成为一道道特色景观（图2-27～图2-30）。

图2-27 堵坪坑村风水林

图2-28 朝里村风水林

图 2-29 棕树山村古福建柏

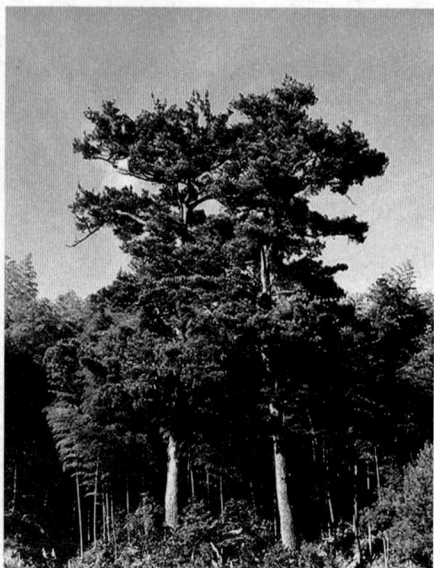

图 2-30 堵坪坑村古马尾松

（4）野生动物资源

据资料记载：棕树山地区历史上原始森林茂密，动物野生资源曾有虎、云豹、熊、鹿等珍稀动物，现已绝迹；穿山甲、鹰的数量已近濒危，仅存野猪、山鸡、麂、蟒蛇、猕猴等野生动物出没，溪谷中蝴蝶种类繁多，形成一道亮丽的风景线（图 2-31）。

图 2-31 野生动物

二、人文景观资源

景区内人文资源多元，文化价值高。其中，乡愁文化、红色文化和历史名人文化是本景区三大特色文化资源。

1. 乡愁文化

乡愁文化是人类的文化积淀，是由特定的民族或地区的生活方式、生产方式、宗教信仰、风俗习惯、伦理道德等文化因素构成的具有独立特征的结构和功能的文化体系，是代代沿袭传承下来的文化积淀。

（1）企业家的情怀

棕树山村是兴华财富集团董事长陈茂春先生的故乡，也是他一直魂牵梦绕的地方。陈董事长17岁开始便给村里的孩子教书，1970年入伍，历任排长、副连长、政治指导员、司令部副政治协理员等职，荣立三等功。他回乡探亲，看到家乡依然贫困，父老乡亲们的生活还是很艰辛，为此决定转业回乡创业，组织复退军人先后创办了旅游公司、军工制冷设备厂、福州华埔实业总公司、福建兴华实业总公司、河北兴华钢铁公司、兴华财富集团等20余家规模企业，历经三十年发展，现已形成集钢铁冶炼、钢铁电商、矿产开发、地产开发、农业开发、码头仓储、金融投资、大宗交易、酒店管理等为一体的大型跨国企业集团。致富思源，回报家乡，2006年创办"茂春基金会"，这些年先后在河北和家乡两地捐资3000万元用于修桥建路、助学等社会公益事业，十年来，捐助奖励城阳乡藉大学生1500多人。

在中共福安市委、福安人民政府的正确领导下，近年来，经过乡亲们的努力，镇区面貌焕然一新，社会和谐稳定，人民安居乐业，感到非常的欣慰和高兴。陈董事长表示作为家乡的一分子，要为家乡的建设出一份力，回报这片热土，决定投资开发棕树山旅游景区项目，旨在通过项目建设，保护家乡自然文化遗产资源，传承历史文脉，进行科学普及和爱国爱乡教育，带动地方经济发展，推动生态文化建设。

（2）陈氏宗祠

2014年，陈氏宗祠开工建设，于2016年12月竣工，耗时3年，总投资1000多万元。宗祠占地2000平方米，建筑坐北朝南，纵深33米，横宽16.12米，建筑面积531.96平方米。建筑整体结构布局严谨、虚实对比，厅堂轩昂，庭院宽敞幽雅（图2-32）。

2. 红色文化

景区所在地荷洋村和堵坪坑村均为城阳乡老区行政基点村，具有深厚的红色文化底蕴。景区内不少洞穴是当年邓子恢、叶飞、曾志等革命领导人活动的地方，至今仍被较好地保留着，如棕树山村红军洞（叶飞、曾志曾在此居住一年多）、堵坪坑村神仙洞、坪康谷水帘瀑（洞）等，是不可多得的历史文化遗迹，

图 2-32　陈氏宗祠外观及内饰

具有深远的爱国主义教育意义（图 2-33）。

（1）荷洋村

荷洋村地处韩城（福安市古称）之东，始祖于康熙三十三年自福建永定迁入荷洋居住，至今有 330 多年历史，村土地面积 6 平方公里，共有 6 个自然村，现居住 300 多户，人口 1100 多人。

1923 年，叶飞、曾志、马立锋、詹加柏、阮英平等领导人在村落组织革命活动。荷洋村人陈伏銮参加革命队伍，成为苏维埃政府第一区领导人，后者被反动派围剿牺牲，由村人邱禄潘接任。2 位革命先烈忠于中国共产党的革命精神，带动了全村青年共有 100 余人参加革命，国民党反动派进行扫荡，荷洋村张厝下被烧毁多次。共产党组织和地下交通站被国民党破坏。中华人民共和国成立后被

图 2-33　棕树山村红军洞

评为烈士的有 22 名，被评为"五老"的有 27 名，1952 年政府修建了革命长厝，安置了大批革命群众居住。

（2）堵坪坑村

堵坪坑村是福安市城阳乡老区行政基点村，距城区 32 公里，村庄土地面积 3.6 平方公里，辖 5 个自然村，118 户，全村人口 425 人。堵坪坑村旧称福安县二、三都，始祖由福建省永安县汀州迁入堵坪坑 定居繁衍，至今有 300 多年的历史。

堵坪村坐落在一块自然石塔下，石塔高约 30 多米，坐北向南，左傍有石仙桥和自然石门，下有人称百丈崖的奇石（白色），石边天然洞穴二个，自然石屋一间。

"二三"革命时期，曾志、叶飞、陈挺等在堵坪村长期搞革命地下工作，成立了姑楼岗山秘密机关，带动人民群众参加革命和保护北上抗日红军休整养伤，与国民党反动派做了长期斗争。革命失败期间堵坪坑村遭国民党反动派围攻，堵坪坑村革命同志雷红和、张红和黄龙森都被反动派杀害。中华人民共和国成立后堵坪坑村被定为老区行政基点村。

堵坪坑村生态环境优美，山清水秀，景观风貌风景堪称一绝。在七层石塔顶头几十平方公里，东望雷英山石峰，北望白云山顶，西望赛江船篷，是一处生态文化旅游村。

3. 历史名人文化

据历史资料记载，明代开国大臣袁天禄，又名智，字礼文，号东山，福建福宁州柘洋（今柘荣县城）人。曾在景区内朝里村一带进行武装起义。

据载：袁天禄，元至顺二年（1331 年）出生，兄弟 5 人，他排行第四，父袁隐君，勤劳致富，乐于扶贫济困，在乡间颇有声望。当时，常有"寇盗"骚扰乡邻，隐君组织乡兵 2000 人，守护乡里。天禄身材魁梧，小时从名士黄宽读书，年轻时以文武双全而知名。

元至正十二年（1352 年），福州路池细领导的红巾军攻打松溪、政和、宁德等地，福宁州尹王伯颜檄召袁天禄，命他训练"义兵"，与周显卿等同守州境。同年十一月，黄善率领的红巾军攻占福安县城，袁天禄率"义兵"将其击败，追至穆阳龙首桥而返，受到王伯颜赏识。

至正十三年（1353 年）八月，袁天禄的三哥袁安文在家乡组织"泰安社"武装，他与大哥、五弟都加入。同年，福宁州城第二次被红巾军攻陷，袁氏兄弟率领"泰安社"，会同七蒲张子文率领的"安宁社"夹攻占领州城的红巾军，杀死其首领江二蛮，收复州城。袁天禄被元政府授为福宁州主簿，其兄弟也分别授为巡

检等职。

至正十四年（1354年），浙江泰顺人郑长脚率领千余武装袭扰福宁州，"泰安"和"安宁"二社奉命联合出击，把郑长脚打败。至正十七年（1357年）元政府升袁天禄为福宁州同知，并升其长兄德文为福安县尹，三兄安文为福宁州尹。

至正十八年（1358年）七月，福建行省令福宁州出兵伐福安官塘农民起义军傅贵卿部。八月，袁安文、袁天禄率师分水陆两路进发，水师在黄崎龙被傅贵卿击败，而步兵则攻占官塘，焚其寨棚而归。元政府又提升袁安文为昭信校尉兴化路治中军前，袁天禄为福宁州尹随摄福州路同知。

至正十九年（1359年）二月，元福建行省参政观音奴亲率军民攻打傅贵卿部，反在官塘被击败；"泰安"和"安宁"二社往援，也被打败，袁安文战死。同年，朱元璋、陈友谅等部迅速发展，朱元璋挥师南下，取婺州、处州，浙东温、台、庆三州也相继归附。袁天禄看到元朝行将灭亡，朱元璋可能取而代之，遂于六月密遣古田县尹林文广，携带福宁州地图，向朱元璋归降。此时袁天禄不仅控制了福宁州，而且古田、连江、罗源亦属其势力范围。十一月，朝廷为了笼络他，国公火耳赤提升袁天禄为中奉大夫、福建行省参政。十二月，天禄率兵到达福州听调，福建行省平章韩留举又升他为中顺大夫、福建义兵征行元帅、行省左丞。

至正二十七年（1367年）正月，朱元璋召见袁天禄。天禄于四月到达集庆，十月被授为江西行省参政。但尚未赴任，即于同年十一月十六日暴卒于集庆，年仅三十七，袁天禄以归附之功，名列明朝开国功臣之中。

第三章
生态环境质量调查

一、自然条件

1. 地质地貌

本景区地处洞宫山脉与太姥山脉之间，地质构造属闽东火山断拗带，福安—南靖断裂带，地层以中性—酸性火山岩、凝灰质砂砾岩、砂岩为主。地貌属闽中太姥山—鹫峰山中、低山区，地势从北向南倾斜，东、西部高，中间低，最高海拔871.8米（雷顶山），最低海拔160.0米（溪兜），由于新地壳运动使地层发生平缓的褶皱和断裂，造成众多断块山，断层崖和"V"字形深切峡谷。芹山峡谷位于景区中部，自北向南纵穿景区，是本景区景源最集中分布区域，风景之精华。

2. 气候条件

本景区属中亚热带海洋性季风气候，具有四季分明，夏季稍长，光热充足，年平均气温17～18℃，最高气温为7月，平均温度28.5℃；最低气温为1月，平均气温8℃。极端最高气温可达40～42℃，极端最低气温-1～-3℃。全年年均降雨量1350～2050毫米，每年5～6月梅雨季节，8～9月份为台风阵雨季，雨量集中易引起洪涝灾害。雨季明显，湿度大，云雾多，无霜期长，季风明显，台风频繁等特点。年平均相对湿度78%～83%，无霜期280～300天，由于山地丘陵高差悬殊，容易形成山地小气候，垂直温差较大。

3. 水文状况

（1）地表水

景区内水资源较丰富，主要地表水朝里溪属交溪支流茜洋溪，发源于东山（高峰村、葛藤坪等），经景区至溪兜后，汇入茜洋溪，全长12公里，总落差

750 米，河道平均坡降 6.25%，流域面积 106 平方公里。

景区北面陈家山水电站建于 2005 年（属柘荣县管辖），装机容量 1600 千瓦，年发电量 400 万吨左右，主要供柘荣县陈家山村区域居民生产生活用电（表 3-1）。

朝里溪陈家山水电站情况一览表   表 3-1

项目	规模	备注
集雨面积	75.7 平方公里	
装机容量	1600 千瓦	
年发电量	400 万千瓦	
坝体	土石混合坝，坝高 39.5 米，坝顶长 196.5 米，顶宽 6.0 米，底宽 189.0 米	

（2）地下水

本景区地形切割强烈，地下水以基岩裂隙水源为主，少量松散，由于森林植被茂密、浅水蒸发量较小，地下水一般在浅层循环交替，径流途径短，降水渗入地下后，多以泉流和片流排泄于沟谷或低洼处，再汇流到溪流中。地下储水量比较丰富，有待进一步勘探、开发和利用。

4. 土壤状况

本景区内土壤区划属侏罗纪火山岩和燕山期侵入岩风化壳发育的红壤土区，以红壤、水稻土为主。土层较深厚，土壤以微酸性为主，土壤肥力较高，土壤有机质含量随海拔升高而减少。

5. 自然灾害状况

本景区内自然灾害性天气发生较少。常见灾害性天气包括水灾、旱灾、冰雹、寒潮、连阴雨等；景区内少有山体滑坡发生，局部山体滑坡（主要是交通设施建设引起）已得到及时治理和修复。

二、生态环境质量

1. 大气环境质量

景区内无工业废气、无固体废弃物、无噪声污染等污染源。据市环保局检测：景区环境空气质量为一级，PM2.5 浓度月均值低于 2.0 微克／立方米，负氧离子指数达到 5 万个／立方厘米，空气质量优良。

2. 水资源环境质量

景区内朝里溪及其支流等水资源上游无建设工程、无农耕污染源，溪流水质优良。据市环保局检测：风景区内水质达到《地表水环境质量标准》GB 3838—2002 Ⅰ类水质标准。

3. 噪声环境质量

通过实地调查，景区内无工业企业，无过境交通车辆等噪音源，景区环境安静，声环境质量良好。据市环保局检测，景区内噪声检测值达到《声环境质量标准》GB 3096—2008 中规定的"特别住宅区"的环境噪声标准。

一、社会经济状况

1. 福安市社会经济状况

福安市简称"韩城"，位于福建省东北部，宋淳祐五年（1245 年）理宗御批"敷赐五福，以安一县"得名。1989 年撤县设市，1993 年被国务院列为沿海开放城市。全市总面积 1880 平方公里，海岸线长 145 公里。辖 2 个省级经济开发区、18 个乡镇、3 个街道，总人口 63 万人。

据统计，2016 年，全年实现地区生产总值 378 亿元，比上年增长 7.5%。其中，第一产业增加值 82.79 亿元，增长 3.9%；第二产业增加值 216 亿元，增长 7.5%；第三产业 95.54 亿元，增长 7.7%。城镇居民人均可支配收入 29808 元，增长 8.0%；农村居民人均可支配收入 14146 元，增长 9.0%；居民消费价格总指数 101.5。

2. 城阳镇社会经济状况

城阳镇位于福安市东部，西临富春溪畔，南起化蛟，北至东口、湖塘坂，东面山区与柘荣、霞浦两县交界。104 国道贯穿而过，过境里程达 20 多公里，环镇路总长 48 公里，南北均与 104 国道衔接，交通极为方便。全镇总面积 151 平方公里，其中水田 0.4 万亩，旱地 1.7 万亩，山地面积 15 万亩，耕地面积 2.1 万亩。下辖 30 个村委会，5 个居委会，132 个自然村其中沿 104 国道及秦溪洋平原村（居）16 个，环镇公路村 13 个，偏远山村 6 个。全镇户籍常住人口 3.6 万人，农业人口占 95%。现常住人口达 5 万多人。

据统计，2016 年，全镇完成地区生产总值 33786.9 万元，其中，第一产业

10189.6 万元，第二产业 10984.4 万元，第三产业 12612.9 万元；完成固定资产投资 60444 万元，实现财政税收 518 万元，财政支出 558 万元；农民人均收入 9473 元。

3. 景区及周边居民经济状况

景区内有棕树山自然村（属荷洋村行政村）、朝里自然村（属堵坪坑村行政村）；周边有荷洋村、堵坪坑村、堵坪（属堵坪坑村行政村）等村落。大部分居民外出务工或移居福安市，留居当地居民主要从事农业、林业等。居民人口分布状况如表 4-1 所示。

风景区内村庄人口分布一览表　　　　　　　　　表 4-1

村庄名称	类型	位置	户数（户）	人口数量（人）	备注
棕树山村	自然村	景区内	49	236	
朝里村	自然村	景区内	40	148	
荷洋村	行政村	景区边缘	360	1126	
堵坪坑村	行政村	景区周边	138	520	
堵坪村	自然村	景区周边	45	160	
合计			632	2190	

二、对外交通状况

景区对外交通可通过温福铁路、宁武高速、沈海高速、沈海高速复线、104 国道等铁路、公路交通网络与省内外各海陆空交通网络连接，对外交通便捷，旅游交通通达较好。

1. 航空系统

景区距福州长乐国际机场（简称"长乐机场"）约 180 公里，行程需 2 小时。长乐机场为民航 4E 级机场，机场跑道长 3600 米，停机坪面积 30 万平方米，候机楼面积 13.7 万平方米，航空货站面积 1.8 万平方米，可供起降 B747—400 型等大型飞机。拥有 36 个停机位、16 条登机桥、17 个安检通道、5 个国际出发厅和 11 个国内出发厅，长乐机场是我国航空干线网中的重要干线机场，也是东南沿海地区以及对台、对外重要的国际航空港。

长乐机场运营国内外航线近 75 条，航班通达国内外 56 个重要城市。2013 年，全年完成各类飞机安全起降 83406 架次，旅客吞吐量 892.6 万人次，货邮吞吐量 11.02 万吨。

2. 铁路

目前，景区距温福铁路福安站（湾坞）约 60 公里，行程（公路）1 小时左右。通过温福铁路可直达福州、厦门、南平、武夷山、温州、鹰潭、南昌、合肥、杭州、上海等省内外主要城市。温福铁路在福安市内湾坞镇设有"福安站"，距离本景区约 60 公里，车程 1 小时左右。

3. 公路

目前，福安市境内有宁武高速、沈海高速、沈海高速复线等 3 条高速公路，以及 104 国道，是福安市对外交通的重要通道，也是本景区对外交通的重要通道。景区距福安互通口约 30 公里，赛岐互通口约 40 公里。

4. 村庄公路

目前，景区可通过 G104 在化蛟村进入村庄车行道，经日山村、官洋冈、瓶壶里到达棕树山村进入景区，车行道长度 20 公里，路面宽 4 米，水泥路面；也可通过 G104 在宸山村沿着茜洋溪，经井头岩到日山村后到棕树山村进入景区，车行道长度约 20 公里，路面宽 4 米，水泥路面。

三、基础设施状况

目前，景区建设处于规划阶段，现有道路交通、邮电通信、给水排水和供电能源等基础设施以及旅行游览设施主要供村庄居民日常生活使用。

1. 道路交通

景区内现有两条车行道，一条是棕树山村至朝里村，长度约 4 公里，路面宽4.0 米，水泥路面；另一条是棕树山村至堵坪坑村机耕道，路面宽 4.5 米。

2. 给水排水设施

（1）给水设施

据实地调查，景区内村庄居民饮用水水源均取自山涧水，各用户均建有独立的过滤池、净化池和供水管道系统。据检测，以上水源水质均达到优良，符合国家饮用水标准。

（2）排水设施

各村庄居民生活污水量较少，目前尚未建设完善的排水设施系统

3. 电力电信设施

各村庄已配备变压器，供电系统较为完善，能够满足各村庄、居民点的基本用电需求。景区内尚未实现电信网络。

4.环卫设施

各村庄生活垃圾实行"村收集—镇转运—县处理"方式；棕树山村建有公厕一座，建筑面积 30 平方米。

第五章
旅游景区综合评价

一、旅游资源分类

根据《旅游资源分类、调查与评价》GB/T 18972—2003 标准，经调查统计：本旅游景区旅游资源有 7 个主类、17 个亚类、36 个基本类型，共 88 个旅游资源单体，具体资源分类构成如表 5-1 所示。

旅游景区具体资源分类构成表 表 5-1

主类	亚类	基本类型	备注
A 地文景观	AA 综合自然旅游地	AAA 山丘型旅游地	
		AAB 谷地型旅游地	
	AC 地质地貌过程形迹	ACC 峰丛	
		ACE 奇特与象形山石	
		ACF 岩壁与岩缝	
		ACG 峡谷段落	
		ACK 堆石洞	
B 水域风光	BA 河段	BAA 观光游憩河段	
	BB 天然湖泊与沼泽	BBC 潭池	
	BC 瀑布	BCA 悬瀑	
		BCB 跌水	
C 生物景观	CA 林木	CAA 林地	
		CAB 丛树	
		CAC 独树	

主类	亚类	基本类型	备注
C 生物景观	CC 花卉地	CCB 林间花卉	
	CD 野生动物栖息地	CDA 水生动物栖息地	
		CDB 陆生动物栖息地	
		CDC 鸟类栖息地	
		CDD 蝶类栖息地	
D 天象与气候景观	DA 光现象	DAA 日月星辰观察地	
	DB 天气与气候现象	DBB 避暑气候地	
		DBE 物候景观	
E 遗址遗迹	EB 社会经济文化	EBA 历史事件发生地	
		EBB 军事遗址与古战场	
		EBF 废城与聚落遗迹	
F 建筑与设施	FA 综合人文旅游地	FAB 康体游乐休闲度假地	
		FAC 宗教与祭祀活动场所	
		FAK 景观观赏点	
	FB 单体活动场馆	FBB 祭拜场馆	
	FD 居住地与社区	FDA 传统与乡土建筑	
G 旅游商品	GA 地方旅游商品	GAA 菜品饮食	
		GAB 农林畜产品及制品	
		GAD 中草药材及制品	
H 人文活动	HA 人事记录	HAA 人物	
		HAB 事件	
	HC 民间习俗	HCB 民间节庆	
8	17	36	

二、旅游资源分级评价

1. 旅游资源评分标准

通过对资源要素价值和资源影响力两大评价项目进行评价。其中，资源要素价值包括观赏游憩价值、历史文化科学艺术价值、珍稀奇特丰富度、规模、丰富与概率及完整性等评价因子；资源影响力包括知名度和影响力、适游期或使用范围等评价因子，如表 5-2 所示。

		旅游资源评价赋分标准	表 5-2
评价项目	评价因子	评价依据	赋值
资源要素价值 （85分）	观赏游憩 使用价值 （30分）	全部或其中一项具有极高的观赏价值、游憩价值、使用价值	30—22
		全部或其中一项具有很高的观赏价值、游憩价值、使用价值	21—13
		全部或其中一项具有较高的观赏价值、游憩价值、使用价值	12—6
		全部或其中一项有一般观赏价值、游憩价值、使用价值	5—1
	历史文化科学 艺术价值 （25分）	同时或其中一项具有世界意义的历史价值、文化价值、科学价值、艺术价值	25—20
		同时或其中一项具有全国意义的历史价值、文化价值、科学价值、艺术价值	19—13
		同时或其中一项具有省级意义的历史价值、文化价值、科学价值、艺术价值	12—6
		历史价值，或文化价值，或科学价值，或艺术价值具有地区意义	5—1
	珍稀奇特程度 （15分）	有大量珍稀物种，或景观异常奇特，或此类现象在其他地区罕见	15—13
		有较多珍稀物种，或景观奇特，或此类现象在其他地区很少见	12—9
		有少量珍稀物种，或景观突出，或此类现象在其他地区少见	8—4
		有个别珍稀物种，或景观比较突出，或此类现象在其他地区较多见	3—1
	规模、丰度 与概率 （10分）	独立型旅游资源单体规模、体量巨大；集合型旅游资源单体结构完美、疏密度优良级；自然景象和人文活动周期性发生或频率极高	10—8
		独立型旅游资源单体规模、体量较大；集合型旅游资源单体结构很和谐、疏密度良好；自然景象和人文活动周期性发生或频率很高	7—5
		独立型旅游资源单体规模、体量中等；集合型旅游资源单体结构和谐、疏密度较好；自然景象和人文活动周期性发生或频率较高	4—3
		独立型旅游资源单体规模、体量较小；集合型旅游资源单体结构较和谐、疏密度一般；自然景象和人文活动周期性发生或频率较小	2—1

续表

评价项目	评价因子	评价依据	赋值
资源要素价值 （85分）	完整性 （5分）	形态与结构保持完整	5—4
		形态与结构有少量变化，但不明显	3
		形态与结构有明显变化	2
		形态与结构有重大变化	1
资源影响力 （15分）	知名度和影响力 （10分）	在世界范围内知名，或构成世界承认的名牌	10—8
		在全国范围内知名，或构成全国性的名牌	7—5
		在本省范围内知名，或构成省内的名牌	4—3
		在本地区范围内知名，或构成本地区名牌	2—1
	适游期或使用 范围 （5分）	适宜游览的日期每年超过300天，或适宜于所有游客使用和参与	5—4
		适宜游览的日期每年超过250天，或适宜于80%左右游客使用和参与	3
		适宜游览的日期超过150天，或适宜于60%左右游客使用和参与	2
		适宜游览的日期每年超过100天，或适宜于40%左右游客使用和参与	1
附加值	环境保护与 环境安全	已受到严重污染，或存在严重安全隐患	—5
		已受到中度污染，或存在明显安全隐患	—4
		已受到轻度污染，或存在一定安全隐患	—3
		已有工程保护措施，环境安全得到保证	3

依据旅游资源单体评价总分，将其分为五级，从高级到低级为：

（1）五级旅游资源，得分值域≥90分。

（2）四级旅游资源，得分值域≥75～89分。

（3）三级旅游资源，得分值域≥60～74分。

（4）二级旅游资源，得分值域≥45～59分。

（5）一级旅游资源，得分值域≥30～44分。

（6）此外还有，未获等级旅游资源，得分≤29分。

其中：五级旅游资源称为"特品级旅游资源"；四级、三级旅游资源被通称为"优良级旅游资源"；二级、一级旅游资源被通称为"普通级旅游资源"。

2.旅游资源分级评价结果

根据上述标准对旅游资源单体进行逐一评分和加权总计，得出综合评价赋分

值，再评定等级，评价结果如下：四级旅游资源 3 处，占 3.75%；三级旅游资源 11 处，占 13.75%；二级旅游资源 40 处，占 50.0%；一级旅游资源 26 处，占 32.5%。具体如表 5-3、表 5-4、图 5-1 所示。

棕树山旅游景区旅游资源单体评分表 　　　　表 5-3

单体名字	双龙瀑		基本类型	水域景观	代号	
旅游资源单体评价						
评价项目	评价因子		评价结果			得分
资源要素价值（85分）	观赏游憩使用价值（30分）		飞瀑分两段急流而下，如两条追逐嬉戏的龙。具有极高的观赏价值、游憩价值、使用价值			29
	历史文化科学艺术价值（25分）		景观艺术价值具有省级意义			12
	珍稀奇特程度（15分）		景观比较突出，但在其他地区属较少见			8
	规模、丰度与概率（10分）		单体规模、体量较大，与其他单体组合很和谐			7
	完整性（5分）		形态与结构保持完整			5
资源影响力（15分）	知名度和影响力（10分）		在本省内有一定影响力			4
	适游期或使用范围（5分）		适合游览天数每年超过 300 天，且适合所有游客使用和参与			5
附加值	环境保护与环境安全		环境保护与安全到位			5
照片						
总分						75

150

单体名字	陈氏宗祠	基本类型	建筑与设施	位置

旅游资源单体评价

评价项目	评价因子	评价结果	得分
资源要素价值（85分）	观赏游憩使用价值（30分）	具有极高观赏价值、游憩价值和使用价值。	22
	历史文化科学艺术价值（25分）	景观艺术价值和文化价值具有省级意义	10
	珍稀奇特程度（15分）	景观突出，在其他地区属少见	4
	规模、丰度与概率（10分）	单体规模、体量较大，与其他单体组合很和谐	7
	完整性（5分）	形态与结构保持完整	5
资源影响力（15分）	知名度和影响力（10分）	在本地区有一定影响力	2
	适游期或使用范围（5分）	适合游览天数每年超过300天，且适合所有游客使用和参与	5
附加值	环境保护与环境安全	环境保护与安全到位	5
照片			
总分			60

单体名字	五彩潭		基本类型	水域景观	代号	
旅游资源单体评价						
评价项目	评价因子		评价结果			得分
资源要素价值（85分）	观赏游憩使用价值（30分）		长度约150米，四周岩壁色彩斑斓，南端与玉珠瀑和龙井潭相连。具有很高观赏价值、游憩价值和使用价值			21
	历史文化科学艺术价值（25分）		景观艺术价值具有地区意义			5
	珍稀奇特程度（15分）		景观比较突出，但在其他地区属较多见			3
	规模、丰度与概率（10分）		单体规模、体量较大，与其他单体组合很和谐			7
	完整性（5分）		形态与结构保持完整			5
资源影响力（15分）	知名度和影响力（10分）		在本地区有一定影响力			2
	适游期或使用范围（5分）		适合游览天数每年超过300天，且适合所有游客使用和参与			5
附加值	环境保护与环境安全		环境保护与安全到位			5
照片						
总分						53

续表

单体名字	龙爪石	基本类型	水域景观	代号	

旅游资源单体评价

评价项目	评价因子	评价结果	得分
资源要素价值（85分）	观赏游憩使用价值（30分）	石头形似龙爪，具有较高观赏价值、游憩价值和使用价值	12
	历史文化科学艺术价值（25分）	景观艺术价值具有地区意义	5
	珍稀奇特程度（15分）	景观比较突出，但在其他地区属较多见	3
	规模、丰度与概率（10分）	单体规模、体量中等，与其他单体组合和谐	4
	完整性（5分）	形态与结构保持完整	5
资源影响力（15分）	知名度和影响力（10分）	在本地区有一定影响力	2
	适游期或使用范围（5分）	适合游览天数每年超过300天，且适合所有游客使用和参与	5
附加值	环境保护与环境安全	环境保护与安全到位	5
照片			
总分			41

注：评价依据及赋值参照旅游资源评价赋分标准。

旅游资源分级评价结果表 表 5-4

级别	旅游资源类型		数量
	自然旅游资源	人文旅游资源	
四级	双龙瀑、鹅冠峰、双驼下山		3
三级	五叠瀑、红军洞、爱心潭、石门坎（潭）、古福建柏、飞玉瀑、金叶潭、百丈岩、三叠瀑、鹅冠崖	陈氏宗祠	11
二级	五彩潭、游子思乡、翠云峰、拴龙峰、龙鼻潭、龙首潭、仙浴潭、黄碟潭、飞龙瀑、黑熊护幼、金鸡下蛋、葫芦潭、金龟望月、金蟾戏水、卧龙潭、天鹅照镜、玉珠瀑、龙井潭、龟蛇相会、群龙吸水、双龙戏珠、玉门关、天人造磨、连心潭、海狮兽、月牙湾、浴牛潭、白蝶瀑、长青潭、神仙洞、莲花石、鎏金壁、七层塔、人参瀑、石门潭、神仙桥、听瀑崖、一线瀑、苍龙起舞、寿桃石		40
一级	龙爪石（潭）、麒麟潭、鸳鸯瀑、上朝潭、浅水湾、试剑石、蟹爪石、白豚出游、翔鱼潭、金龟回眸、玉石桩、朝里风水林、百年枫香、元宝潭、点将台、跳鱼穴、堵坪夫妻树、水帘瀑、浣纱湾、碧波潭、堵坪风水林、弥勒潭、卧龙潭、仙龙潭、斧劈石、叮叮潭		26
合计	79	1	80

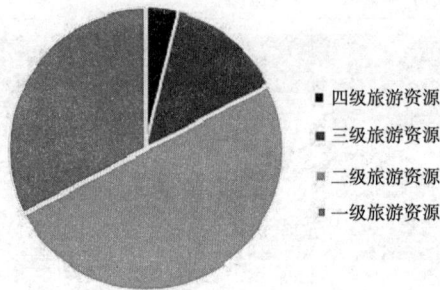

图 5-1 旅游资源分级评价示意图

三、旅游资源综合评价

棕树山旅游景区山水形胜以峡谷溪涧景观为特色；旅游资源类型多样，资源品位较高，旅游资源分布相对集中，特色鲜明，旅游景区自然生态环境质量优良，具有较高的观赏、文化和科学价值。旅游景区自然生态环境质量优良，达到省级风景名胜区或国家 AAAA 级旅游景区资源价值（表 5-5）。

棕树山旅游景区景源综合评价表　　　　　　　　表 5-5

评价项目	权重（分）	主要旅游资源、生态环境、开发利用条件评述	评分值（分）
森林植被	10	森林植被保存完好，森林覆盖率高	9
山水形胜	10	融合峡谷景观、跌水、溪潭和溪石景观分布集中，峡谷沟壑纵横	8
珍稀动植物	10	蟒蛇、穿山甲；福建柏	7
历史文物古代建筑	10	红色文化	7
典型景观	10	芹山大峡谷、常绿阔叶林森林植被	7
气象、天象	5	日出、晚霞、云雾、冰雪景观	4
科考价值	5	峡谷山水和植物群落	5
风俗民情	5	陈氏宗祠	4
资源保护	5	资源保护完好，未受破坏	4
风物特产	5	笋竹产品	4
环境规模	5	中等规模	3
生态环境质量	5	生态环境优良，环境质量良好	5
开发利用条件	5	地理位置优越，环境优美，交通方便快捷	4
基础设施	5	游览设施较缺乏	3
经营管理与发展潜力	5	列入福安市重点招商引资项目，成立旅游开发公司，建设有保障；经营管理处于起步阶段，发展潜力大	4
总计	100	91～100 世界遗产 81～90 国家级风景名胜区 71～80 省级风景名胜区 61～70 市（县）级风景名胜区	78

第六章 旅游景区资源保护与利用建议

通过旅游资源调查分析与评价，对棕树山旅游景区资源保护与利用提出以下建议：

一、关于景区发展规划定位

棕树山旅游景区功能定位：以保护国家自然文化遗产资源、传承历史文脉、进行科学普及和爱国主义教育、带动城阳镇乃至福安市经济发展为核心功能。

景区旅游发展定位：为社会公众提供游览观光、旅游度假、休闲养生、生态体验为旅游发展定位。近期以一日游为主，远期以两日游为主。规划建议充分利用棕树山和堵坪村、堵坪坑村周边用地，配套完善的旅游服务设施。

二、关于划定核心保护区，严格控制建设强度

本旅游景区面积较小，旅游资源极其生态环境十分脆弱和不可再生，因此划定景区核心保护区是必要的。核心保护范围（又称生态敏感区）：以朝里溪为中心，包括峡谷两侧各100米、坪康谷两侧各50米，以及双驼下山、鹅冠峰等区域划为核心保护区，核心保护区面积实占景区总面积的30%。

核心保护区内只允许建设必要的游览步行道、安全防护设施和有关基础设施，严格控制建设强度；严禁建设与景区游览无关的设施，不得安排旅游接待床位，减少对环境的干扰影响。

三、关于优化外部道路交通，提高进入景区可达性

化蛟至棕树山车行道是进入旅游景区的主要道路，直接影响景区旅游发展。现有车行道长度 22 公里，路面宽 4.5 米，平均坡度 2.5%，但存在弯道多、拐弯半径小等问题。建议改线：利用现有屐山村沿茜洋溪至井头岩车行道路进行改造拓宽，后沿着茜洋溪东岸连接至荷洋村，总长度 17.5 公里，可缩短路程 4.5 公里。同时建议路面拓宽至 9.0 米，按照二级旅游公路标准设计。

四、关于服务设施建设

服务设施包括旅游服务设施和管理服务设施两部分；旅游服务设施主要由旅行、游览、饮食、住宿、购物、娱乐及文化设施组成；管理服务设施主要由管理办公，安全和医药卫生三类相关设施组成。

1. 游客中心建设

建议将游客中心设在棕树山村。游客中心主要为游人提供信息咨询，包含旅游景区概况、景区景点、游览线路、服务设施等；医疗救护是为游人突发疾病与突发事件救援服务。

2. 大型游览设施建设

景区内大型游览设施指索道、缆车、栈道（含玻璃栈道）等游览交通设施；大型文化、服务、与游乐设施；大型宾馆、酒店等。以上设施规划选址、建设应做专题可行性研究报告。游览设施建设应谨慎选址，必须避开地质灾害易发生地段，确保游人安全。

3. 实行封闭式建设管理

旅游景区开发建设期间，建议实行封闭式管理，严格禁止游人进入景区游览。

五、关于编制旅游景区规划

旅游景区规划包括总体规划和详细规划两个阶段。

总体规划是战略层面的发展构想与部署，应以生态文明理念为指导，综合考虑旅游资源、自然条件、生态环境、文化背景、居民人口等各项要素，统筹协调景区、居民、旅游三大系统，安排好资源保护、风景游赏、旅游发展、设施建设

和经济效益等各项规划内容，明确功能布局，建设要求。

详细规划是实施层面的具体安排和建设指导，针对景点、居民、旅游三大系统的内容，按照总体规划确定的功能布局、保护规定、建设要求，因地制宜落实保护措施、细化游赏展示、实施建设布局、明确建设指标，控制建设景观等。

一、规划总论

本次规划将棕树山景区（9平方公里）及其周边村落纳入建设范围，总面积约46平方公里。范围东起柏洋乡院边村，西至城阳镇合掌岭，南抵溪柄镇马墩村，北达城阳镇蛇会坑，其中属于福安市的地块约42.4平方公里，属于霞浦县的地块约3.6平方公里（图7-1）。

图7-1 项目规划范围图

本规划遵循生态保护、市场导向、精品打造、多规合一、产业融合、惠民富民六大原则，秉持以文化旅游为抓手、以美好生活为导向、以乡村振兴为目标，探索文化旅游驱动乡村连片振兴的"棕树山模式"和"福安路径"，为棕树山旅游区创建"福建省乡村振兴试验区"提供专业指导。

二、背景分析

国家实施"美丽中国""健康中国""乡村振兴"等战略，各级政府高度重视生态文明、特色小镇、美丽乡村建设，大力支持文化旅游业、休闲农业、健康服务业等产业发展，为本项目的开发提供了良好的政策环境。

项目地块周边片区经济较为发达，人口基数较大，人均可支配收入较高，交通条件日益改善，辐射范围不断扩大，为本项目的开发提供了重要的市场保障。区域旅游蓬勃发展，同时面临供给总量不足、结构性失衡等问题，为本项目提供了较大的市场空间和发展前景。

三、开放条件分析

项目地块生态环境良好，区位条件独特，自然生态景观与人文生态景观交相辉映，具备闽东原乡主要特征。在缺乏高等级旅游资源的前提下，只有顺应国家政策，结合市场需求，抓住当前我国向"全民休闲时代""优质旅游时代"跨越，以及福建省内优质乡村休闲、康养度假等类型产品缺失的机遇，创新性开发填补型旅游产品，才有可能在激烈的市场竞争中赢得市场，引领未来。

四、规划布局与项目设置

依据旅游空间结构发展理论，结合项目地的资源特征、村落分布、地形地貌、交通格局，并综合考虑游客需求特征及区域旅游发展趋势等，将本项目空间规划呈"一路、一带、七区、十大项目"的格局（图7-2、图7-3）。

（1）一路：原乡传统文化路（乡村旅游致富路）。

（2）一带：山水生态休闲带（生态旅游产业带）。

（3）七区：入口综合服务区、乡村文创集聚区、畲族文化体验区、山地养心度假区、极致乡居度假区、山水田园康养区、自然生态保育区。

（4）十大项目：有机农场、开心田园、畲族山寨、荷洋梯田、棕树山房、欢乐溪谷、院边秘境、黛凝禅苑、文创小镇、康养庄园。

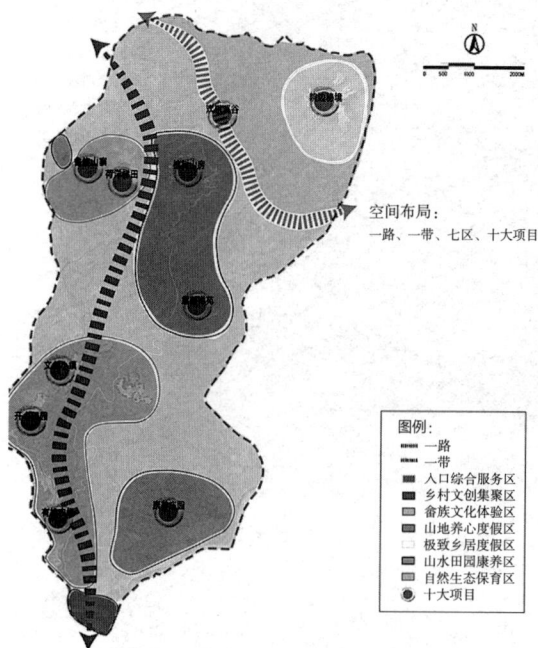

图 7-2　空间结构规划布局图　　**图 7-3　空间形态构想图**

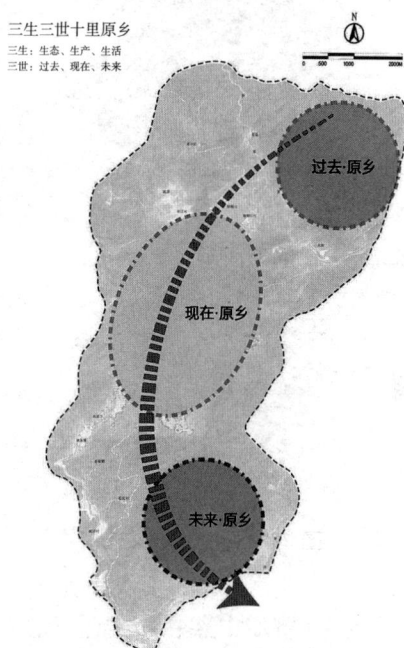

1. 原乡传统文化路线

主要依托旅游公路和乡村公路，将项目范围内的传统村落有机串联起来，形成一条闽东原乡的文化景观廊道，同时也是一条乡村旅游致富之路（图7-4）。

2. 山水生态休闲带

依托朝里溪良好的溪谷生态环境，打造一个集户外运动、生态游憩、主题游乐等功能于一体的溪谷生态休闲带，这也是一条生态旅游产业带，将是棕树山吸引大众游客的核心景区。

主要项目：堵坪驿站、欢乐溪谷（溪谷漂流、竹梦世界、魔幻山谷、探险森林、允坦驿站等项目）（图7-5）。

（1）溪谷漂流：依托朝里溪，通过上游筑坝蓄水，并对河道进行规划设计，于朝里至溪兜落差较大河道段开展皮划艇漂流活动，于溪兜至允坦河道较平缓河段开展竹筏缓漂项目。

（2）竹梦世界：拟选址于朝里村一带。打造国内首个集竹景观、竹艺术、竹生活等于一体的竹文化创意旅游体验区。

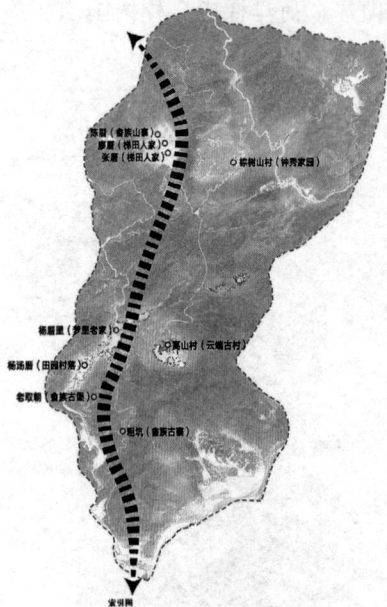

图 7-4 原乡传统文化路线

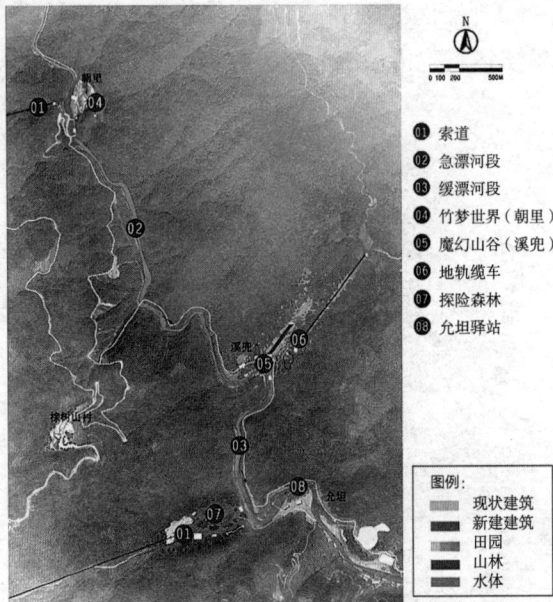

图 7-5 山水生态休闲带平面图

图例：
① 索道
② 急漂河段
③ 缓漂河段
④ 竹梦世界（朝里）
⑤ 魔幻山谷（溪兜）
⑥ 地轨缆车
⑦ 探险森林
⑧ 允坦驿站

图例：
现状建筑
新建建筑
田园
山林
水体

（3）魔幻山谷：拟选址于溪兜一带。以魔幻现实主义为设计理念，运用奇幻迤逦、荒诞不经的独特表现手法，打造一个神秘、魔幻的亲水休闲和山地游乐空间。

（4）探险森林：拟选址于长岭村东北部的溪谷地带。打造一个集户外探险、拓展训练、亲子游乐、极限运动、特色住宿等功能于一体的生态休闲营地。

（5）允坦驿站：拟选址于允坦村一带。利用该片区独特的区位优势和良好的生态环境，打造一个旅游集散、交通换乘、民宿度假、帐篷露营等功能于一体的乡村休闲驿站。

3. 入口综合服务区

拟选址马墩村北侧（南入口，主入口）及陈厝西北侧（北入口，次入口）。秉持生态、自然、集约的设计理念，在不占用、少占用基本农田的前提下，按国家 AAAAA 旅游景区标准规划建设棕树山旅游区的智慧型入口综合服务区，同时也是棕树山旅游区的第一形象区。

南门入口服务区主要项目：①生态停车场；②游客中心；③交通换乘站；④商业休闲街；⑤山哈酒店；⑥房车营地；⑦山水剧场（图 7-6、图 7-7）。

北门入口服务区主要项目：①生态停车场；②游客中心；③交通换乘站（图 7-8）。

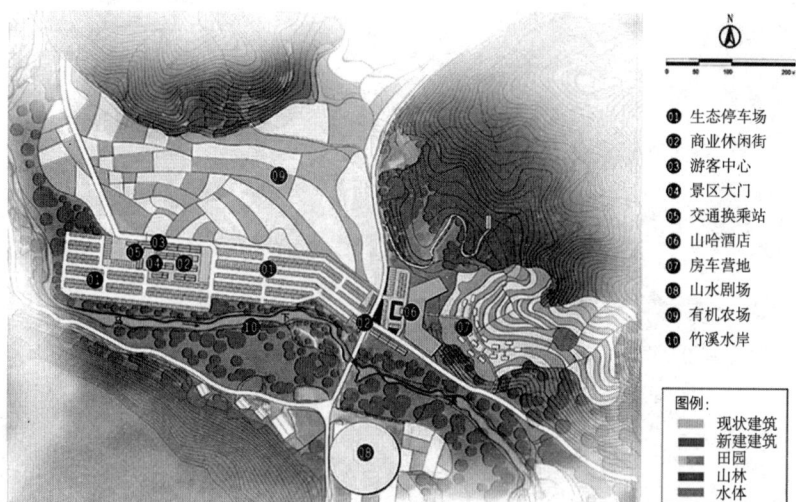

图 7-6　南门入口服务区方案一平面图

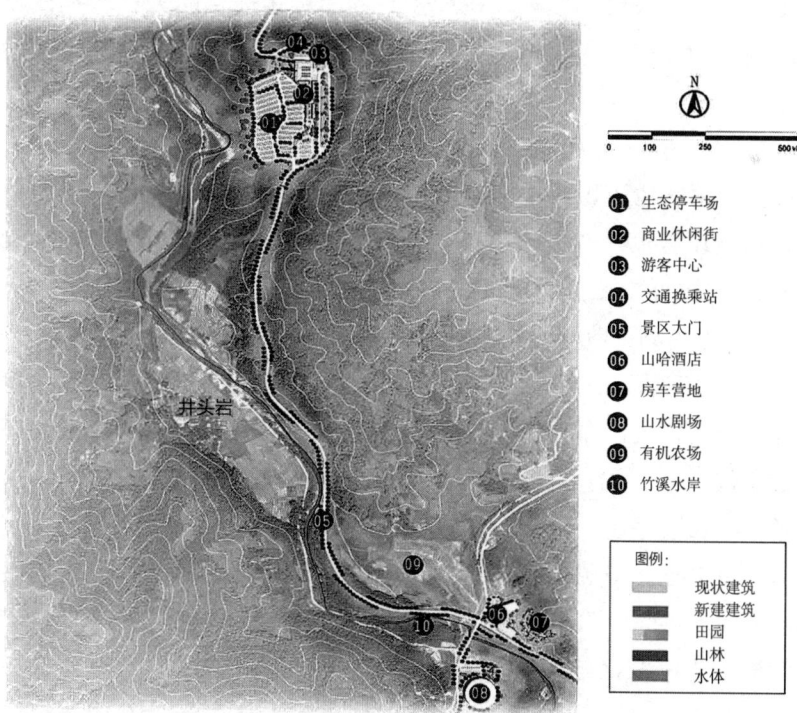

N

0　50　100　　　　200 m

01 生态停车场
02 商业休闲街
03 游客中心
04 景区大门
05 交通换乘站
06 山哈酒店
07 房车营地
08 山水剧场
09 有机农场
10 竹溪水岸

图例:
现状建筑
新建建筑
田园
山林
水体

井头岩

图 7-7　南门入口服务区方案二平面图

N

0　100　250　　　　500 m

01 生态停车场
02 商业休闲街
03 游客中心
04 交通换乘站
05 景区大门
06 山哈酒店
07 房车营地
08 山水剧场
09 有机农场
10 竹溪水岸

图例:
现状建筑
新建建筑
田园
山林
水体

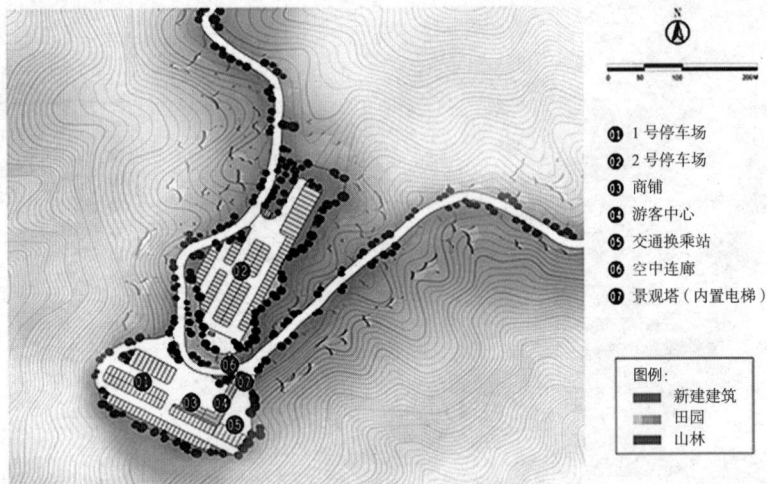

图 7-8　北门入口服务区平面图

方案一

优势：周边地块比较平坦、视线景观佳、可拓展空间大；服务设施较为集约，管网等基础设施投入较小；劣势：占用农地面积较大，约 35 亩（约 2 万平方米）。

方案二

优势：占用农地面积较小，约 10 亩（约 6667 平方米）；劣势：服务设施较为分散，基础设施投入较大；停车场和游客中心片区为丘陵地，约 90 亩（约 6 万平方米），周边可拓展空间有限。

（1）生态停车场：鉴于棕树山项目范围内适宜建设停车场的地块匮乏，此外为便于旅游区经营管理，建议在入口服务区修建大型生态停车场，其中南门服务区生态停车场提供大巴车位 30 个，小车位 750 个，北门入口服务区生态停车场提供大巴车位 15 个，小车位 150 个。社会车辆原则上统一在此停放，换乘景区环保观光车进入旅游区。

（2）游客中心：按照国家 AAAAA 级景区标准进行规划建设，提供旅游咨询、信息查询、票务订购、景区讲解、医疗服务、休闲购物等服务，配有特殊人群服务设施，设有 AAA 旅游厕所和"第三卫生间"。

（3）商业休闲街：位于南门入口服务区的商业休闲街为新中式闽东建筑风格。乡土建筑——炮楼为片区标志性景观。提供地方特色美食、农副产品和手工艺品销售等服务。店铺优先以较为优惠的价格出租给周边村民。打造村民创业就业基地，成为棕树山旅游精准扶贫工程之一。

（4）山哈酒店：位于南门入口服务区。这是一座以凤凰鸟为特色建筑造型，按四星级标准修建的畲族文化主题酒店，填补目前闽东，乃至国内畲族文化主题酒店的市场空白。以接待团队游客为主，配有大型多功能会议厅，提供畲家十大碗、畲药养生等特色服务。

（5）房车营地：位于南门入口服务区。依托着山哈酒店东面的茶山进行开发，层层叠叠，形成较佳的景观效果和观景效果，打造福建省内首个茶园主题房车营地。可作为山哈酒店的重要组成部分进行经营，将是兴华财富集团房车业务的旗舰店和品牌展示窗口。

（6）山水剧场：位于南门入口服务区。条件成熟，可依托山哈酒店附近的马下河段，现废弃造纸厂一带修建一座山水剧场，将真人表演与声光电、水秀、全息等技术结合，给游客献上一场精彩绝伦的视听盛宴——《梦绕闽东》。是游客全面了解闽东历史文化、民俗风情、畲族风韵的重要窗口，也将棕树山旅游区夜间重要休闲娱乐项目和拳头旅游产品。

4. 乡村文创集聚区

拟选址纸坪、杨汤厝、日山村、杨厝里一带。文创产业的注入，文化和艺术的入驻，是美丽乡村回归、建设、复活、传承的点睛之笔。这里通过借鉴台湾乡村文创发展成功经验，采取"共建、共创、共享、共生、共好"的发展模式，凝聚当地资源和社会文创力量，打造文创促进乡村振兴的福建典范。

主要项目：①有机农场；②开心田园；③文创小镇：④黛凝禅寺（图7-9）。

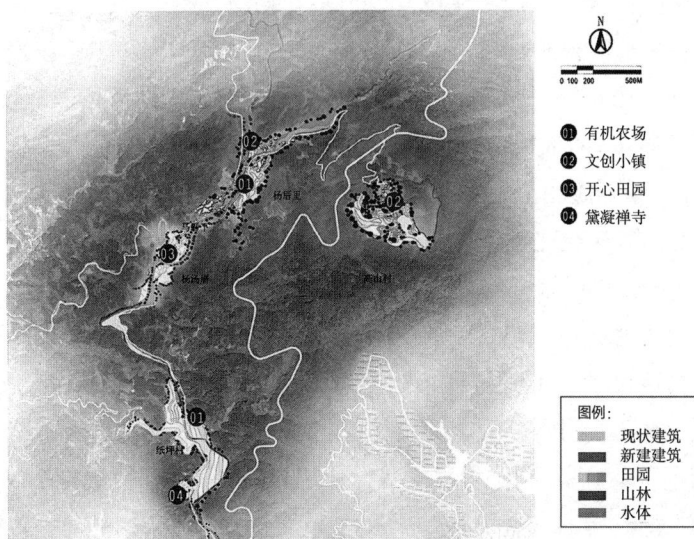

图7-9 乡村文创集聚区平面图

（1）有机农场：采取"企业＋基地＋农户"的发展模式，将项目地块范围内上规模的农地进行统一开发管理，引入台湾知名有机农业品牌进行合作，并赋予文创的力量，将棕树山的有机水稻、有机蔬菜、有机葡萄、有机茶、有机菌等有机农产品品牌做大、做强、做响、做亮。

（2）开心田园：以杨汤厝一带的民居和田园为依托，通过挖掘闽东农耕文化，并融入文创设计理念，为闽东及周边城市家庭打造一个回归田园、体验乡趣、重拾乡愁的亲子休闲空间。

（3）文创小镇：文创产业将是乡村振兴不可或缺的中坚力量。通过组建文创公司，并与福安的乡土企业和民间手工艺人合作，依托杨厝里、马厝下、高山村等村落构建闽东乡村文创发展空间，打造福建乡村文化创意、创业基地。开展与台湾文创机构的合作，打造闽台乡村文创合作基地。

（4）黛凝禅寺：借鉴福安龟龄寺的成功经验，将黛凝寺改造成一座"宁静自然，禅意悠悠"的养心寺院。配套设置抄经室、禅瑜伽室、讲经室、禅茶室等，为游客提供体验坐禅、抄经、禅瑜伽、讲经等禅修课程。同时还将配备禅味斋堂，为游客打造养生素食体验。居于禅寺之中，跟随师傅进行简单劳作，或打坐，或品茶，开启一场涤荡心灵的禅意之旅。

5. 畲族文化体验区

拟选址陈厝、荷洋梯田一带。乡村振兴，首先需要文化振兴，重拾文化自信。在城镇化、现代化、商业化的历史背景下，畲族很多传统文化正逐渐走向消亡，畲族文化的抢救性保护和建设性发展迫在眉睫。福安、宁德，作为全国最大的畲族人口聚集地，保护、传承和弘扬畲族文化，义不容辞。建议通过深入系统挖掘畲族文化，依托陈厝打造一个多维度、全时空、深体验的畲族文化旅游区，成为旅游振兴畲族文化的中国典范。

主要项目：①畲族山寨；②荷洋梯田；③马下峡谷（图7-10）。

（1）畲族山寨：选址于陈厝村，按照畲族传统村落的空间形态，结合旅游发展的需求进行规划布局。借鉴国际上先进的传统村落保护开发理念，建设中国第一家畲族活态博物馆。以"天天三月三"为主题，系统化、常态化演绎畲族文化，为游客打造可看、可听、可感知、可体验的畲族自然生态和人文生态空间，实现沉浸式、互动式的畲族文化深度体验，打造中国畲族文化旅游第一村。

（2）荷洋梯田：利用荷洋村委楼一带壮观的梯田景观，打造一个极具艺术情调的乡村休闲旅游区。同时通过挖掘荷洋的红色文化，打造一个爱国主义教育基地。

（3）马下峡谷：依托马下峡谷的峡谷地貌、生态景观等，近中期在充分尊重

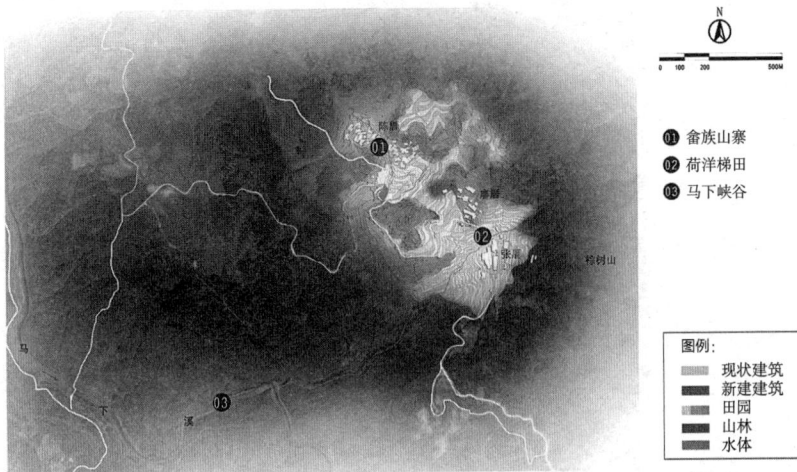

图 7-10　畲族文化体验区平面图

自然生态的条件下，打造一个针对专业户外运动爱好者的峡谷户外探险旅游区。开展溯溪、爬瀑、溪降、穿越等特色体验项目。远期可开发为面向大众游客的以"户外探索、峡谷探险、文化探秘"为主题的峡谷休闲游乐区。

6. 山地养心度假区

拟选址棕树山及笔架山一带。巍巍棕树山，钟灵毓秀，悠悠棕树山村，人杰地灵。通过挖掘棕树山村的历史文化、家族文化、乡贤文化、红色文化、贤孝文化等，并融入闽东名人文化、佛禅文化等，打造一个集名村探访、避暑度假、禅意栖居等功能于一体的山地养心度假区，构建棕树山旅游区的人文高地，精神家园。

主要项目：①陈家大院；②明月山舍；③黛凝禅苑（图 7-11）。

（1）陈家大院：结合旅游发展的需要，建议拆除棕树山村现有的 5 栋新建楼房，恢复陈家老宅及棕树山村的历史风貌，再现原乡意境。依托陈家老宅，开设乡村记忆馆和乡贤文化馆，展示陈氏家族史、红色革命史，陈茂春董事长的奋斗史、行善史，以及陈家的贤孝文化等。构建游客了解棕树山村人文历史的核心窗口。

（2）明月山舍：福安籍历史闽人——薛令之，字君珍，号明月先生，为开闽第一进士，是福安的一笔人文遗产和精神财富。这里为纪念薛令之，通过挖掘其隐逸文化，于棕树山上平缓地，按照"隐于山林、野奢自然"的设计风格，打造一家具有中国传统士大夫人文情怀的轻奢度假酒店。

（3）黛凝禅苑：佛教文化是闽东文化重要组成部分，闽东拥有很多历史悠久的寺庙，从这里也走出了众多高僧大德。但目前闽东的寺庙包括棕树山旅游区范围内的两座寺庙——黛凝禅寺和景福禅寺规模普遍较小。为弘扬闽东佛禅文化，

图例：
现状建筑
新建建筑
田园
山林
水体

① 陈家大院
② 明月山舍
③ 黛凝禅苑

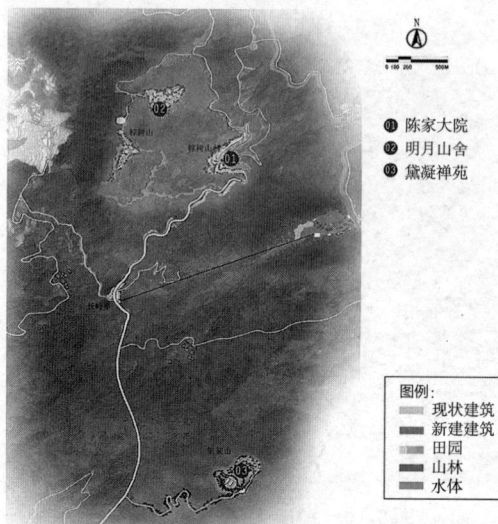

图 7-11　山地养心度假区平面图

建议在笔架山依山就势修建一座气势雄伟的唐风格寺庙，邀请高僧主持，开展佛教朝觐、禅修养生等活动。建议以黛凝禅寺上院的名义进行立项和报建。

7. 极致乡居度假区

拟选址院边村一带。位于霞浦、福安、柘荣三县（市）交界的院边村，拥有一千年的历史，是闽东保存较为完好的古村落，被列为福建省首批传统村落名录。古村风貌、田园肌理、森林景观交相辉映、相得益彰，具有较高的旅游开发价值。结合资源特点和市场需求，建议近期以自然生态和人文生态修复的保护性开发为主，条件成熟后开发成一个以极致乡居度假为特色的精品乡村旅游度假区。

主要项目：①院边秘境；②有机农场（图 7-12）。

院边秘境，利用院边这一保存较为完好的闽东古村落，在有效保护自然生态和人文生态的基础上，结合乡村振兴和旅游开发需要，将其打造成为一个极具艺术休闲气质的精品乡村旅游度假区，为身心疲惫的都市人构建一个心灵桃源。设有乡村记忆馆、浣溪书院、艺术部落、拍客基地、精品民宿群、乡奢度假酒店等。

8. 山水田园康养区

拟选址西洋里、潘洋村一带。自古以来，人类对健康美好生活的追求从未改变。条件成熟利用项目东南部的低山缓丘地块，依托山水田园资源，发挥该片区的地形优势、生态优势和交通优势，开发一个引领闽东人居典范的康养度假社区，构建一个可修身、养心和享老的理想家园，未来原乡。建筑以新中式院落为主，根据环境不同分山院、水院、田院、茶院等。

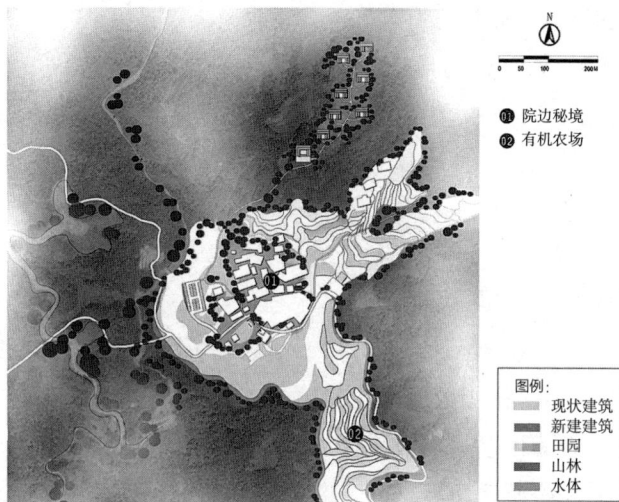

图 7-12　极致乡居度假区平面图

主要项目：①康养庄园；②有机农场（图 7-13）。

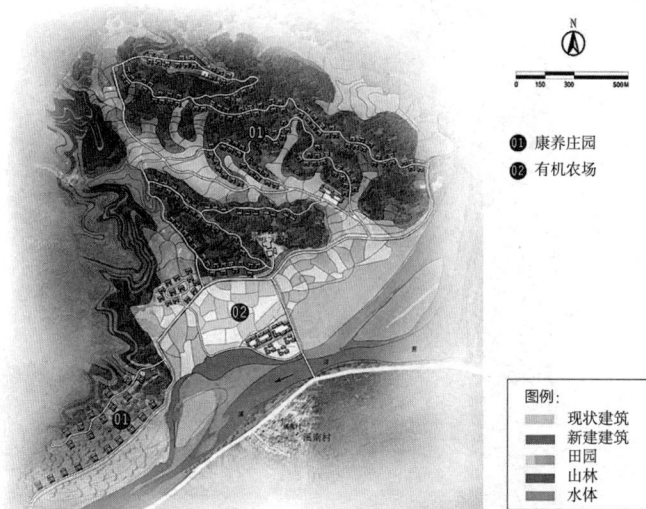

图 7-13　山水田园康养区平面图

　　康养庄园，依托西洋里、潘洋一带良好的生态环境，山水田园风光，为宁德及周边城市富裕阶层量身打造一个集养生养老、康复疗养、隐逸栖居等功能于一体的，且极具中国人文情怀和西方品质生活的山水田园度假区，一座"让生活赞美生命"的康养小镇。

9. 自然生态保育区

除了以上功能片区，棕树山旅游区范围内其余地块均规划为自然生态保育区，对该片区实施生态保育、生态修复措施。为棕树山乡村振兴、旅游开发提供重要的生态保障，是棕树山生态文明建设的重点工程，也是"美丽中国"建设的宁德践行。

10. 十大重点项目

（1）有机农场

拟选址马墩、井头岩、纸坪、西洋里、潘洋、坑口一带。通过"企业＋基地＋农户"的发展模式，将棕树山旅游区范围内的农地进行规模化生产，一方面避免农地的荒废，另一方面可通过规模化种植，规范化管理，精准化营销提高农民收入，同时这是棕树山旅游健康食材的重要来源，优质生活的坚实保障。建议引入台湾知名有机农业品牌进行合作。

项目设置：有机果园、有机茶园、有机菜园、有机稻田、有机超市（图7-14）。

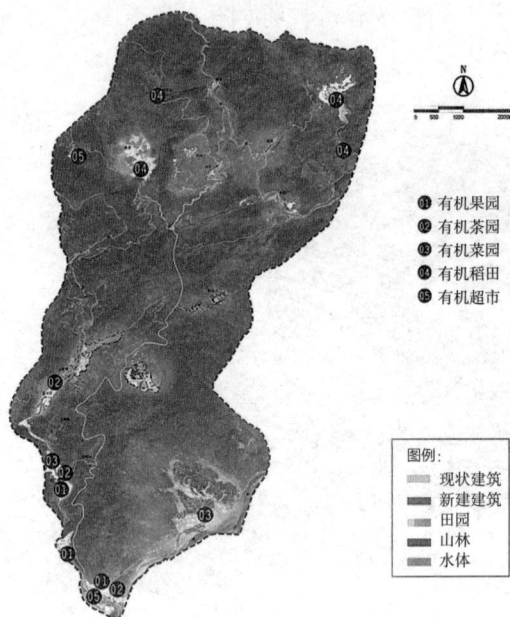

01 有机果园
02 有机茶园
03 有机菜园
04 有机稻田
05 有机超市

图例：
现状建筑
新建建筑
田园
山林
水体

图 7-14　有机农场规划平面图

（2）开心田园

拟选址杨汤厝一带。依托杨汤厝一带的民居和田园为依托，通过挖掘闽东农耕文化，并融入文创设计理念，为城市家庭打造一个回归田园、体验乡趣、重拾乡愁的亲子休闲空间。

项目设置：外婆菜地、外公茶园、蜜沉沉酒坊、线面坊、乡食坊、农具乐园、乡村学堂等（图7-15）。

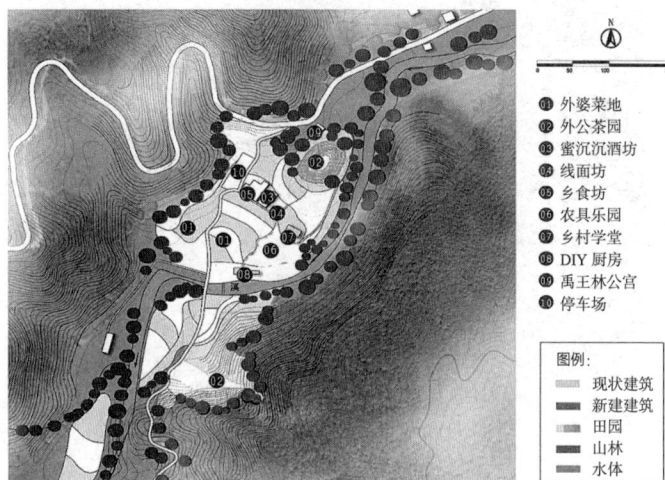

图 7-15　开心田园规划平面图

（3）畲族山寨

拟选址荷洋陈厝村一带。福建在畲族文化保护和旅游开发方面仍有待改善，建议借鉴国际上先进的传统村落保护开发理念，结合旅游开发，建设中国第一家畲族活态博物馆，中国畲族文化旅游第一村。以"天天三月三"为主题，系统化、常态化演绎畲族文化，为游客打造可看、可听、可感知、可体验的畲族自然生态和人文生态空间，实现沉浸式、互动式的畲族文化深度体验。

项目设置：廊桥、畲家祖庙、山哈百工、梯田民俗舞台、畲宿（畲族风情民宿）、畲医药养生馆、中华畲药园等（图7-16、图7-17）。

（4）荷洋梯田

拟选址荷洋廖厝、张厝、东山村一带。利用荷洋村委一带壮观的梯田景观，打造一个极具艺术情调的乡村休闲旅游区，成为畲族山寨的有机补充部分。

项目设置：梯田景观、主题民宿群、稻田餐厅、红色记忆馆、"习近平在闽东"文化馆、畲乡就业扶贫培训基地等（图7-18）。

（5）棕树山房

拟选址棕树山及棕树山村一带。通过挖掘棕树山村的历史文化、家族文化、乡贤文化、贤孝文化、红色文化等，并融入闽东名人文化，打造一个集名村探访、避暑度假等功能于一体的山地休闲度假区，构建棕树山旅游区的人文高地。

图 7-16 畲族山寨规划平面图

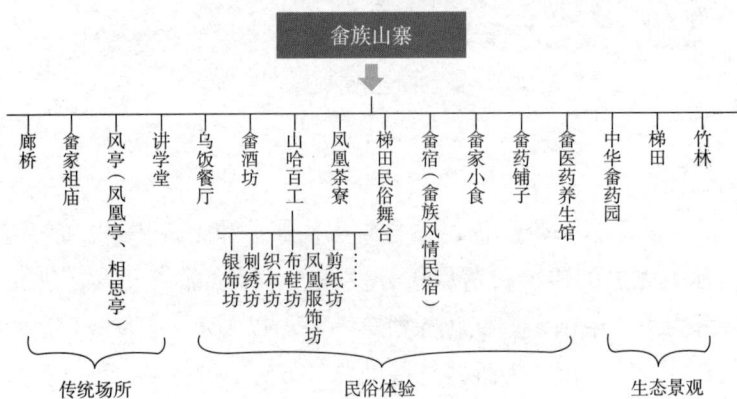

图例：
- 廊桥
- 乌饭餐厅
- 旅游服务点
- 梯田民俗舞台
- 凤凰亭
- 畲宿（畲族风情民宿）
- 山哈百工
- 特色小食
- 畲药铺子
- 畲酒坊
- 凤凰茶寮
- 畲医药养生馆
- 畲家祖庙
- 中华畲药园
- 相思亭

图例：
- 现状建筑
- 新建建筑
- 田园
- 山林
- 水体

图 7-17 畲族山寨项目设置

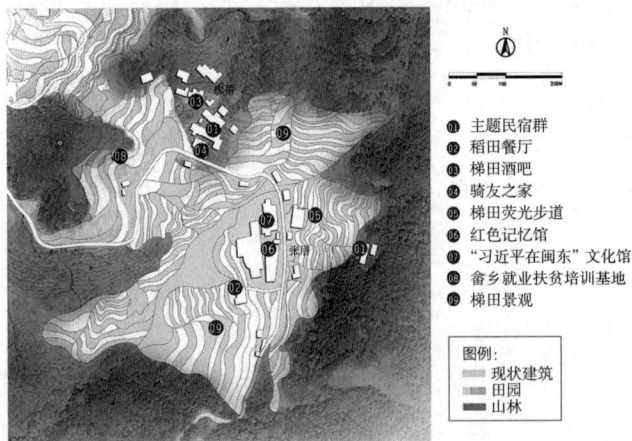

图 7-18 荷洋梯田规划平面图

图例：
- 主题民宿群
- 稻田餐厅
- 梯田酒吧
- 骑友之家
- 梯田荧光步道
- 红色记忆馆
- "习近平在闽东"文化馆
- 畲乡就业扶贫培训基地
- 梯田景观

图例：
- 现状建筑
- 田园
- 山林

项目设置：陈家大院（含陈家祖屋、阿妈厨房、阿爸茶舍、颖川山居、"艰苦岁月"主题雕塑群等）、明月山舍（图7-19）。

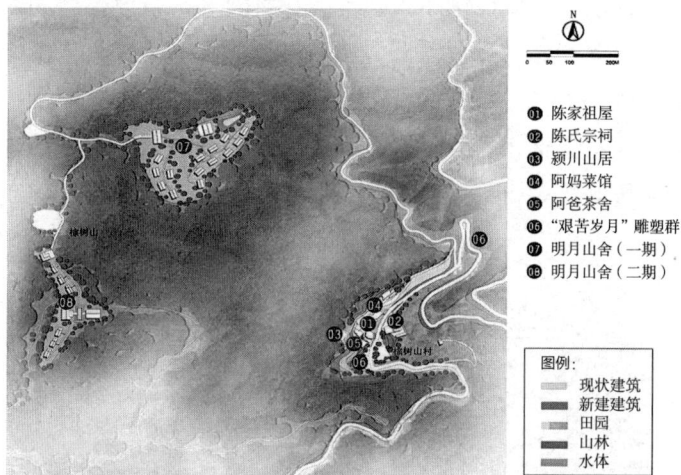

图 7-19　棕树山房规划平面图

（6）欢乐溪谷

拟选址朝里溪流域。依托朝里流域溪良好的生态环境，结合市场需求，打造一系列创新型生态休闲、主题游乐和户外运动产品，以"奇"和"特"引爆市场。这也将是棕树山吸引大众游客的核心景区。

项目设置：溪谷漂流、竹梦世界、魔幻山谷、地轨缆车、探险森林、允坦驿站等（图7-20）。

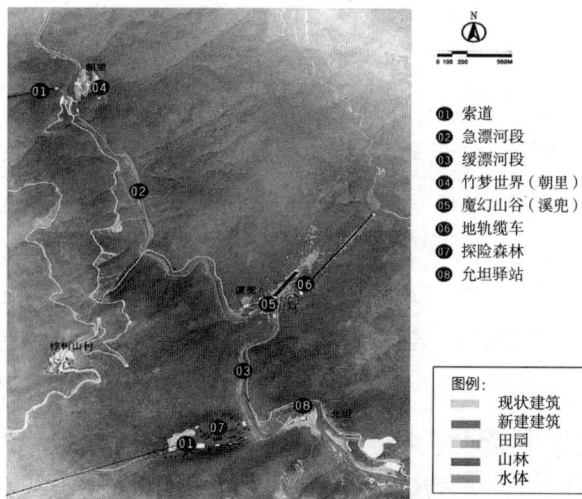

图 7-20　欢乐溪谷规划平面图

（7）院边秘境

拟选址院边村一带。院边村拥有上千年历史，是一座时光边缘的闽东老家。规划依托这一保存较为完好的闽东古村落，在有效保护自然生态和人文生态的基础上，结合乡村振兴和旅游开发需要，将其打造成为一个极具艺术休闲气质的精品乡村旅游度假区，为身心疲惫的都市人构建一个心灵桃源。

项目设置：乡村记忆馆、民俗广场、浣溪书院、艺术部落、拍客基地、精品民宿群、乡奢度假酒店等（图7-21）。

图例：
- ❶ 民俗广场
- ❷ 艺术部落
- ❸ 乡村记忆馆
- ❹ 浣溪书院
- ❺ 乡村医馆
- ❻ 精品民宿群
- ❼ 乡奢度假酒店
- ❽ 拍客基地
- ❾ 景观梯田
- ❿ 生态停车场

图例：
- 现状建筑
- 新建建筑
- 田园
- 山林
- 水体

图 7-21　院边秘境规划平面图

（8）黛凝禅苑

拟选址笔架山。佛教文化是闽东文化重要组成部分，从这里也走出了众多高僧大德。为弘扬闽东佛禅文化，提供禅意生活，建议在笔架山依山就势修建一座气势雄伟的唐风格寺庙，开展佛教朝觐、禅修养生、佛禅文化交流等活动。

项目设置：黛凝禅苑、万佛塔林、禅修中心、禅意酒店等（图7-22）。

（9）文创小镇

拟选址杨厝里、马厝下、高山村一带。文创产业，就是用文化创意赋能于传统产业，让其创造新的价值，迸发新的生命力。文创产业将是乡村振兴不可或缺的中坚力量。福安拥有丰富的乡村文创题材和良好的文创基础。可通过组建文创公司，与福安的乡土企业和民间手工艺人合作，打造福建乡村文化创意、创业基地。通过与台湾文创机构开展合作，打造闽台乡村文创合作基地。

项目设置：文创聚落、艺象公社、创意市集、听泉书吧、油纸伞主题餐厅、

高山云舍、国际志愿者村等（图7-23）。

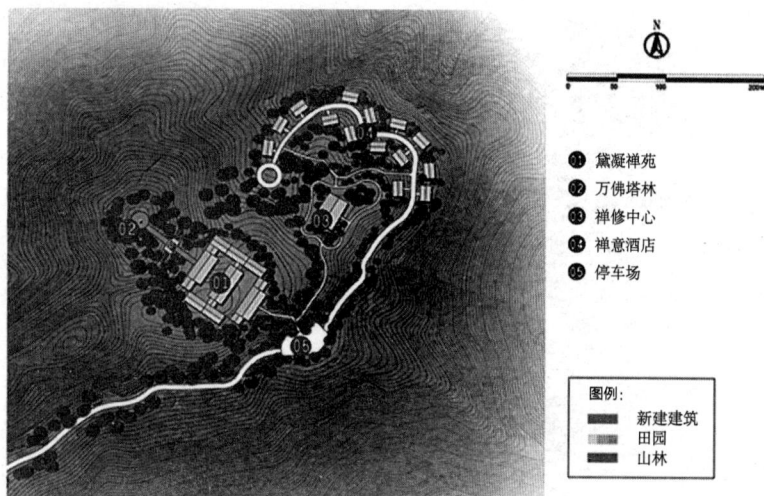

图例：
- 新建建筑
- 田园
- 山林

① 黛凝禅苑
② 万佛塔林
③ 禅修中心
④ 禅意酒店
⑤ 停车场

图 7-22　黛凝禅苑规划平面图

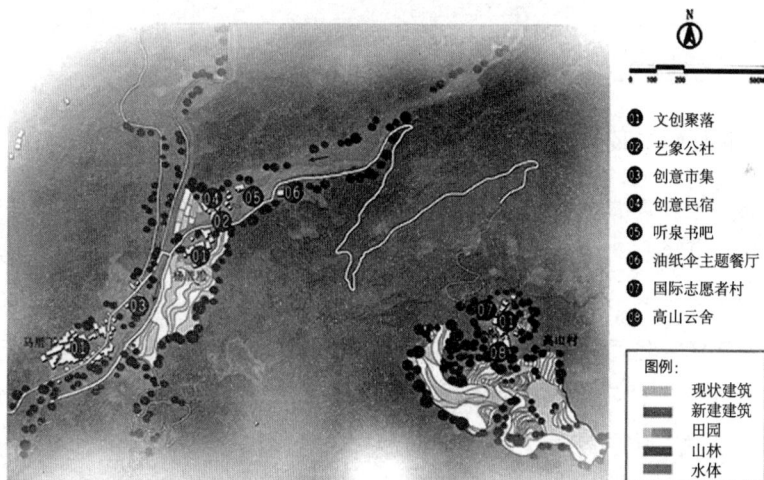

① 文创聚落
② 艺象公社
③ 创意市集
④ 创意民宿
⑤ 听泉书吧
⑥ 油纸伞主题餐厅
⑦ 国际志愿者村
⑧ 高山云舍

图例：
- 现状建筑
- 新建建筑
- 田园
- 山林
- 水体

图 7-23　文创小镇规划平面图

（10）康养庄园

拟选址西洋里、潘洋一带。依托西洋里、潘洋一带良好的生态环境，纯美的山水田园风光，为宁德及周边城市富裕阶层量身打造一个集养生养老、康复疗养、隐逸栖居等功能于一体的田园综合体，一座"让生活赞美生命"的康养小镇。成为引领闽东美好生活的人居典范。

项目设置：国际健康管理中心、国医养生堂、灵谷草堂、茶香原舍、归园田居、栖云小院、滨水休闲街等（图7-24）。

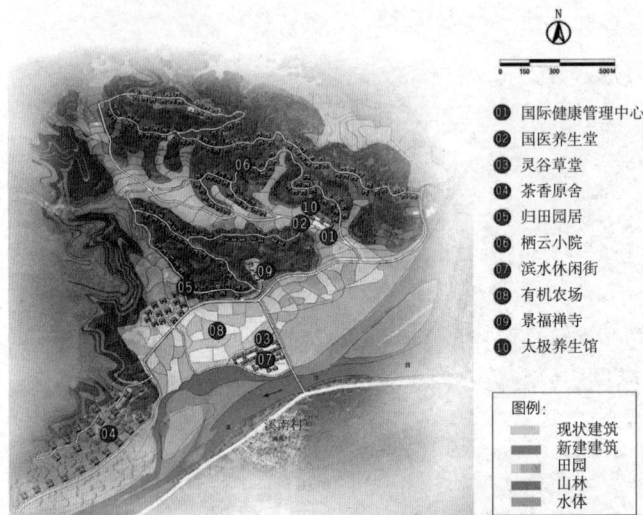

图 7-24 康养庄园规划平面图

五、产品规划与游线设计

（一）旅游产品体系

围绕着"闽东原乡美好生活体验地"的主题定位，深入挖掘闽东原乡元素，将其与休闲、美食、美居、乐购、商务、养生、研学、探奇、避暑等元素结合，打造棕树山十大原乡旅游产品系列。

1. 原乡文化体验产品系列

通过深入挖掘棕树山旅游区范围内的村落历史文化、农耕文化、民俗文化、畲族文化、宗教文化、红色文化等，整合特色乡土文化资源，让游客深刻体验闽东原乡文化的魅力。

代表项目：畲族山寨、陈家大院、荷洋梯田、院边秘境、康养小镇、开心田园等。

2. 原乡山水休闲产品系列

鉴于项目范围内自然类旅游资源等级较低，开发传统大众观光型旅游产品的价值不高。须结合市场需求，在有效保护生态环境的前提下，开发一系列创新型休闲产品，以特色引领市场。

代表项目：欢乐溪谷（含溪谷漂流、竹梦世界、魔幻山谷、探险森林等）、马下峡谷、荷洋梯田等。

3. 原乡美居度假产品系列

一方面利用闲置的民居改造开发一系列特色民宿，另一方面根据市场需求开发一系列主题酒店、精品酒店、特色酒店等，满足不同消费群体多样化、个性化的需求。

代表项目：畲族山寨之畲宿（畲族主题民宿）、荷洋梯田之特色民宿群、允坦驿站之精品民宿、文创小镇之高山云舍、探险森林之树屋世界、院边秘境之乡奢度假酒店等。

4. 原乡康养度假产品系列

利用项目地块良好的生态环境和纯美的田园风光为宁德及周边城市富裕阶层，以及福安籍乡贤定制式打造一系列康养度假产品，构建闽东康养度假的高地。

代表项目：明月山舍、禅修中心、禅意酒店、康养庄园等。

5. 原乡美食休闲产品系列

福安拥有丰富多样的美食，特色菜肴有穆阳烤肉、瓜溪炖鹅、绿竹土鲍汤、清炒麦螺、红焖黄花鱼、百里飘香鸭等。风味小吃有穆阳线面、穆阳扁肉、福安拌面、光饼、肉糕、甜糟焯蛋、大肠粉扣、七层糕、畲族糍粑、乌米饭等。这里通过对福安美食的梳理，开设一系列餐饮服务设施，演绎"舌尖上的福安"，满足游客的美妙味蕾之旅。

代表项目：入口服务片区之农家餐馆、山哈酒店之"畲家十大碗"、畲族山寨之乌饭餐厅、陈家大院之阿妈厨房、文创小镇之油纸伞主题餐厅、魔幻山谷之魔幻餐厅、探险森林的猛兽主题餐厅等。

6. 原乡文创乐购产品系列

福安拥有丰富的乡村文创题材和良好的文创基础。包括以蜜沉沉酒、畲家酿、穆阳线面、穆阳烤肉、茶、水蜜桃、葡萄等为代表的地方特产，以及油纸伞、油扇、竹编、刺绣、银雕、木刻等为代表的地方民间手工艺等。通过系列文创产品的开发，成为旅游购物的重要产品。

代表项目：畲族山寨之山哈百工、文创小镇之文创市集、竹梦世界之竹艺坊、入口服务区之有机超市等。

7. 原乡礼佛参禅产品系列

棕树山旅游区范围内目前保存有两座寺庙——黛凝禅寺和景福禅寺，规模均不大，影响力均不高，信众基本为周边居民。为弘扬闽东佛教文化，提供禅意生活空间，在国家政策允许的前提下，于笔架山顶修建一座大寺庙，塑有大佛，驻有高僧，打造闽东佛禅胜地。

代表项目：黛凝禅寺、景福禅寺、黛凝禅苑。

8. 原乡研学旅行产品系列

中小学生研学旅行，目前已纳入国家中小学教育教学计划，具有较大的市场发展空间。可利用棕树山旅游区独特的乡土文化、乡贤文化、红色文化、畲族文化、文创基地等，并整合周边的柏柱洋、百卉园等特色资源，打造福建省中小学生研学旅行基地。

代表项目：开心田园、畲族山寨、荷洋梯田、陈家大院、竹梦世界、探险森林、院边秘境、康养小镇等。

9. 原乡会务休闲产品系列

随着三都澳经济区建设的不断推进，大型企业不断进驻，闽东会务休闲市场需求日益壮大。此外，随着交通条件的日益改善，以闽东为会务休闲目的地的潜在市场也在不断扩大。可依托棕树山优质的旅游产品，配套完善的会务休闲设施，将会务休闲市场做大做强。

代表项目：山哈酒店、明月山舍、畲族山寨、欢乐溪谷、院边秘境、文创小镇等。

10. 原乡避暑休闲产品系列

闽东地区夏季的温度较高，城市中少风闷热。可利用棕树山旅游区海拔较高，温度相对较低，自然风清凉的气候特点开发避暑休闲度假产品，打造闽东避暑休闲胜地。

代表项目：明月山舍、欢乐溪谷、荷洋梯田、高山云舍等。

此外，还设置有原乡探秘猎奇、原乡商务休闲、原乡娱乐休闲等系列产品，满足市场多样化需求。

（二）旅游线路设计

1. 内部游线设计

（1）原乡精华游线（一日游）

线路一：南门—荷洋梯田—畲族山寨—陈家大院—竹梦世界（朝里）—魔幻山谷（溪兜）—院边秘境

线路二：北门—畲族山寨—荷洋梯田—陈家大院—竹梦世界（朝里）—魔幻山谷（溪兜）—院边秘境

（2）原乡深度游线（两日游）

线路一：

第一天：南门—荷洋梯田—畲族山寨—陈家大院—黛凝禅苑（笔架山）—文创小镇—开心田园—入住山哈酒店

第二天：南门—堵坪坑索道—竹梦世界（朝里）—魔幻山谷（溪兜）—探险森林—院边秘境

线路二：

第一天：北门—畲族山寨—荷洋梯田—陈家大院—竹梦世界（朝里）—魔幻山谷（溪兜）—探险森林—入住树屋世界／允坦／院边／荷洋／畲族山寨／……

第二天：院边秘境—黛凝禅苑（笔架山）—文创小镇—开心田园

2. 区域游线设计

结合目标客源市场的消费特点，除了精心设计多条旅游区内部游线外，还需加强与周边特色及优势旅游区（点）合作，包括福安的白云山、溪塔、廉村、柏柱洋，霞浦的北岐、东壁；福鼎的太姥山、嵛山岛、赤溪村；柘荣的鸳鸯草场；屏南的白水洋等，设计多条富有吸引力的区域旅游线路，协力打造区域旅游共同体。

（1）福安两日游线

线路：棕树山—柏柱洋—楼下村—廉村—溪塔

（2）闽东两日游线

线路一：霞浦滩涂（东壁、北岐）—棕树山

线路二：太姥山—棕树山

线路三：白水洋—棕树山

（3）闽东三日游线

线路一：霞浦滩涂（东壁、北岐）—棕树山—白云山

线路二：太姥山—赤溪村—棕树山—白水洋

线路三：霞浦滩涂（东壁、北岐）—嵛山岛—棕树山

六、专项规划

（一）土地利用规划

根据项目地块现有用地规划，结合旅游发展需要，本着保护与利用相结合的原则，在不占、少占耕地和林地的基础上，合理配置旅游基础设施和服务设施用地，实现旅游区建设、生态建设与耕地、林地保护有机统一。按照国家标准《城市用地分类与规划建设用地标准》GB 50137—2011 进行土地利用规划（图7-25），用地平衡表如表 7-1 所示。

用地平衡表 表 7-1

用地分类	用地代码	面积（亩）	比例
R（居住用地）		1200	1.7%
B（商业服务设施用地）	B1	885	1.3%
	B3		
	B14		
A（公共管理与服务用地）	A5	115	0.2%
	A9		
S（道路与交通设施用地）		697	1.0%
E1（水域）		1368	2.0%
E2（农林用地）		63896	92.6%
H（城乡居民点建设用地）		861	1.2%
合计		69022	100%

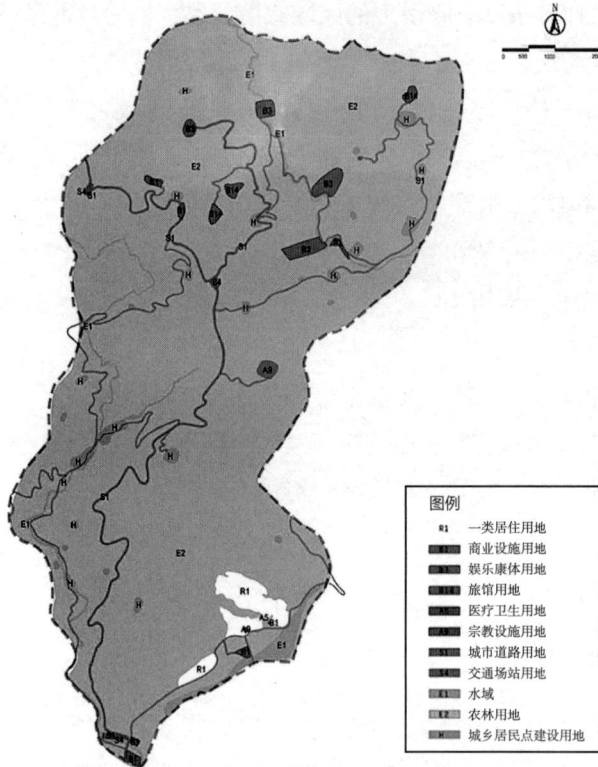

图 7-25 土地利用规划图

其中居住用地、商业服务设施用地、公共管理与服务用地、道路与交通设施用地等，与现行的土地利用规划不相符，为确保一个高品质旅游区的建设及可持

续性发展，建议在新一轮土地利用规划修编中，对棕树山旅游区的土地性质进行
相应调整，适度增加旅游开发用地。

（二）道路交通规划

1. 外部交通规划

（1）现状道路

目前棕树山旅游区外围交通公路主要有 G104、沈海高速、宁武高速等。

（2）规划道路

根据城阳镇道路交通规划，未来城阳镇环镇公路将整体拓宽至 6.5 米，成为
通往柘荣方向的主要公路。

此外，根据《福安市城市总体规划（2017-2030）》中心城区综合交通规划显
示，项目外围主要增加两条城市快速公路、一条高速公路（沈海高速公路复线）
和一条高速铁路（温福高铁），温福高铁站在项目附近设有溪北洋站（图 7-26）。

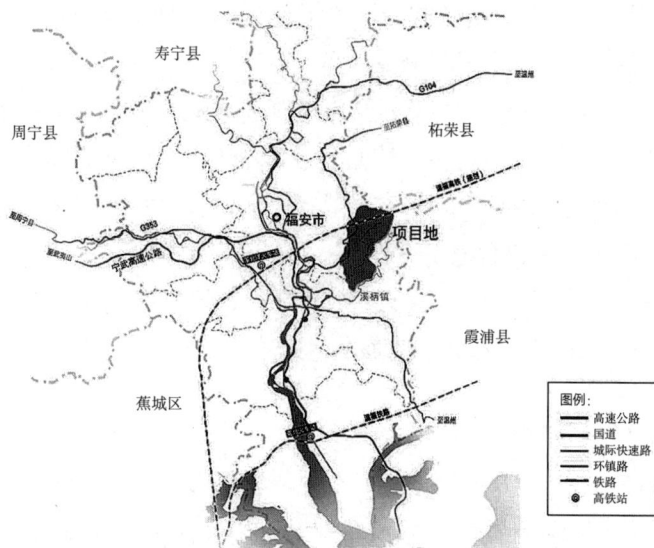

图 7-26　外部交通规划图

2. 内部交通规划

（1）现状道路

目前项目地块内的道路均为乡村公路，路面宽 3 ～ 4 米。长岭亭至棕树山村
的道路已拓宽为 7.5 米。

（2）交通规划

1）旅游主干道：路面宽 6.5 ～ 7.5 米，可满足旅游中巴双向通行。由马墩经

长岭亭至畲族山寨和堵坪坑，形成一个Y字形，承载起旅游区内部主要交通运输。

2）旅游次干道：路面宽5～6.5米，可满足中巴和电瓶车通行。一方面利用国家政策对现状乡村公路进行改造，另一方面根据旅游开发需要进行规划设计，连接主要景区景点和旅游主干道。

3）骑乘绿道：利用改造升级的乡村公路和旅游公路，开辟两条骑乘绿道。A线由文创小镇（杨厝里）经景区南门至院边；B线由畲族山寨经荷洋梯田至棕树山村和允坦驿站。其中A线将与福安市规划建设的沿茜洋溪自行车专用道有机对接。

4）游步道：路面宽2.0～2.5米。主要设置于各大旅游景区景点。欢乐溪谷片区主要为滨水栈道。其余片区主要以碎石铺设。

5）索道：设有两条，一条连接长岭亭和探险森林，长约1500米，另外一条连接堵坪坑和竹梦世界（朝里），长约850米。

6）地轨缆车：位于魔幻山谷（溪兜）和王仔头村（山顶）之间，成为快速连接欢乐溪谷片区和院边秘境片区的重要通道，长约650米。

7）交通换乘站：为了便于旅游区交通组织和管理，将在南门入口、北面入口和长岭亭分布设有一个交通换乘站。

8）交通停靠点：旅游区内部主要通过观光电瓶车和巴士将游客运送到各大景区景点，将在这些主要景区景点附近设置电瓶车和巴士停靠点。

9）生态停车场：主要设有1个大型停车场和3个中小型停车场。其中南门入口生态停车场提供大巴停车位30个，小车停车位750个；北门入口生态停车场提供大巴停车位15个，小车停车位150个；长岭亭提供大巴停车位20个，中巴和电瓶车停车位50个；院边停车场有小车位70个。

（三）服务设施规划

1. 餐饮设施规划

餐饮设施规模应结合旅游区开发步骤及市场发育程度而进行相应设置，其空间布局应充分结合游览线路设计和排污设施规划等进行科学规划。餐饮服务设施主要分布于南部入口片区（商业休闲街和山哈酒店）、畲族山寨、棕树山房、文创小镇、开心田园、院边秘境等。共计提供餐位1500个，其中山哈酒店500个，商业休闲街300个，畲族山寨150个，院边秘境200个，文创小镇100个。

此外，鼓励和引导旅游区范围内及周边村庄有条件的村民开发农家餐馆。对旅游区内餐饮服务点，必须制定严格的卫生标准、规范餐饮服务、提高就餐环境质量、提高从业人员服务水平、防止欺客宰客现象的发生。

2. 住宿设施规划

根据目标客源群体的消费偏好、消费水平等，提供多样化、个性化的住宿服务设施。包括针对大众旅行团、家庭游客的山哈酒店；针对文艺青年、小资群体的特色民宿、房车酒店等；针对中高端群体的明月山舍、禅意酒店和乡奢度假酒店等。共计提供客房 1200 间，床位 2000 个。其中山哈酒店（含房车营地）客房 400 间，明月山舍客房 80 间，禅意酒店客房 30 间，乡奢度假酒店客房 50 间。民宿、客栈、家庭旅馆共提供客房 300 间。制定民宿、客栈和家庭旅馆的星级评定标准，进行规范化管理。

3. 购物设施规划

根据旅游线路，结合各片区项目特色和功能特征，提供特色化购物设施和差异化旅游商品。在入口服务片区主要销售土特产、有机食品，在文创小镇主要出售各种文创产品，在畲族山寨主要销售各种畲族手工艺品、畲家酒、乌饭等，在竹梦世界主要销售各种竹创意产品。

4. 游客中心规划

于旅游区南门和北门入口服务片区分别设有一座游客中心，按国家 AAAAA 级旅游景区标准进行规划设计，为新中式闽东风格建筑。此外，在畲族山寨、院边秘境、允坦驿站、康养小镇等重点项目和片区均设有游客服务点，提供相关专业服务。

5. 医护设施规划

建立紧急救援机制，设立突发事件处理预案。在南门和北门游客中心，以及院边秘境、探险森林等游客服务点设立医务室，并配备急救医疗设施及相关药品，以保证游客突发疾病或意外受伤能够第一时间得到及时的救治、处理，并定期对医务人员进行培训。

位于康养庄园的社康中心也对游客开放，为棕树山旅游区医疗救护提供重要保障。

6. 环卫设施规划

（1）垃圾回收处理：项目地设分类垃圾箱。垃圾箱设置间距一般为 100 米，人流密集区如入口服务区、畲族山寨、欢乐溪谷、院边秘境、文创小镇等区域的垃圾箱，设置间距宜为 50 米。垃圾箱的外观造型应与该片区主题风格相匹配，且标示明显，与周围环境协调。重点旅游片区均设置垃圾集中处理回收站，由专人进行垃圾分类处理，集中运往市政统一的垃圾回收处理中心进行集中处理，做到日产日清。

（2）旅游厕所布置：旅游厕所参照《旅游厕所质量等级的划分与评定》中的AAA标准进行建设，以步行30分钟范围内有一个厕所为标准，厕位总量达旺季日均游客接待量的0.5%以上。男女蹲位按照2:3比例进行配置，在入口服务区、畲族山寨、欢乐溪谷、院边秘境等人流密集的区域设置第三卫生间。厕所设计应体现出高效节水、生态循环和智能控制等先进的理念及技术。

7. 标识系统规划

（1）外部导引标识系统规划：为加强项目地的导向性，在项目地外部的沈海高速、宁武高速、城市快速干道等设置标示鲜明、设计精美、特色突出的交通指引牌。

（2）内部导引标识系统规划：项目地内部规划设计四级导引标识系统。一级为全景导游图，分电子导游系统及图文类导游图两类，详细标明项目地内部主要功能版块、主要旅游路线和服务设施等；二级为分别设置于项目地各重点项目及主要道路交汇处的分区导游图，详细标明各功能版块内旅游点、主游步道及服务配套设施等；三级为各主游步道岔路口支路指示牌、景点导引牌、介绍牌等；四级为体验区内服务配套设施指示系统、各类警示系统。此外，项目地所有导引标识系统均为中、英两种语言系统。

（四）给水排水规划

1. 给水系统规划

（1）用水量预测

旅游区用水主要包括游客用水和居民用水两部分。其中游客用水中，过夜游客按0.5吨/天·人，非过夜游客按0.15吨/天·人计算。居民用水按0.5吨/天·人。2022年前日用水量为2000吨，2023～2027年日用水量预估为3000吨，2028～2035年日用水量预估为4500吨。

（2）给水方式

为保证给水工程安全可靠和经济合理，结合项目空间分布及周边水源资源情况，将采用分区、分点、多方式供水。

1）溪水：根据水源监测报告显示，朝里溪水质符合《地表水环境质量标准》GB 3838—2002 Ⅰ类水质标准。可通过在上游溪段修建小型水库，再通过管网输送至欢乐溪谷、棕树山房、畲族山寨和荷洋梯田等旅游片区。

2）井水：文创小镇、开心田园、黛凝禅苑和院边秘境片区，主要通过打井抽取地下水的方式实现供水。

3）市政供水：南门入口片区近期可通过打井方式实现供水，中远期将和康养庄园片区一同接入溪柄镇市政供水管网。

（3）管网规划

输配水干管沿道路或山涧布置，供水主干管采用 $D200$ 管，次干管采用 $D100$ 管，供给消防用水的配水管管径为 $DN150$。管网总体布置形式为树状网。

2.排水系统规划

（1）污水处理系统规划

根据项目空间布局情况，污水将采取分片区处理方式。将在入口片区、畲族山寨、荷洋梯田、康养小镇、开心田园、允坦驿站、院边秘境等片区分布设有一座小型污水处理站。污水处理站按 $200 \sim 1500$ 立方米 / 天的规模进行设计。中远期南门入口片区和康养庄园片区接入溪柄镇市政污水管网。此外，修建和完善村落排污系统，提高乡村生活品质和提升旅游区环境卫生条件。

（2）雨水处理方式

一方面根据规划区内道路的特征，沿旅游区公路及游步道旁设置雨水边沟，排入附近水体；另一方面引入"海绵技术"，充分进行雨水的回收利用，优化配置水资源。

（五）电力电信规划

1.电力系统规划

项目范围内各村庄均已配备有 35 千伏的变电站。在充分利用现有电力设施的同时，结合旅游发展需求，将在南部入口片区增设一座 110 千伏的变电站，满足该片区和康养庄园片区的用电需求。

项目地块及周边有水电站两座——马下水电站和陈家山水电站。可通过收购这些水电站以降低棕树山旅游区用电成本。

为了安全用电及避免线路给景观造成破坏，旅游区内部采用电缆地埋敷设的形势。

2.电信系统规划

目前旅游区范围内尚未实现电信网络的全覆盖。结合乡村振兴和旅游发展需求，将规划建设若干座移动通信基站，实现手机信号全覆盖。固定电话和有线电视采用光缆网。主要旅游片区和旅游服务设施实现免费 Wi-Fi、通信信号、视频监控全覆盖。

（六）景观和绿地系统规划

1. 景观系统规划

棕树山旅游区内的景观规划设计应秉持"闽东原乡"的主题和理念。从自然生态景观到人文生态景观，在充分尊重自然、尊重环境、尊重地域文化的基础上进行自然选材、自然选型和自然设计，凸显"闽东原乡"意象。

新增建筑，必须与乡土建筑相协调，成为对乡土文化的有机修复或延伸。服务设施的建设和装饰广泛应用竹、木、石等乡土生态材料。新增绿地景观以乡土物种为主。

2. 绿地系统规划

主要由景观绿地、道路绿地、滨水绿地和农林绿地组成。

（1）景观绿地：根据项目主题和特色而进行规划设计。如在翠云峰和长岭坡一带广泛种植杜鹃花，凸显红色文化内涵。在竹梦世界（朝里）、明月山舍、允坦驿站、文创小镇等片区营造竹林景观。对各村落的风水林进行景观提升。

（2）道路绿地：以乡土树种为主，包括竹子、油桐、银杏等。

（3）滨水绿地：以竹子、水松为主，辅以芦苇、蒲草等，营造自然野趣的景观。

（4）农林绿地：在荷洋梯田、院边秘境等片区营造四季田园景观。对生态林进行修复和保育，适当增加一些景观树种，如枫香、油桐、鲎蒿栲、竹子等。

（七）安全和防灾系统规划

1. 安全系统规划

在旅游区内山地陡峭地、溪谷、山涧、山顶等危险地带树立明显的安全警示标志；旅游区内充分考虑消防要求，严格执行国家颁布的防火规范，在主干道、旅游服务中心、山林分别配备消防栓、消防水塔等设施，在山林制高点建立瞭望设施及报警系统，并对游客进行宣传教育，提高游客的消防意识；旅游区内建立旅游求助和紧急救援系统，并设立医疗救护点。接收到游客的求助信号后应迅速锁定游客所在地点，第一时间派出专业救护队伍进行施救。执行重大旅游安全事故发生后的处理及报告制度；旅游区建立旅游保险体系，推行旅游保险制，所有旅游景点、旅游服务项目、旅游组团等涉及游客游览安全的旅游服务，均需为游客购买安全保险，并与保险公司合作开办其他旅游保险新项目。

2. 防灾系统规划

（1）滑坡防治规划

对旅游区内易滑坡处进行调查并登记统计，对滑坡山体进行监测，设立警示牌；同时积极采取建设性的防范措施，建立旅游安全预警机制，为游客提供安全保卫、紧急救助、信息引导等服务；对恶劣天气严加防范，以保证游客的安全。组织道路清洁队伍，对滑坡处进行及时处理，防止道路出现堵塞；通过水平钻孔疏干、垂直孔排水、竖井抽水、隧洞疏干支撑盲沟等方法消除和减轻地表水和地下水的危害，防止外围地表水进入滑坡区，可在滑坡边界修截水沟；在滑坡区内，可在坡面修筑排水沟。在覆盖层上可用浆砌片石或人造植被铺盖，防止地表水下渗。对于岩质边坡还可用喷混凝土护面或挂钢筋网喷混凝土；改善边坡岩土体的力学强度，削坡减载；用降低坡高或放缓坡角来改善边坡的稳定性。可采取修筑挡土墙、护墙等支撑不稳定岩体；钢筋混凝土抗滑桩或钢筋桩作为阻滑支撑工程；预应力锚杆或锚索，固结灌浆或电化学加固法加强边坡岩体或土体的强度；SNS边坡柔性防护技术等措施。

（2）洪汛防治规划

防汛工程应根据实际，因地制宜。工程措施与非工程措施相结合，全面规划、综合治理。防治结合，以防为主，立足长远，兼顾现实，分期实施，最终达到防汛目的。旅游区防汛规划具体做到以下几点：与相关部分做好有关防汛预警机制的建设，加强相关人员的防汛意识。在汛期、山洪到来前停止一切旅游经营活动；确保景点、公路、游步道、接待设施等不受暴雨和地表径流的冲刷、侵蚀。在主要建筑、景区、道路的两侧，做好护坡、开挖明渠和沉砂地等排水系统的建设，有计划地将地表水排入自然沟渠中，以防止发生洪涝灾害；对自然形成的溪流、山涧、沟壑进行整治，因地制宜规划设置科学经济的排洪沟或截洪坝，减少或避免洪水的袭击；在保护现有植被的同时，加强植树绿化、保持水土。这既有利于改善生态环境，又可减少山洪流量；朝里溪和茜洋溪畔的旅游服务设施及相关建筑，宜建设为50年一遇洪水水位线之上。

（3）地震防治规划

旅游区内建筑物、构筑物要按照地震烈度八级设防建设；在对现有坍塌民居进行修缮的同时，提高其抗震能力；做好震灾预测工作，对发生地震可能造成的建筑物破坏、生命线工程损失、经济损失和人员伤亡进行科学的预测，利于政府等有关部门进行相应规划和地震对策提供有关科学依据；按照《破坏性地震应急条例》和《国家破坏性地震应急预案》，制定旅游区内破坏性地震应急预案；建

设应急队伍，加强地震灾害救治培训；项目建设时，应考虑紧急情况时避险场地的设置。

（4）台风防御规划

建立台风防御小组，在台风到来前做好防御安排和应对措施，并与福安、宁德等台风防御中心保持密切联系；建立有效的台风预警机制，在台风期间停止一切旅游活动；将住在低洼地区和危房中的人员要及时转移到安全住所；建立专业巡防队伍，对可能出现房屋倒塌、山体滑坡、树木折断等区域进行实时监控，并及时采取有效应对措施；加强对旅游区水库、排水闸等水利设施和溪流水位的监测，密切关注水位变化和排水畅通；加强对变电器和电线设施的巡查，防止发生漏电事故。若有设施倒下或拉断，须及时拉下电控总闸；规划设置临时避险场所，在台风来临前将妥善安置需要转移的村民、游客和员工；旅游区内的建筑物及构筑物建设应达到抵御 12 级台风的标准。

（5）火灾防治规划

认真贯彻"预防为主，消防结合"的方针，根据《消防法》《村镇建筑设计防火规范》《森林防火条例》《城镇消防布局与技术装备配备标准》和《公共娱乐场所消防安全管理规定》等相关规定及要求，进行消防体系建设。

按《森林法》及《森林公园管理办法》有关规定，建立护林防火制度，划分防火分区，建立防护路网及火情监测系统，突出防火重点地段，明确责任，分级负责；重点防护地带及游客集中地段应采取严格的消防措施，餐饮住宿设施内配有充足的先进消防设备；在村落、重点旅游区和山地步道设置宣传防火知识的标志牌、告示牌，强化游客的安全意识；定期对旅游区工作人员和村民进行消防演练培训，提高其消防意识和应对技能；旅游区内新建建筑物和构筑物耐火等级均高于Ⅲ类。

（6）虫害防治规划

加强对灾害性病虫的监测力度，准确及时地发布病虫信息，为科学防治提供科学依据；建立预警机制，及时处置突发、爆发、流行性病虫危害，认真制定好防治预案，切实做好应急响应准备；采用联合国粮农组织推广、国际通用的 IPM（病虫害综合防治）技术，安装杀虫灯、性诱剂和糖醋盆等物理防治技术控制害虫；人为补充瓢虫、草蛉、寄生蜂、捕食螨等自然天敌，利用生物多样性抑制害虫；进行环境绿化美化时，应依据《植物检疫条例》，对引进的树木和花卉进行严格检疫，防止将危险虫害带入旅游区而酿成灾害。

（八）资源和环境保护规划

1. 资源保护规划

（1）自然资源保护规划

对旅游区内山地、林地、水域、农田等不同类型的生态系统，将针对不同类型的资源和不同区域的生态环境，实施分区分级保护的原则，因地制宜采用不同的保护级别及保护措施。

林地资源保护：严格遵循《福建省福安市林地保护利用规划（2010～2020年）》，实施林地用途管制，严格控制林地转为非林地。项目建设涉及占用征收生态公益林，严格做到"占一补一"。努力培育复层、混交、异龄林，丰富森林的物种多样性，并维持森林生态系统的复杂性、稳定性和整体性，构建健康稳定的森林生态系统。

基本农田保护：加强对农地、园地，尤其是基本农田的保护。旅游设施建设秉持不占和少占基本农田的原则。在确实无法避开基本农田保护区，需要占用基本农田，涉及农用地转用或者征收土地的，必须按《中华人民共和国土地管理法》和《中华人民共和国土地管理法实施条例》的有关规定办理审批手续。

动植物保护：坚决打击乱砍滥伐、滥捕乱杀、走私贩卖等违法活动；严格保护野生动物的生存环境，维护正常的生态系统。

（2）文化遗产保护规划

文化遗产是乡村的根和魂，在旅游开发过程中应实行严格保护。包括对历史建筑、红色遗址等物质文化遗产的保护，以及对竹编、银雕、畲族山歌、畲族婚礼、九层塔、烧火烛等非物质文化遗产的保护和传承（表7-2）。

规划范围内文物保护单位名称　　　　表 7-2

序号	文保单位名称	级别	分布地点
1	院边村建筑群	县级	院边村
2	陈就冈墓	县级	西洋里
3	荷洋长厝	文物	荷洋张厝村6号
4	棕模山红军洞	文物	棕树山
5	村头里石佛	文物	杨厝里北面
6	杨厝里石狮	文物	杨厝里
7	茶洋合掌亭	文物	茶洋村岔门头

序号	文保单位名称	级别	分布地点
8	中心坂拦河坝遗址	文物	西洋村右侧中心坂
9	坑边临水宫	文物	坑边村
10	坑边千乘墓	文物	坑边村
11	马下杨氏宗祠	文物	马下村
12	庠生明齐若七公墓	文物	茶坑村
13	黛凝寺宋代石水槽	文物	纸坪村
14	纸坪宫	文物	纸坪村

1）物质文化遗产保护的原则及主要内容：

①保护范围的划定：应以福建省公布的文物保护文件规定的范围为准。

②保护范围的保护规定：保护范围是对文物保护单位本体及周围一定范围实施重点保护的区域。在该范围内，任何的工程建设必须报经相应级别的人民政府批准，同时工程建设不能对文物本体造成危害，确保文物保护单位的真实性和完整性。

③建设控制地带的保护规定：建设控制地带是指文物保护单位的保护范围外，为保护文物保护单位的安全、环境、历史风貌对建设项目加以限制的区域。在该范围内，任何的工程建设必须报经相应级别的人民政府批准，同时工程建设必须兼顾文物本体的安全、环境、历史风貌等。

④文物保护单位的保护工作涉及安全、修缮、迁移、重建等多种方式，承担文物保护的修缮、迁移、重建工程的单位，应当同时取得文物行政主管部门发给的相应等级的文物保护资质证书和建设行政主管部门的相应等级资质证书。

⑤除文物保护单位外，对于尚未列入文物保护单位名录的历史建筑，包括古村落、古民居、古道、古寺庙等，同样需要加强保护工作。

2）非物质文化遗产保护的原则及主要内容：

①政府主导、市场引导、社会参与，明确职责、形成合力；长远规划、分步实施，点面结合、整体推进。

②保护为主、抢救第一、合理利用、传承发展。正确处理保护和利用的关系，坚持非物质文化遗产保护的真实性和完整性，在有效保护的前提下合理利用，防止对非物质文化遗产的误解、歪曲或滥用。在科学认定的基础上，采取有力措施，使非物质文化遗产得到认可、尊重和弘扬。

③应当对高级别的非物质文化遗产项目所依存的文化场所划定保护范围，制

作标识说明，进行整体性保护。鼓励、支持通过节日活动、展览、培训、教育、大众传媒等手段，宣传、普及非物质文化遗产知识，促进其传承和社会共享的结合。积极开发旅游发展和非物质文化传承相结合的场所，并开展相应旅游体验活动。与文创结合，以市场的力量打造闽东非物质文化保护传承基地和文创基地。

④重点保护闽东畲族婚俗、畲族服饰、畲族银制作技艺、畲族歌舞、畲族民歌、畲族医药、闽东畲族乌饭制作技艺、畲族三月三节风俗、九层塔、烧火柱、竹编技艺、油纸伞技艺、线面技艺等。

2. 环境保护规划

（1）大气环境保护

在旅游区开发建设过程中，会带来一定的扬尘污染，此外，旅游车辆也将带来一定的尾气污染。

对策：倡导绿色交通，原则上禁止私家车和旅行团大巴进入旅游区。在旅游区南北入口服务区分别设有一处交通换乘站，游客主要通过乘坐旅游区内部车辆进入。旅游区内部车辆为清洁能源的旅游巴士、电瓶车等，避免汽车尾气污染；限制过境车辆进入旅游区；推广绿色能源。在酒店、餐厅、旅游村落等地广泛使用液化气、煤气、电、太阳能等清洁能源，逐步减少对大气造成污染的燃料需求；公路两侧、停车场周围，主要是服务中心多种植能吸毒、吸尘、净化空气的树种，扩大绿化面积、净化空气；在旅游区南北入口服务区以及棕树山村等主要旅游节点设置大气自动监测站点。

（2）水体环境保护

由于旅游活动，将给朝里溪、马下溪、茜洋溪的水体带来一定的污染；此外，项目范围内农业耕作所使用的农业、化肥，以及生猪养殖均为重要的水体污染源。

对策：加强饮用水水源的保护，严格执行饮用水水源保护条例，对朝里溪上游段进行严格保护，在水源保护区禁止旅游项目开发和旅游活动开展；针对旅游服务设施内的液体垃圾，应建设污水处理设施，通过一级处理（三级化粪）后排入污水处理站统一处理，污水处理站采用生物降解流程对液体垃圾进行处理，净化达标后方可排放；村庄居民点则采取"分散治理、相对集中、自愿联合、符合规划"的治理原则，在旅游区的指导下建设污水处理站。采用生物膜和氧化塘技术对液体垃圾进行处理；旅游区范围内，严格控制农药、化肥、洗涤剂的使用，引导农民往生态农业、有机农业转变，禁止生猪养殖；建立动态监测体系，定期检测，密切监视水质的变化动态，以便及时采取相应的治理措施。

（3）噪声污染控制

大量游客和社会车辆的到来，将会带来一定的噪声。

对策：旅游区内交通工具以旅游巴士为主，控制外来机动车辆进入的数量，在文创小镇、陈家大院、畲族山寨、院边秘境等特殊区域路段禁止鸣笛，控制交通噪声；在主要过境交通线两侧设置绿化噪声隔离带，使旅游区的声环境质量符合城市区域环境噪声一类标准；禁止游客在旅游区内大声喧哗，倡导导游不使用扩音器；引导村民文明使用播放器、扩音器等声源。

（4）固体废弃污染物控制

大量游客到来所产生的生活垃圾，是固体废弃物的重要来源。

对策：秉持低碳环保的理念，发展生态旅游，使用清洁、环保用品，在酒店、餐馆、酒吧等消费场所，减少一次性物品的使用，从源头减少固体废弃物的产生；生活垃圾袋装化，统一收集并且分类处理，收集点服务半径 50 ～ 200 米；建立完善的垃圾收集—运输—中转—无害化处理系统。垃圾箱设置于人流密集区和游步道两侧。设置间隔规定：人流密集区 25 ～ 50 米，游步道 80 ～ 100 米；南北入口服务区分别设有一个垃圾中转站，产生的垃圾必须日产日清；积极引导游客和村民保护环境，并对旅游区卫生清洁实行动态管理。

（5）生态红线控制

旅游基础设施和服务设施的建设，不仅会给山体带来一定的破坏，还会占用一定面积的林地。

对策：在此范围内原则上禁止任何建设活动；旅游基础设施和服务设施建设避开水源保护区、生态公益林；旅游基础设施和服务设施建设尽量不占或少占农田；旅游项目建设和旅游活动开展应合理利用林地。

（6）水土流失控制

在旅游基础设施和服务设施建设过程中，土方的开挖和回填均容易造成水土流失现象的发生。

对策：对于旅游基础设施，尤其是旅游公路的修建，首先采用有效的工程护坡措施。修建挡土墙和网格状混凝土护坡工程，然后在网格内种植生命力强、保土效果好、速生的植物，使其快速进行生态系统修复。同时，在道路两侧栽种景观效果佳、固土效果强的乔木和灌木；施工区在工程结束后，应清理场地，恢复植被。绿化种植草皮及树木；进一步提升旅游区的森林覆盖率，同时控制茶园种植面积；科学规划和合理布局排水设施的建设。

（九）智慧景区规划

1. 发展策略

实施"1·3·7"的发展策略。

（1）1个智慧旅游云中心；

（2）3个数字平台：行业智能管理平台、公共信息服务平台、目的地营销体验平台；

（3）7大载体：旅游网站、微信平台、微博平台、二维码、旅游APP、智慧Wi-Fi、智能手环。

2. 规划内容

创新区域内智慧旅游应用，规划全景区Wi-Fi覆盖，开发智能导游、手机APP、智能手环等智慧旅游设施；实现智慧旅游区域一体化发展。整合项目地周边景区，联合开发手机APP、旅游一卡通等智慧旅游项目；采用智能服务终端云平台，游客可通过景区的旅游网站、二维码、微博、微信及手机APP等平台，获取旅游区的门票、景点介绍、推荐路线、住宿、演出时间等信息；建设信息化智慧管理体系，采用"OA"办公，建立数字化的管理、监控体系；智慧营销体系。充分利用微信、微博、旅游APP、景区二维码扫描、数字电视等新媒体，采用"O2O"营销模式，推广旅游区的整体形象和旅游产品（图7-27、图7-28）。

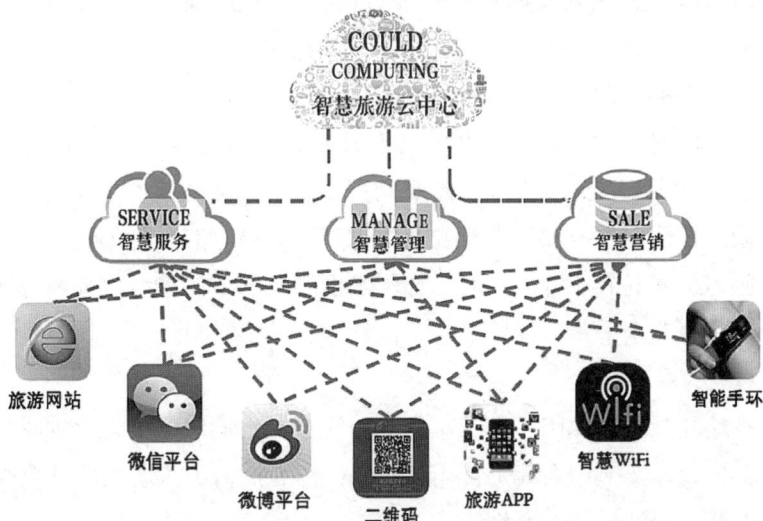

图 7-27　智慧旅游发展策略图

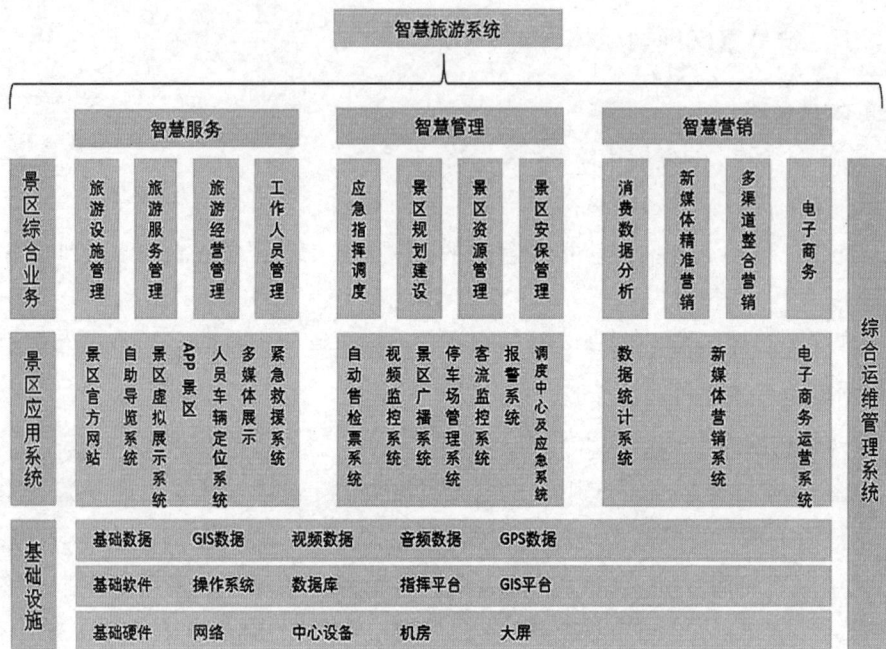

图 7-28　智慧旅游系统结构图

（十）产业融合规划

棕树山旅游区将充分发挥旅游的联动效应，通过"旅游+"的模式，促进各关联产业的融合发展。

1. 与农业的联动发展

引导传统农村产业向新型农业的转型升级，重点发展生态农业、休闲农业、有机农业、文创农业，开发田园生态观光型、农事农趣体验型、果蔬采摘型、民俗文化体验型等休闲农业项目以及农业文创产品。鼓励有条件的村民开发农家餐厅、农家旅馆、家庭农庄等。同时，加强农业与互联网的融合，提高休闲农业网络化、智能化服务水平。

2. 与林业的联动发展

依托林地开展生态休闲、生态康养等旅游产品。同时鼓励老百姓积极发展林下经济，如养蜂、养鸡、种菌（食用菌）等，作为棕树山旅游区餐饮食材的重要来源和游客购买土特产的主要供给。

3. 与文创产业的联动发展

棕树山旅游区开发文化旅游产品拥有丰富的资源和良好的基础。福安市的穆

阳油纸伞、穆阳线面、福安蜜沉沉酒、福安畲家酿、官埔油扇、坦洋工夫茶、畲族银饰品等均是文创的好题材。

4. 与康养产业的联动发展

充分利用项目范围内的山地、林地、田园、溪流等资源，结合客源需求特点，推动与健康、体育、养生等产业的融合发展，融入康体、养生、养老等功能的设计。

5. 与教育产业的联动发展

旅游与教育的融合发展，在棕树山旅游区内主要是体现在研学旅行产品方面，打造福建中小学研学旅行基地。

（十一）惠民富民规划

1. 惠民富民目标

作为福建省国家乡村振兴示范项目，惠民富民是本项目规划建设的出发点和落脚点。争取至 2022 年，提供 300 个村民就业岗位，带动 100 户家庭脱贫。至 2027 年，提供 500 个村民就业岗位，带动 100 户家庭创业。至 2035 年，提供 800 个村民就业岗位，带动 200 户家庭创业。

2. 惠民富民策略

（1）创造大量就业岗位。优先聘请项目范围及周边村民作为旅游区员工。

（2）建立新型合作机制。村民可将土地、房屋等作为资产，通过出租、入股等方式获得补偿及分红；手工艺人可以手工技艺入股，获得相应效益的分红。

（3）提供旅游创业机会。村民可通过开设农家旅馆、民宿、餐馆、土特产店、工艺作坊、创意网店等，分享旅游发展的红利。

（4）提供就业创业培训。通过对村民专业技能的培训，让其在棕树山旅游发展过程中实现更大的个人价值，创造更多的财富。

（5）改善人居环境。通过生态环境提升，交通、医疗、教育等条件改善，改善棕树山旅游区人居环境。

（6）成立"棕树山幸福基金"。对棕树山旅游区范围内及周边困难家庭进行帮扶。

3. 村落利用规划

结合棕树山旅游发展，将对项目范围内及周边的村落进行统筹规划。根据功能的差异，将这些村落划分为景点型、文创型、民宿型、餐饮型、后勤型等五大类型，分享棕树山旅游区开发带来的福祉。此外，因旅游开发的需要对马墩、西

洋里、潘洋等村落进行异地搬迁安置。

4. 居民利用和村落整治指引

新建、改建或扩建的建筑，必须体现当地传统建筑风格，尽量选用乡土生态建筑材料，如木、竹、石等，与周边乡土建筑、自然环境和历史文化相协调；对旅游区范围内既有现代建筑进行外立面整体改造或拆除；对改造为民宿、客栈、家庭旅馆的民居，在力求保持传统建筑的风貌外的基础上，对内部结构、环卫设施、排水系统等进行科学改造；结合乡村振兴和美丽乡村建设，加强村落环境的综合整治，建立完善的环境卫生负责制度，提升村落的绿化美化水平，提升建筑风貌特色化水平，加强村落公共设施建设，努力形成环境优美、生态宜居、特色鲜明的村庄面貌。

（十二）社区参与规划

1. 社区参与的必要性

社区参与旅游发展是指目的地在旅游业发展中，将社区居民作为旅游业发展主题；通过对旅游规划、开发、运营、管理和监督等决策与执行体系的广泛参与，在保证区域旅游业可持续发展的同时，实现社区全面发展的新模式。社区参与旅游发展，是一种可持续的旅游扶贫开发模式，是针对资本力量和知识优势引起的对旅游目的地社会弱势群体权利的挤压所作的一种调和，有利于提高社区居民积极性和支持度，有利于实现乡村振兴、农民致富的目标。

2. 社区参与的策略及机制

（1）村民是股东。旅游区以股份公司形式进行运营，棕树山旅游范围内的村民可将土地、房屋等作为资产进行入股。参与旅游区发展重要决策，并按照股份分享旅游收益。

（2）村民是员工。旅游区优先聘请棕树山旅游区范围内的村民作为景区员工，在家门口解决就业问题。

（3）村民是老板。鼓励有条件的村民，利用自家的民居开展农家餐厅、农家旅馆、特色民宿等，利用自家的园地开展家庭农庄等，分享棕树山旅游发展所带来的红利。

（4）村民是文化传承者。建立乡村文化复兴激励机制，让村民成为传统技艺和地方民俗传承的中坚力量。

（5）村民是生态保护者。建立生态补偿机制，并加强生态保护宣传力度。让村民成为绿水青山的"守护神"。

（6）村民是旅游形象大使。以"人人都是风景，人人都是旅游大使"为目标，制订《村民公约》，对村民的日常行为举止进行规范。让村民并主动宣传推介棕树山旅游区。

七、实施计划与保障措施

（一）实施计划

采用"政府主导＋企业主体＋村民参与＋市场运作"的开发模式。棕树山旅游区实质上是一项乡村振兴工程。其成功开发既离不开政府的推动和政策的支持，也需要多家有实力、有情怀、有责任的企业介入，同时也需要当地老百姓的鼎力支持。只有通过政府、企业和村民三方的合作及共同发力，才有可能取得良好的社会效益、环境效益和经济效益（图7-29）。

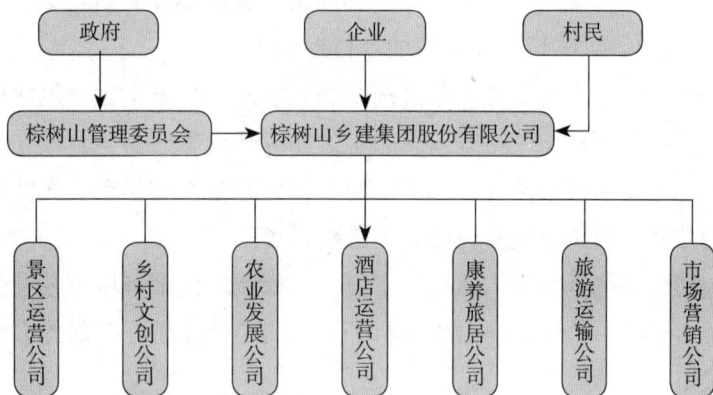

图7-29　开发架构图

根据国家乡村振兴战略部署，结合旅游市场发育程度，采取"分期建设、逐步完善"的实施方案。特色旅游产品是近期的引爆点；乡村文创是中期的亮点；康养度假是远期的重点（表7-3）。

开发时序一览表　　　　　　　　　　　　　　　　　表7-3

建设时间	主要建设项目
一期（近期）2018～2022年	工程及设施：旅游公路、给水排水工程、电力电信工程、环境卫生工程、生态提升工程等
	重点项目：南门入口服务区、北门入口服务区、畲族山寨、荷洋梯田、陈家大院、欢乐溪谷、院边秘境（一期）、明月山舍（一期）

续表

建设时间	主要建设项目
二期（中期） 2023～2027年	工程及设施：旅游公路、给水排水工程、电力电信工程、环境卫生工程、生态提升工程等
	重点项目：有机农场（一期）、开心田园、文创小镇（一期）、马下峡谷、黛凝禅苑、康养庄园（一期）、院边秘境（二期）
三期（远期） 2028～2035年	工程及设施：旅游公路、给水排水工程、电力电信工程、环境卫生工程、生态提升工程等
	重点项目：欢乐溪谷（升级）、院边秘境（三期）、文创小镇（二期）、明月山舍（二期）、康养庄园（二、三期）、有机农场（二期）

（二）效益评估

1. 社会效益

打造福建省乡村振兴的典范。探索一条文化旅游驱动乡村振兴的"棕树山模式"，一种可借鉴、可移植、可推广的乡村振兴模式。

保护和传承闽东乡土文化。通过挖掘和弘扬闽东乡土文化，包括日渐式微的畲族文化。重拾文化自信，提升闽东软实力和综合竞争力。

打造福建精品乡村旅游区。目前福建乡村旅游基本处于粗放式发展阶段，通过本项目的开发，引领福建乡村旅游迈进新时代。

提升宁德旅游综合竞争力。相对于厦门、福州、南平等城市，宁德的旅游吸引力和竞争力仍相对较弱。通过本项目开发，为宁德旅游注入新的力量，提高宁德旅游的吸引力和感召力。

2. 经济效益

本项目是一项乡贤回归工程、回报工程和乡村振兴工程，经济效益并非核心追求，但需确保旅游区的可持续性发展。本项目的利润点主要体现在：景区门票收入、餐饮住宿收入、文创产品销售收入、康养地产销售收入等。

2021年接待游客50万人次，旅游总收入1.5亿元；2025年接待游客95万人次，旅游总收入3.3亿元；2030年接待游客155万人次，旅游总收入6.2亿元；2035年接待游客195万人次，旅游总收入9.8亿元。助推当地经济的发展，为当地财政税收做出重大贡献。

3. 生态效益

为福建省建设"国家生态文明试验区"作出积极贡献。本项目积极践行"绿水青山就是金山银山"的理念，为福建省建设"国家生态文明试验区"做出积极

贡献。

为宁德市创建"国家森林城市"提供强力支撑。通过实施生态环境优化提升工程，提升项目地的森林覆盖率，为宁德市创建"国家森林城市"提供强力支撑。

为福安市创建"生态宜居城市"提供重要保障。通过改善旅游区的生态环境，提升环境质量，为福安市创建"生态宜居城市"提供重要保障。

为建设"生态宜居"乡村奠定坚实基础。十九大报告指出，实施乡村振兴战略，要按照产业兴旺、生态宜居、乡风文明、治理有效、生活富裕的总要求。本项目通过对自然生态和人文生态的修复和提升，打造一个人与自然和谐共生的乡村旅游区，为"生态宜居"乡村建设提供坚实基础。

（三）保障措施

1. 组织保障

成立"福建棕树山旅游开发领导小组"，由福安市委、市政府主要领导担任组长，由福安市、霞浦县相关部门领导为组员，共同推进棕树山旅游区开发和"福建省棕树山乡村振兴试验区"建设。条件成熟设立"福建省棕树山乡村振兴试验区管理委员会"，负责棕树山乡村振兴的全面工作。

2. 政策保障

本项目不仅是一个旅游区，更是一项生态工程、文化工程和民生工程，政府应给予土地、税收、资金等方面的政策扶持。

3. 机制保障

建立新型合作机制，由政府、企业、村民分别以基础设施、资金、土地、房屋等为资产入股，共同组建"棕树山乡建集团股份有限公司"，奠定"三赢"的格局。

4. 土地保障

以转让、租赁、入股等方式，将农林用地、宅基地等流转作为旅游开发所需用地。对项目地现行土地利用规划进行适度调整，增加旅游开发所需要的基础设施和服务设施等用地。争取纳入福建省重点项目，获取建设用地指标的支持。

5. 资金保障

一方面积极争取各级政府关于乡村振兴、旅游、农业、林业、交通、水利、环保、扶贫、文化、少数民族等相关专项资金；另一方面积极引入实力雄厚的战略伙伴，以及拓宽融资渠道，包括向商业银行、基金组织、信托机构借贷、股权融资等。

6. 人才保障

首先加快人才引进，引进棕树山乡建所需要的各类人才，并组建专家顾问团队；其次加强与福建省高校合作，共同培训一批高素质旅游服务人才；再次加强与台湾、长三角乡建和文创机构的合作，借力使力；并开展国际义工旅行活动，吸引海内外优秀人才加入棕树山文旅发展和乡村建设的队伍。

第四篇

闽东传统村落乡村振兴

——研究论文选篇

四方协同谋发展 五个相互促落实

——浅谈闽东北协同发展

张平弟

《中国地名》2019 年 10 月

摘　要：山海同脉，共谋发展。近年来，闽东地区主动加强与闽东北各兄弟市（区）沟通对接，在基础设施、产业发展、旅游开发、生态保护等方面，开展全方位的交流合作，尤其在交通共建和产业协作上打下良好基础，形成融合发展的"共同体"。闽东还在农业、旅游、教育、生态保护与治理等方面与兄弟市（区）展开多领域合作。区域协调发展不是平均发展、同构发展，而是优势互补的差别化协调发展。

关键词：规划引领；交通引导；协同共进

1995 年，习近平总书记在福州工作时对闽东北经济协作区提出了"山海联合、优势互补、相互辐射、共同腾飞"的发展思路。30 年来，闽东北经济协作区按照这"16 字"要求，广泛开展了多层次、全方位的交流合作，初步形成开放融合、联系紧密的发展格局。2018 年 9 月，福建省委十届六次全会把经济协作区上升为协同发展区，这是省委、省政府推进新福建建设，以高质量发展实现赶超的重大决策部署，既贯彻了习近平新时代中国特色社会主义思想，坚持和践行了新发展理念，又传承了习总书记当年在福建工作时提出的深化山海协作、推动城乡协同发展的战略思维。

闽东北协同发展区涵盖福州市、莆田市、宁德市、南平市及平潭综合实验区"四市一区"，陆域面积 55852 平方公里，占全省陆域面积的 45%，集聚全省的 41% 的人口和 39% 的经济总量，在全省区域发展格局中占据十分重要的地位。

区域因协作而协同，区域因协同而发展。协作到协同，一字之改，是变"要我干"为"我要干"的发展格局。既强调区域经济协调发展，更充分体现新时代

高质量发展的新要求。为了更好贯彻落实省委的决策部署，我们认为要做到"四个协同"，做好"五个相互"。

1. 协作同心，规划引领

牢固树立"协同一心，共建一体"的思想，以创新合作机制，打造合作平台，共建合作项目，完善合作政策为重点，来规划、谋划、策划和计划，让规划形成发展的同心圆，让规划成为创造财富的发动机。认真落实国土空间开发保护要求，以《福建省国民经济和社会发展第十三个五年计划纲要》等规划为依据，推进"多规合一"，建立以中心城市引领城市群发展。城市群带动区域发展新模式，推动区域板块之间的融合、契合和化合，构建以福州都市区为核心引擎，以沿海人口经济密集带和闽江流域山海协作带为支撑，以环三都澳、闽江口、湄州湾为重心，以莆田、宁德、平潭、南平四个中心城市为骨干的"一核、两带、三湾区、四中心"区域发展新格局。

2. 协议同向，交通引导

交通是区域经济的骨骼和支撑。交通引导至关重要，互联互通快速通达是区域交通的目标导向。坚持适度超前，便捷高效，加快推进沿海港口、高速铁路、高速公路、城际轨道、疏港通道建设，打造东南沿海交通枢纽，构建网络化现代化综合交通运输体系，是提升闽东北区域经济竞争力，带动区域经济发展和快速崛起的重要举措。当前要加快推进福厦专客、南三龙铁路、福平铁路、衢宁铁路建设，形成闽东北和闽西南两大协同区便捷联通的铁路大通道。推进普通国省道断头路、瓶颈路的提级达标，推动普通国省道对重要城镇、产业基地、旅游景区、交通枢纽节点的连接和覆盖。用结构建现代化水运体系，以福州港为龙头，加快推进重点核心港区整体连片开发，着力拓展江海联运和"丝路海运"，构建我国沿海综合交通体系的重要枢纽。加快构建以福州长乐机场为龙头，武夷山机场为骨干的"干支结合、军民融合"机场布局，积极发展通用航空，提升闽东北航空服务水平和市场竞争力。

3. 协助同进，旅游引推

旅游是区域协同的润滑剂，在区域交通基础设施持续改善的背景下，实施"旅速游缓"的发展战略，共享资源，构建区域协作格局，共建市场，拓展重点客源城市；互送客源，推进旅游要素流动；强化宣传，共同提升品牌形象。围绕发展全域旅游，建设福州、武夷山旅游"双核"，加强山海联盟协作、服务、营销、监管"四大联盟"。通过共筑旅游线路联盟，深入挖掘"海丝"文化，船政文化、妈祖文化、朱子文化、畲族文化、茶文化等特色文化，共同打造经典揽胜之旅、海丝休闲之旅、世界茶乡之旅、温泉美食之旅等精品旅游线路。在此基础上共筑旅游服务联盟、共筑旅游营销推介联盟、共筑旅游监管联盟，携手并肩，共同打响"福心旅福建""幸福游福建""快乐游福建"，当前要共同研究制定闽东北有关政策，促进区域间旅游龙头企业，尤其是旅行社、旅游协会的强强联合，优势互补，引导其加强战略合作，有效整合，统一开发和运营旅游产品和资源，实现旅游市场的全面开放和有效对接，增进区域旅游发展要素的互补组合，人才的合理流动，促进旅游产业的整合和转型升级，增强整体实力和竞争力。

4. 协和同步，发展引进

发展是时代的，前进的路上需要和谐同声，同频共振。区域协同发展是一个系统工程，涉及方方面面，牵动各个细节，这就需要我们始终以习近平新时代中国特色社会主义思想为指导，全面贯彻落实党的十九大和十九届二中、三中、四中全会精神，紧紧围绕统筹推进"五位一体"总体布局和协调推进"四个全面"战略布局，坚持稳中求进工作总基调，坚持新发展理念，坚持推动高质量发展，坚持以供给侧结构性改革为主线，坚持深化市场化改革，扩大高水平开放，深入实施区域协调发展战略，一张蓝图一起干，建立更加有效的区域协调发展新机制，着眼生产力和生产要素合理布局，着眼人口和产业的有效集聚，充分发挥福州的牵头作用，着力推进基础设施互联互通，人才培养互移互动，产业发展互协互同，公共服务资源互补互动，生态环境保护互惠互补，通过对外开放，寻求合作共赢，在更高层面上推动闽东北协同发展朝着更深、更广、更紧密融合的方向前进，加快以高质量发展落实赶超，开创新时代新福建建设新局面。

　　四个协同画好蓝图，与此同时，需要锲而不舍抓落实的勇气，坚持政府引导、市场主导，协同推进机制、项目、政策、环境建设，坚决破除地区之间的利益藩篱和政策壁垒，共促闽东北协同发展迈入快车道，进入黄金期。一是相互健全工作机制，形成"横向协同，上下联动"的良好工作格局。二是相互突出项目带动。规划生项目，项目为抓手，加快项目建设进度，实现早建成、早投产、早见效。三是相互加大政策引导。发挥比较优势，提高财政、产业、土地、环保、人才等政策的精准性和有效性，做到相互政策应用尽用，做到政策能用则用。四是相互抓好规划实施。规划是纲，纲举目张，"四市一区"各自做好实施方案，种好责任田。针对年度工作要点，种好责任项目化，项目清单化，把任务细化、责任细分、时间细排，确保有部署能落实，有项目都落地。五是相互营造良好氛围。加强宣传和舆论引导，综合运用传统媒体和社交新媒体，多以事实说话，讲好协作故事，凝聚社会共识，聚焦正能量，最大限度地汇集群众力量和智慧，讲求群众观点，形成群策群力，共建共享的生动局面。

参考文献：

[1] 蔡有清，罗伟刚.新形势下高校大学生党建与思政教育工作协同发展研究 [J].智库时代，2019（40）：13-14.

[2] 张艳.新时代旅游流与区域经济协同发展——来自中国30个省市面板数据的实证分析[J].黑龙江工业学院学报（综合版），2019，19（09）：78-82.

[3] 陈岩，奕斌，铭明.推动区域协同发展迈上新台阶 [N].闽南日报，2019-09-18（002）.

[4] 朱正伟，盛群华，郑家臻.推动长三角一体化示范区产业协同发展 [J].党政论坛，2019（09）：36-38.

五抓五促　推进乡村振兴战略实施

张平弟
《福建日报》2018 年 8 月

党的十九大报告中指出，实施乡村振兴战略。乡村作为中国乡土社会的基础单元延续了几千年的历史，当前正经历前所未有的变化。据联合国统计，世界各地的城市人口比例从 1960 年的 33% 上升到 2016 年的 54%。同样，我国的城镇化水平提升也很快，根据国家统计局发布的数据，城镇化率从 2010 年的 36% 左右，至 2016 年末攀升到了 57.4%。随之而来的乡村衰落问题不容忽视。2000 年，我国还有 360 万个自然村，但到 2010 年，自然村减少到 270 万个。这就意味着，平均每天有将近 250 个自然村消失，而其中包含众多古村落。专家认为，即便今后城镇化率达到 70%，农村还有将近 4 亿多人口。农村农业这个"基本盘"稳住了，国家现代化建设的整盘棋才能活起来。然而当前乡村发展还存在很多问题，如受到重城轻村观念影响，对乡村的投入不足和不平衡；由于缺乏协调，有些项目存在重复建设、互相冲突的问题等。面对如何振兴乡村这些问题，笔者认为从五个方面抓起，一步一个脚印推进。

一抓乡村规划，促进产业兴旺

乡村振兴是一个非常复杂的系统工程，涉及多个领域，包括乡村产业振兴，生态环境保护，土地集约高效利用，农田水利设施建设，基础设施、交通设施建设，社会事业投入，文化事业振兴，乡村建设等多项工作。通过乡村空间指引和管控，把社会各个领域的投入和建设活动统一起来。通过科学指引项目建设，管控占地规模、建设规模、建设标准、外观风貌、建设时序等内容，是行之有效地落实乡村振兴的手段。乡村发展看规划，好的规划制造财富。科学划分生产、生活、生态空间，立足当地实际，选好产业十分重要。乡村振兴必须根据区

域的差异化分区分类制定发展策略。乡村振兴既有明确的近期任务和目标安排，也有远景展望，要在近期与长远之间找到平衡点，要分步实施、滚动推进。乡村振兴既要考虑整体规划，统筹推进，也要考虑基础和条件差异，先试点示范后全面推进。

二抓乡村保护，促进生态宜居

积极发展循环农业，充分利用农业生态环保生产新技术，促进农业资源的节约化、农业生产残余废弃物的减量化和资源化再利用，从而最大限度地保持农村田园风光，留住乡愁，保护好青山绿水，实现生态可持续发展。生态宜居不仅对村庄的生态环境有更高要求，而且也要求整个农业走绿色发展道路、整个农村的生态环境有明显改善，建设人与自然和谐共生的农业农村现代化。另外，就是发展乡村旅游、休闲农业、观光农业，让城里人有一个好的休闲去处。

三抓乡村教育，促进乡风文明

乡村文明，是中华民族文明史的主体，也是乡村振兴的重要保证和体现。传统乡村社会是按姓氏宗亲建立而成的，对乡村的稳定和发展起到很大的作用；乡村是熟人社会，人与人之间的熟悉是城市所欠缺的。

为此，必须加强乡风文明教育，加强对农民的继续教育，用社会主义核心价值观培育新型职业农民，用文明之风滋养美丽乡村，使之回归乡村社会朴素人情美。

四抓乡村管理，促进治理有效

管理有效，是乡村振兴战略的一个重要组成部分。实现这一目标，就要在乡村治理上狠下功夫。要围绕扫清楚、拆清楚、摆清楚、分清楚、粉清楚等"五清楚"，突出乡土气息，尽显田园风光等"两特色"，推进美丽乡村建设。在完善村党组织领导的村民自治制度的基础上，进一步加强农村基层基础工作，根据农村社会结构的新变化、实现治理体系和治理能力现代化，健全自治、法治、德治相结合的乡村治理体系。要探索自治、法治、德治相结合的乡村治理新模式，建立完善村规民约，用制度化的形式引导村民主动转变观念，改正不良思想和

陈规陋习。

五抓乡村发展，促进生活富裕

2017 年底的中央农村工作会议对于如何实施乡村振兴战略进行了部署，中央要求分三步走。其中，到 2050 年，乡村全面振兴，农业强、农村美、农民富全面实现。这意味着要用 30 多年的时间完成乡村振兴战略。一方面如此长的历史时期决定了不可能现在就能明晰所有具体方案与步骤，而需要在实践中摸索前进。另一方面，乡村振兴战略的实施不能机械教条，要因地制宜，分析出实施重点，要雪中送炭。田园综合体是将生态农业与旅游综合体进行组合的创新型综合体，也正是顺应了绿色发展，而开创的一种独具潜力的土地利用形式。发展田园综合体有利于促进农业和旅游业的融合，建成后能充分利用当地特色自然资源，延伸农业产业链条，提高当地就业率，促进当地财政增收。为更好提升宁德市乡村旅游竞争力，要整合旅游资源，提升联动力；优化旅游产品，提升竞争力；开拓旅游市场，提升影响力；美化旅游地形象，提升接待力。要把乡村能人吸引回乡，多培养乡村能人，多培育集聚人气的产业业态；乡村振兴不是简单地给予式的帮助，要把乡村人的利益考虑好，调动他们的积极性和热情；要把他们的思维方式摸透弄清楚，遵循他们的思路去引导，激活他们的创造力，自下而上，上下联动；要多给他们提供低门槛、低成本的空间，特别是要注重一些适龄人口的需求，多给他们发展机遇，政策上给予支持，激活自身造血能力。

闽东少数民族特色村寨乡村振兴路径研究

——以福安市松罗乡后洋村为例

张平弟

《福建建设科技》2019 年 9 月

摘　要： 党的十九大报告提出了实施乡村振兴战略的总要求，是实现社会主义现代化的主要途径，是解决传统村庄发展问题的必经之路。闽东少数民族特色村寨丰富的资源适合通过发展特色产业促进乡村振兴，但也面临特殊的困境。文章融合了国家省市层面的相关政策和要求，在综合指导下提出畲族特色村寨发展的方向和路径，并以福建省福安市后洋村为例，从区域一体化、文化复兴和文化传承的视角，对传统农业和乡村旅游进行探索，在新时代战略背景下，结合村庄建设提出振兴路径。

关键词： 乡村振兴；特色村寨；畲族；振兴路径

引言

经过近四十年的城镇化进程，城市发展日新月异，但乡村地区却面临人口老龄化凸显、基础设施落后、产业发展水平低等问题，城乡矛盾愈加突出。党的十九大报告提出了实施乡村振兴战略的总要求，坚持农业农村优先发展，实现"产业兴旺、生态宜居、乡风文明、治理有效、生活富裕"的总目标。

后洋村拥有丰富的自然与人文景观资源，村庄内保留有较完整的历史格局和特有的手工技艺、饮食文化等非物质文化遗产。但后洋村却面临人口空心化、传统建筑破败、传统文化丧失等问题，为更好地保护乡村文化遗产，文章结合村庄具体情况，厘清村庄特色资源，探讨乡村振兴背景下畲族特色村寨的规划路径，以期为其他同类型乡村发展提供借鉴，加快实现乡村的全面振兴。

1. 乡村振兴战略和特色村寨发展背景

1.1 发挥乡村振兴战略的引领作用

改革开放以来，伴随城镇化的快速推进，国内村庄的数量急剧缩减。同时，在城乡二元结构体制的长期作用下，农村问题也变得愈加突出。从生活现状看，城乡居民可支配收入差距较大；从农业生产看，农业在 GDP 中的占比较低，而且这种差距持续增大的趋势依然存在。因此，中央提出振兴"三农"，补齐短板，实现"强、富、美"的目标。

1.2 深入推进特色村寨振兴发展的需要

当前，少数民族地区在城镇化进程中出现了村落空心化、传统文化失落等问题，在党中央提出乡村振兴战略的新背景下，依托少数民族区域环境的特殊性，重现乡村文化的价值，通过对特色村寨环境的整治和基础设施的建设，寻找适于少数民族乡村文化的传承路径，推动少数民族乡村的发展[1]。

2. 新时代特色村寨振兴策略研究

2.1 特色村寨发展困境

2.1.1 特色资源利用率低，"自生"式发展联动不足

当前多数特色村寨缺乏合理的规划引领，现状资源布局分散，未能进行有效整合，利用率较低，缺少全域旅游概念，尚未形成合力。部分村庄内部掺杂现代建筑，导致传统生态文化景观的离散和破坏[2]。且各个村落独自发展，缺乏相互联动，导致村庄发展缓慢，动力不足。

2.1.2 村庄传统产业衰败，"输血"式补贴振兴无力

从产业层面看，生态产业结构单一，生态旅游产品缺乏特色是制约特色村寨经济发展的重要原因。一方面，村庄大部分农田采用分散化的生产经营模式，产业联动不足，农业生产机械化程度较低，集群效应较弱，村民从事农业种植的积极性普遍不高，虽然有国家补贴，但依然有部分耕地荒芜。另一方面，以往的村庄规划忽略了村庄经济的提升，"输血"只能解决当前问题，但不能形成"造血"功能。以产业提升为核心重塑乡村经济是乡村振兴需要解决的根本问题[3]。

2.1.3 村落空间肌理丧失，"美化"式运动割裂传承

城镇化背景下，随着村民对居住环境的质量要求逐渐提高，越来越多的居民选择"美化"住房，新建楼房也逐渐在村庄中兴起，传统建筑区内也有少量加建的新房，村落传统住宅大多年久失修，逐渐荒芜[4]。村庄原有的文化特色缺失，其文化价值渐渐消亡，而且村庄人才的流失，也是导致村庄自身文化消逝的一个原因。

2.2 特色村寨规划切入点

2.2.1 区域共生——特色集群化

少数民族区域的社会发展与其他区域不同，面对民族乡村变迁产生的问题，需认清民族乡村具有的特色价值，重新调节城乡关系，实现区域经济协同发展。提取村庄特色发展要素，因势利导，整合有效资源，使村庄之间互联互通，实现区域一体化发展[5]。

2.2.2 文化复兴——产业多元化

发展村落传统文化是提升区域自然价值逐渐发展的过程，可促进乡村空间的优化与再生。利用畲族特有的区域环境，通过农业品种的优化、标准化种植和拓展销售渠道等方式发展小规模的家庭农场，发展模式转向"农业+"模式，达到"农工旅"融合，实现农业品质化、规模化发展[6]。

2.2.3 文化传承——内生激活化

村民虽然积极参与村庄整治，但是他们对于村庄建设的内容却知之甚少，且由于知识面的原因，对于村庄建设的参与内容仅停留在表面[7]。少数民族乡村的振兴，不仅需要村庄环境的美化，还需提升乡村文化价值，探寻文化内涵，畲族村落要充分发掘古建筑、古文物等村寨物质文化进行保护；挖掘传统手工技艺、民俗服饰、民族语言等非物质文化进行传承，挖潜乡村内在特征，形成自有特色，有效契合乡村振兴的要求，探索畲族村寨发展的内生路径。

3. 后洋村特色发展路径实践——畲族文化与知青文化演绎

3.1 特色传统文化的挖掘

后洋村位于福建省宁德福安市南部，属于松罗乡管辖的行政村，霞大省道线贯穿全村。东距霞浦盐田乡15公里，西与松罗乡尤沃村接壤，南连岭头、满洋村，北距松罗乡政府所在地3公里，距福安市约37公里。后洋村不仅保持了少数民族的文化传统，并且完好地保留了传统文化的精华，为现代旅游和文化传承

提供了平台（表1）。

后洋村传统文化一览表 表1

非物质文化分类	内容
传统手工技艺	茶叶加工、乌饭制作等
民间传说	民间故事、民间歌谣、民间谚语
传统农作物	葡萄、茶叶、稻谷、毛竹等
节庆风俗活动	畲族"三月三"民族民俗文化节、畲族婚嫁表演
传统表演艺术	畲族盘歌

3.2 村域空间统筹与产业布局

3.2.1 村域空间定位

从资源可持续发展的角度出发，保护现有的山水田村相融的生态空间，创造便捷宜人的人居环境，形成"农业养民，文化兴村"的产业发展导向。村域整体形成"一心一轴三片区"的产业空间布局。"一心"指后洋村综合服务中心；"一轴"指后洋村村庄发展轴；"三片区"指集中居住区、农业种植区和生态涵养区。

3.2.2 村域产业发展引导

后洋村的产业主要包括葡萄、茶叶、毛竹等传统种植产业，农业种植规模较大，但目前农产品产业附加值较低，增收空间较小。村庄内没有工业。乡村旅游并未开发，其优势在于具有独特的闽东传统民族特色，且未经大力开发建设（图1）。

图1 村域现状产业布局图

3.3 后洋村特色村寨振兴路径

3.3.1 脉络链接：区域一体化的特色协同发展

从区域整体出发，将传统农业做大做强（图2）。规划整合后洋村的畲族文化和知青文化资源，与尤沃、柳溪形成旅游共同体，因地制宜，制定差异化发展措施。在各村落差异化发展的基础上，加强与镇区及周边村落的合作，联动开发，提取村寨特色民俗文化资源，进行分工协作，促进整体性发展。链接村域范围内同类发展的村庄，在空间上进行互通互联，利用每个村落独有的发展特色，打造乡村特色发展旅游带，并对周边产生有效的辐射带动，实现组团式发展[8]。

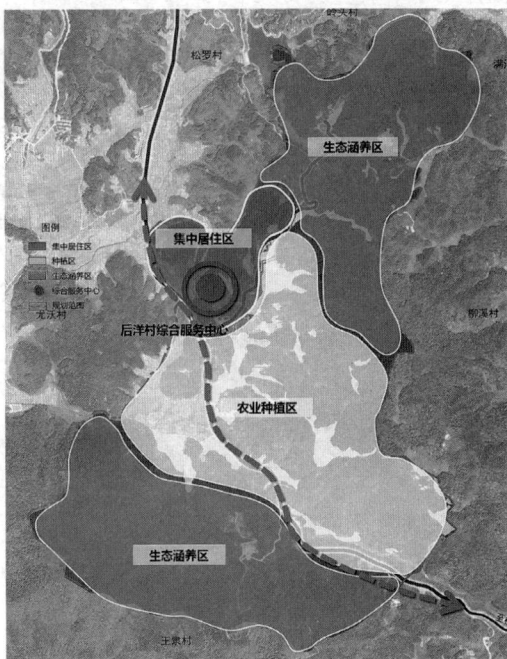

图 2　后洋村产业布局规划图

3.3.2 生产造血：三产融合导向下的文化复兴

产业是乡村发展的重要支撑，也是乡村文化传承与发展的力量源泉。

（1）打造"农业＋文化"的产业发展模式

整合乡村农业生产、生活用地，推行具有"组织性""策划性"的特色农业生产方式。①突出特色，发展集群农业，形成松罗——尤沃—后洋高山葡萄种植区、王加优质茶叶种植区和柳溪林下经济种植区三大农业区；②集约利用，发展循环农业，按照"减量化、再利用、资源化"的原则，优化调整种养业结构，推进形成

"资源—产品—废弃物—再生资源"的循环农业方式，不断增强农业可持续发展能力[9]；③技术植入，发展智慧农业，打造葡萄小镇云平台和王家智慧茶园（图3）。

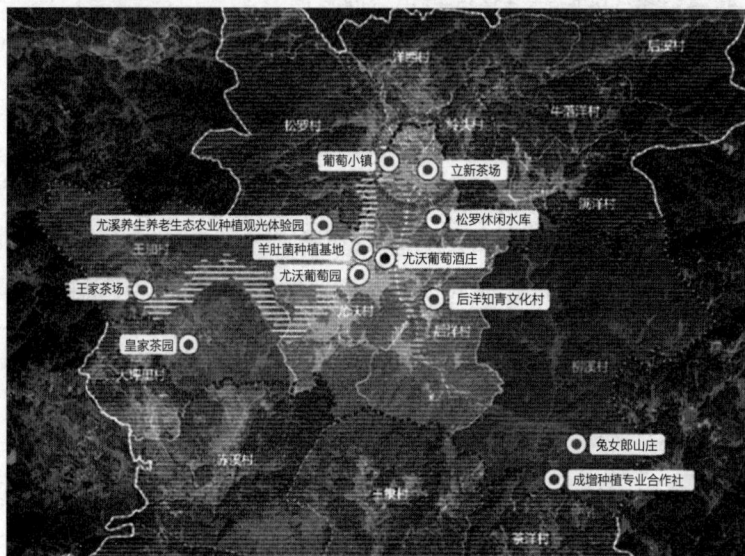

图3　松罗乡产业布局规划图

（2）营造"旅游＋文化"的产业发展模式

整合后洋特色农业、知青文化与畲族文化、自然景观三方面特色优势，打造集上山下乡段（红军井、知青源）—青春记忆段（知青楼、畲寮、畲族婚庆馆）—广阔天地段（桃林、茶园）—饮水思源段（知青井、文化客栈）于一体的知青文化体验之路；尤沃村依托村内千亩葡萄园，打造集农业观光、农产品加工买卖、特色民宿于一体的现代农业休闲观光之路，提升村民自身的认同感与归属感，逐步增强村庄的人气和吸引力（表2）。

后洋村文化挖潜模式一览表　　　　　　　　　　　　　　表2

发展目标	发展模式	具体项目
生态的休闲度假	民居住宿	文化客栈、主题民宿
	特色餐饮	农家小院乡村酒吧、户外烧烤
	康体养生	畲药养生、食疗
有趣的农户体验	户外运动	环村骑行、山野步道
	农耕体验	茶园采茶、桃林采摘
	山水游憩	山川溪谷、梯田茶园

发展目标	发展模式	具体项目
特色的文化展示	农耕文化	制茶、做乌饭
	民俗文化	畲族"三月三"民族民俗文化、婚嫁表演
	茶叶文化	茶文化节、茶园观光

3.3.3 生活补血：内生发展导向下的文化传承

尊重并深入挖掘特色文化、民俗风情，将其历史变迁、神话故事、艺术工艺、村寨园林等文化遗产与乡村休闲旅游相融合，实现乡村文化的可持续发展[10]。

（1）"理环境、聚民心"，营造文化景观节点

以畲族文化为依托，采用传统民族元素，建设具有浓郁畲族文化氛围的畲寮和畲族婚庆馆。利用原有村落街巷空间，举办畲族"三月三"民俗文化节以及畲族婚嫁表演等活动。同时，整修和恢复村庄南部的五显灵宫，打造畲族文化墙，开展畲族耕读家风宣传活动，传承畲族传统美德。

（2）"造景观，引人气"，恢复传承民居风貌

对后洋村建筑进行清洁、整修，对建筑立面、建筑色彩、建筑门窗等提出统一的要求。同时，在建筑内部增加绿植、谷仓等元素。充分利用畲族传统民居特色，在建筑内部设置天井和小厅，统一建筑风貌，实现传统畲族文化与当代文化的结合（表3）。这种做法可避免大拆大建，对畲族特色村寨原有风貌的延续起到很好的作用。

后洋村环境整治措施一览表　　　　　　　　　　　　表3

发展目标	发展模式	具体项目
活力的邻里生活	居住	自住型、民宿＋自住型
	社区服务	公共厕所、村民服务室
	公共生活	宫庙、露天室外剧场
多样的收入来源	种植养殖	家庭农场、茶园、野鸡养殖
	产品加工	葡萄汁、葡萄蜜饯加工 茶叶加工、竹工艺品制作
	旅游服务	民俗文化节演出、旅游产品、农产品出售、民宿、餐饮服务

（3）"立项目，塑品牌"，构建乡村文化平台

建立文化间的资源互动，搭建畲族文化平台，宣传畲族特色文化，例如可在村内开设畲寨舞台，打造畲乡巫舞、原生态畲歌表演的平台；通过互联网等信息

化手段，宣传畲族特色的葡萄、毛竹等农产品，搭建展销一体的网络链；结合网络平台，展示畲族原汁原味的婚俗活动、草鞋、蔑竹手工艺等，打造畲族文化品牌，提升服务品质，吸引人气，提升旅游品牌知名度，突出旅游主题。

4. 结论

农业生产体系现代化、农村生活方式现代化是乡村振兴的本质。在快速城市化与城乡二元结构背景下，为破解传统村落资源利用率低、产业衰败和乡土肌理丧失等问题，后洋村从乡村协同发展、文化复兴和文化传承三个方面探索了乡村振兴的路径。特色村寨规划应结合地方产业基础和资源特色因地制宜进行规划，在保留乡村传统风貌的基础上，延伸农业产业链，开发乡村旅游，传承乡村特色文化，推动乡村振兴。

参考文献：

[1] 王倩颖，孙晓，刘海英.乡村振兴战略视角下农村旅游的突围路径[J].农业经济，2019（04）：50-51.

[2] 刘长江.乡村振兴战略视域下美丽乡村建设对策研究——以四川革命老区D市为例[J].四川理工学院学报（社会科学版），2019，34（01）：20-39.

[3] 张福红.乡村振兴背景下少数民族文化振兴探析[J].农家参谋，2019（09）：14.

[4] 韩丹.乡村振兴战略背景下陕西省特色小镇发展模式研究[D].西安：西安建筑科技大学，2018.

[5] 吴亚伟，张超荣，江帆，吕婷婷.实施乡村振兴战略创新县域乡村建设规划编制——以《安徽省广德县县域乡村建设规划》为例[J].小城镇建设，2017（12）：16-23.

[6] 彭晓烈，高鑫.乡村振兴视角下少数民族特色村寨建筑文化的传承与创新[J].中南民族大学学报（人文社会科学版），2018，38（03）：60-64.

[7] 李燕飞，徐宁，武君臣，何陈程.乡村振兴背景下的乡村特色发展区构建——基于宝应县乡村建设规划的思考[J].江苏城市规划，2018（05）：23-28.

[8] 赵毅，张飞，李瑞勤.快速城镇化地区乡村振兴路径探析——以江苏苏南地区为例[J].城市规划学刊，2018（02）：98-105.

[9] 周锦，赵正玉.乡村振兴战略背景下的文化建设路径研究[J].农村经济，2018（09）：9-15.

[10] 史莹，金质佳，曹仁勇，费文君.乡村振兴战略下的特色田园乡村发展分析——以南京市江宁区钱家渡村为例[J].小城镇建设，2018，36（10）：39-45+59.

城乡规划视角下的城郊少数民族村落
乡村振兴探索

——以宁德市亭坪畲族村为例

张平弟　郑鑫
《林业勘察设计》2019 年 9 月

摘　要： 基于城乡规划的视角，以位于城郊的宁德市亭坪畲族村为例，从文化独特性、村落空间特征、城乡一体化的城镇化要求、政策支撑四个角度，探索在延续其民族文化独特性的同时，实现郊区少数民族村落乡村振兴的可行性路径，以期为其他相类似的少数民族村落发展提供借鉴。

关键词： 乡村振兴；城镇化；城乡规划；城郊少数民族村落

2018 年，中共中央国务院印发《乡村振兴战略规划（2018—2022 年）》中指出，乡村是具有自然、社会、经济特征的地域综合体，兼具生产、生活、生态、文化等多重功能，与城镇互促互进、共生共存，共同构成人类活动的主要空间。乡村振兴，是党在十九大报告中为解决"三农"问题提出的党和国家未来发展的"七大战略"之一[1]，是以"产业兴旺、生态宜居、乡风文明、治理有效、生活富裕为总要求，统筹推进农村经济、政治、文化、社会、生态文明建设"[2]。城乡规划则是以促进城乡经济社会全面协调可持续发展为根本任务、促进土地科学使用为基础、促进人居环境根本改善为目的，涵盖城乡居民点的空间布局规划[3]。城乡规划是系统而综合性的学科，是党和政府引导城乡发展的重要手段。乡村振兴是城乡规划工作的重要内容，也是城乡规划的核心目标之一；城乡规划则是乡村振兴的重要公共政策，是实现乡村振兴战略的重要手段之一。伴随着中国的快速城镇化进程，城镇空间随之扩张，城郊村落将或主动或被动地融入城镇空间范围。由于长期的城乡二元体制因素，多种城乡社会因子在城郊汇集、渗透，发生交互作用和协同功能，城郊村落"成为一种特定的、介于城市与乡村之间的连续

统一体"[4]。村庄原生的传统文化、生产生活方式、景观风貌面临城镇化的深远影响。城郊少数民族村落具有一定的文化特殊性与稀缺性，探索如何在保持其文化特征的同时，主动融入城镇化进程，实现乡村振兴，具有重要的现实意义。

1. 城郊少数民族村落振兴的动力因素

1.1 民族文化的独特性

文化的独特性是城郊少数民族村落区别于其他传统村落的首位动力因素。由于民族文化的凝聚力，城郊少数民族村落仍保持着以民族人口为主体聚族而居的传统聚落形态，民族文化特征明显。在当前文化旅游产业快速发展的背景下，毗邻城市的地理区位增加了村落的可达性，而独特的民族文化资源，为旅游产业的发展提供了与众不同的文化因素。因此，可通过对民族文化的挖掘与塑造，形成具有市场号召力的旅游文化品牌。

明清以来，畲族主要聚居于闽、浙、赣山区，其中 50% 聚居于福建，而 25% 聚居于宁德（表 1）。因此可以认为，宁德是全国畲族的主要聚居地，是畲族民族发展的核心区域之一。

第五次人口普查畲族分布情况　　　　　　　　　　　表 1

省份	地市	人口数（万人）	占比（%）
福建	宁德	18.9	26.6
	福州	4.7	6.6
	龙岩	4.0	5.6
	其他	9.9	14.1
	合计	37.5	52.6
浙江	温州	8	11.2
	丽水	7.2	10.1
	其他	1.9	2.7
	合计	17.1	24.0
江西		7.7	10.8
贵州		4.5	6.30
广东		2.8	3.90
安徽		1.4	2.0
湖南		0.3	0.4

畲族历史悠久，独特的民族文化是维系其民族千年不散的核心凝聚力。因此，即使在单一村落，民族文化也是推动其发展内在逻辑因素，可以从信仰体系、民族精神、文化生活三个层面，认识畲族文化的独特性，深入挖掘畲族的民族文化特色（表2）。

畲族文化特色及载体   表 2

文化特色			文化特色载体
信仰体系	信仰多元	图腾崇拜	包括盘瓠图腾（或称忠勇王、龙麒）和凤凰图腾（三公主）
		祖先崇拜	包括始祖及各姓氏、宗族始祖、职业神灵、氏族英雄和传说人物等
		宗教信仰	畲民信仰诸神，主要是融合汉族宗教信仰，道教是畲民信仰的主要宗教
	祭祖仪式	祭祖仪式	包括迎祖祭、宗祭、醮名祭祖等
		传统舞蹈	与祭祀有关，是畲族信仰的特色表现形式。祭祀中的巫舞，主要包括祭祖舞蹈、行罡舞蹈、醮名舞蹈等
民族精神	忠勇、团结	封建社会反压迫斗争	唐、宋、元、明、清等历代畲军都是反封建、反压迫、维护国家统一的重要力量
		近代革命的巨大贡献	在土地革命、抗日战争、解放战争中，畲族人民对党忠诚、英勇顽强、不怕牺牲
	勤劳、奋进	刀耕火种	封建统治时期处于弱势的畲族人民不断向闽、浙、赣山区迁徙，并进行"游耕"，以"刀耕火种，采食猎毛"的方式辛勤劳作，维持生存
		闽、浙、赣山区拓荒者	明末清初以后，畲族逐步定居，向汉人承包山地，学习先进生产技术，辟梯田、整土地、引水源、种水稻，将荒山变为茶山、杉木林或梯田
文化生活	畲族歌言	文学载体	畲族没有自己的文字，以歌言的形式记述畲族发展的历史、政治、经济、文化、生产、风情等各方面内容
		文化生活	无论是婚丧节庆，还是待客会友，歌言都是重要的表达方式。每年"三月三"等重要节庆，均会有大型的"畲歌会"活动
	畲族服装	颜色	蓝色、黑色为畲族传统服装色彩
		纹饰符号	畲族服饰上的丰富纹饰，主要包括鳌鱼、龙纹、凤纹、犬牙纹、凤尾纹等

1.2 村落空间的民族特色

少数民族是在中国大一统的传统文化下延续发展的，村庄聚落空间的形成与发展受到中国传统营城理论的影响。因此，民族村庄的宏观选址往往符合传统堪

219

舆理论；中观的村庄布局以传统宗法礼教为基础，体现一定民族特征；更多的民族文化特征则体现在微观的建构、景观构筑物、建筑细部装饰等层面。少数民族村落在选址、空间布局、建筑风貌、景观构筑物等方面具有特定的民族韵味，是民族文化特征的空间载体。这些具有文化独特性的物质要素是村庄未来发展振兴的基础，它们往往被当地村民所忽视，却是吸引城市居民、其他民族人民的核心要素。可通过深入挖掘、梳理、创造与展示，成为促进文化旅游发展的民族文化特色空间载体。

村落空间特色及载体 表3

空间特色	空间特色元素	空间特色载体
聚落选址	畲族村落依山就势，随山而建，聚族而居，自成村落，少与汉人同村	青山、小金溪
村庄布局	村庄布局依山就势，以祠堂、宗庙、会馆等公共建筑为核心，强调宗族的凝聚性	中华畲族宫、亭坪村
建筑特征	建筑布局多与当地建筑风格融合、形式丰富多变；以一字型、工字型、口字型为主	中华畲族宫传统民居建筑
	建筑风貌以一层、二层为主，极少数民居及廊桥为三层；建筑就地取材，材料多选用夯土、砖、石、木	传统民居建筑
	建筑细部体现民族风格，包括木雕、彩绘等；图案多带有畲族祈福色彩，包含动物、传说人物、植物花卉等	传统民居建筑

1.3 城镇化发展需求

在新型城镇化建设背景下，城郊少数民族村落在生产生活习惯、思想观念、语言文字、空间特性等方面受到城市文化的冲击与各民族文化之间的交融影响远远大于一般村落。城郊村落基于其区位特征，在城镇发展过程中，既有基础设施、公共服务设施、环境改善的主观需要，亦有承担部分城镇职能的用地空间。因此，城郊少数民族村落在保持民族文化独特性的同时，又具有了与城市的可融合性，在城镇化过程中更有利于承担部分城镇职能属性，促进城乡一体发展。当下，以城乡一体化为目标之一的新型城镇化，要求公共服务设施、市政基础设施、文化设施等在城乡之间进行合理配置。因此，通过合理利用城镇化过程中的公共资源配置机遇，提升村庄基础设施及环境品质，有利于实现村庄的乡村振兴。如在宁德各类规划中，均在一定程度上提出了亭坪畲族村的发展定位（表4）。

宁德市相关规划对亭坪畲族村的发展定位 表4

上位规划	规划定位
《宁德市城市总体规划》	将金涵畲族乡纳入宁德中心城区范围；将畲族文化做为重要的文化旅游产品，举办畲族国际旅游文化节，打造文化旅游系列产品，树立宗教朝圣、民俗文化旅游品牌
《宁德市金涵乡组团控制性详细规划》	建设集旅游、商贸、文化一体的特色风情区：以畲族宫为旅游中心，以民族大道为主轴，结合周边地形地貌和景观，利用畲族聚居特点，发扬畲族文化
《宁德市旅游产业创新提升规划》	畲族歌舞、刺绣、银雕、编制工艺等非物质文化遗产是宁德特色旅游的核心吸引力之一 畲族文化节、畲族民俗是拓展功能、延长游客时间的重要旅游产业链条延展 畲族风情体验应注重传承，打造宁德特色风情民俗文化旅游品牌
《宁德市城市景观风貌专项规划》	划定传统历史风貌区和最纯粹的畲族风展示区；扩建畲族宫；结合现状村落，建设原生态畲族生活体验区、现代畲族风情酒店度假群落；改造金涵溪两侧景观

1.4 政策支持要求

我国一直都有支持少数民族发展的历史传统，各级政府均高度重视少数民族村落的发展，如2014年9月中央民族工作会议上就提出了"我国历史演进的特点，造就了我国各民族在分布上的交错杂居、文化上的兼收并蓄、经济上的相互依存……把优势资源开发好、利用好，推动产业结构上水平，加快发展服务业，逐步把旅游业做成民族地区的支柱产业。"在中央民族方针的指引下，各级政府对当地少数民族事业发展均出台了相应的支持政策。城乡规划先天具有"公共政策属性"，是政府进行资源调配、落实国家政策、协调城乡发展的重要手段之一。城郊少数民族村落作为国家"乡村振兴战略""民族发展战略""新型城镇化战略"等战略支撑的空间载体之一，基于城乡规划的视角，争取并协调各级政府的政策支持，可为推动乡村振兴凝聚更多资源。

各级政府均对畲族事业发展提出了相应的政策支持。2009年国务院出台《关于支持福建省加快建设海峡西岸经济区的若干意见》提出：重点支持福建开展少数民族对台交流合作、加强民族文化抢救与保护、加快民族乡村经济社会发展。同年，国务院出台《关于进一步繁荣发展少数民族文化事业的若干意见》提出：加快少数民族和民族地区公共文化基础设施建设；加大对少数民族文艺院团和博物馆建设扶持力度。2014年，宁德市在落实十八大精神和建设部署中要求，由中华畲族宫协会酝酿，创建"畲族文化生态园"项目。2018年福建省民族与宗教事务厅《关于支持宁德市建设中华畲族文化园的建议》的回复中，同意宁德市建

设中华畲族文化园可申请福建省文化产业发展专项资金、福建省文化产业发展投资资金和福建省非物质文化遗产保护专项资金的支持。

2. 亭坪畲族村的振兴路径

2.1 宏观战略明确发展定位

2.1.1 发展定位

基于对民族文化、空间特色、城镇化发展、国家政策等动力因素分析，提出亭坪畲族村的未来发展目标。①文化发展定位：依托中华畲族宫的唯一性及在全国畲族中的信仰地位，建设畲族文化园，融于亭坪村村落空间，传承畲族文化，营造集祭祖、文脉传承、学术研究于一体的全国畲族圣地。②空间发展定位：依托亭坪村现有山、水、田、村等空间资源，以AAAA级景区为建设标准，营建山清水秀、富有畲族文化特色的体验式旅游休闲片区，成为宁德城市气质的特色名片。③城乡职能定位：依托国家对台文化交流政策，构建对台少数民族交流、民族产业发展融合的平台；融入宁德城市建设体系，成为城市发展轴带上的重要休闲活力节点；促进金涵组团的城市建设、景观环境及经济的全面发展。

2.1.2 定位的空间落实

城乡规划是在空间层面落实发展战略，实现发展定位的重要手段。通过科学合理的空间布局，使发展战略与城乡空间协调统一，最终实现乡村振兴目标。如通过活力空间的调整，使亭坪村融入宁德城镇建设体系，通过小金溪景观休闲带与中心城区紧密相连；考虑亭坪村的用地局限，展示畲族歌言、舞蹈文化的表演场地，可结合市体育馆建设统筹考虑，使之兼具体育馆与畲族文化展示的双重功能等。

2.2 中观空间布局强化民族文化特色

2.2.1 空间结构凸显文化特色

信仰是维系民族凝聚力的精神要素。通过合理规划，因形就势，依托亭坪村内现有的中华畲族宫，构建"一轴、一带、四心、三片"的空间结构（图1），并以生态文化轴串联各功能片区，形成礼制清晰，开合有序的畲族朝圣序列。在总体布局上，利用村庄环境要素，形成"山、水、田、林、村"融合的畲族传统"山居"聚落意向，体现畲族传统人文与自然契合的生态观（图2）。

图1　亭坪畲族村规划结构图

图2　亭坪畲族村规划平面图

2.2.2　功能布局强化文化体验

畲族具有丰富的非物质文化遗产。通过规划将畲族文化与村庄特色空间相结合，在各空间层面展现不同的畲族文化，提升亭坪村的民族文化体验（图3）。如畲族宫前广场作为畲族祭祖仪式中"登十三楼""上刀山下火海"的主要表演场所；利用现状保留传统民居作为畲医、畲银、畲衣、畲婚、畲茶等的展示及再创作空间；利用朝圣广场作为露天歌场，满足节庆歌会演艺需求等。

图 3　畲族文化融入规划空间

2.3　微观层面塑造民族文化风貌特色

2.3.1　建筑传承民族特色

通过设计手法，将民族独特的建筑布局、符号、材料、样式及服饰纹样、图腾信仰、色彩、植物等进行提炼创作，融入建筑设计、景观设计中，强化民族文化体验。新建筑的设计必须传承民族特色，在平面布局上，参考具有典型代表性的畲族村落，通过局部地形改造，并延续下亭坪村现有街巷格局肌理，使整体呈现畲族聚族而居的"山居"村落特点；在建筑风貌上，保持建筑的布局、体量与传统畲族民居一致，同时以畲族传统民居建筑中的"石、木、夯土"为主要建筑材料，局部使用现代玻璃、黑钢等隐性建筑材料，整体展现畲族传统建筑风貌；建筑细部构造严格采用传统做法及图饰纹样。

2.3.2　景观融入民族文化特征

景观是强化空间文化感知体验的物质载体，在景观设计中，各要素均需完全或部分承载民族文化特征，可直接利用，也可凝练再创作，使其与建筑共同构成传统民族村庄图景。如沿用传统卵石样式铺装、将畲族纹饰符号融入小品设计（图 4）等。

鳌鱼石刻　　　　凤凰石雕

畲族会意纹地雕

图4　小品融入畲族纹饰

2.4　实施层面发挥政策集合优势

2.4.1　民族政策支持

由血缘关系支撑而形成的大家庭观念，是少数民族内部团结的重要因素之一。基于这一大家庭观念，结合国家"关于进一步繁荣发展少数民族文化事业的若干意见""重点支持福建开展少数民族对台交流合作"等政策，可争取"畲族文化研究与交流中心"等具有国家影响力的学术部门、交流窗口落户亭坪村或附近区域，为亭坪村的振兴提供永久性的人力、资金、政策倾斜。

2.4.2　城镇化政策支持

结合城乡一体化的新型城镇化政策支持，争取城镇建设资金，对规划中道路、市政基础设施、公共服务设施、环境卫生设施等资金投入较大的工程项目优先启动，提升村庄的公共服务配套及环境品质，分担村庄振兴中需要的资金投入。

2.4.3　乡村发展政策支持

近年来，随着国家经济的发展与城镇化的快速推进，国家逐步加大了对乡村发展的支持力度与政策倾斜，包括财政支持、土地流转、产业支撑、人口政策、扶贫政策等。城郊少数民族村落的振兴应充分发挥村庄居民的主观能动性，结合村庄特点，争取相应的财政、产业、人才等支持。

3. 小结

乡村振兴是国家实现均衡发展、共同富裕的重要内容，是一项复杂、综合而长期的工作，需要整合各方资源，凝聚人力、物力与财力。城乡规划作为城乡之间进行资源有效调配的重要公共政策之一，有先天的学科优势。城郊少数民族村落具有城市、村庄、民族三重政策属性支持，基于城乡规划的视角，以规划的前瞻性思维梳理村庄发展定位，以规划的综合性思维，挖掘村庄自身资源、合理调配城市资源、协调政策资源，以规划的技术手段实现智力、人力、物力、政策等在村庄的空间落位，是实现村庄复兴的重要路径之一，对实现城郊少数民族村落的最终振兴目标具有强大助力。

参考文献：

[1] 顾朝林，熊江波.简论城市边缘区研究 [J].地理研究，1989，8（3）：94-100.

[2] 卢福营.城郊村（社区）城镇化方式的新选择 [J].社会科学，2016（10）：78-84.

[3] 戴冰洁，卢福营.两重性：城镇化进程中的近郊村落文化形态——基于浙江省的实证研究 [J].学习与实践，2014（5）：118-123.

[4] 马光耀.城市化进程中民族村居民可持续生计研究——以北京市门头沟村为例 [D].北京：中央民族大学，2017：5-7.

面向高质量发展的滨海城市新区规划研究

——以宁德市滨海新城规划为例

张平弟

《城市住宅》2019 年 7 月

摘　要： 以宁德市滨海新城规划建设为例，通过分析规划思路和发展方向，构建"五山镶嵌、凭海而立、四水相通、绿城簇拥"的规划布局结构，从区域和城市 2 个层面强化特色功能引导，将滨海新城建设成为服务环三都澳区域的城市公共活动中心，进而提升城市发展质量。

关键词： 新城规划；滨海新城；特色化；新城建设

1. 宏观发展背景及机遇

1.1 市域蓝图新要求

滨海新城建设是提升中心城区能级的核心载体，也是建设"六新大宁德"的重要区域。2012 年，宁德市委审议通过《中共宁德市委关于深入贯彻落实党的十八大精神，全面建设"六新大宁德"的决定》（宁政〔2013〕9 号），指明将在产业、城镇、交通、文化、民生、环境等 6 个方面实现创新转型，其目标之一就是要提高中心城市的人口、产业聚集能力和综合承载能力。按照临海、跨海、环海"三步走"战略和"经济提速、功能提档、形象提升、人气提高"要求，提升中心城市的规划层次和建设档次，使其成为"一市多区多组团"的新兴城市。至规划期末，宁德、福安、霞浦三市市区城镇人口占全省城镇总人口的 63%，中心城区的城镇人口比重达到 37% 左右。

1.2 临港产业新机遇

对于宁德而言，融入"海西经济区"与"一带一路"倡议所倚重的关键就在

于其临港产业的发展。按照"建港口、兴产业、造新城"的基本思路，应坚持港口与工业互补、港口与城市联动的发展模式。一方面，应加快推进临港生态工业基地建设，坚持走新型工业化道路，积极推进清洁生产和循环经济的生态化发展模式，发展现代化技术含量高、附加价值高的先进制造业、优势产业和新兴产业；另一方面，应利用优越的山海资源，充分发挥特色优势，完善城市综合配套服务，逐步实现由临港产业区向集休闲旅游、生态环保、宜居宜业、魅力时尚于一体的"滨海新城"转变。

1.3 军民融合新起点

宁德作为红色中国的革命老区和海防重镇，自中华人民共和国成立以来就有"军民团结、鱼水情深"的优良传统。为贯彻落实"十八大"党中央关于军民融合深度发展的战略部署，宁德市委、市政府提出创建军民融合深度发展试验区思路，大力推进申办军民融合深度发展试验区的各项工作。在新的海峡局势之下，军民融合更加强调经济和国防建设的同步发展。

2. 以人民为中心的规划思路

滨海新城遵循以人民为中心，高质量发展为目标，规划形成"一引导、四构建、两持续"的发展思路。

2.1 "一引导"指交通引导用地布局

交通引导用地布局强化公交主导地位，协调滨海新城与老城之间交通设施和组织的对接，统筹公共交通与慢行交通、小汽车交通的关系，形成衔接紧凑、运行有序的交通体系，重点以轨道交通引导培育贵岐大道、滨海大道等公共设施轴，组织用地适度混合和高强度开发。

2.2 "四构建"指构建现代化服务设施体系

（1）提升现代化城市服务功能。需借助福莆宁同城化及制造业内生发展机遇，错层错位发展商务办公功能，促进城市经济的转型升级。不断将多元素引进同时发展特色功能，保证扩充开发规模得到加强，这对提高商贸服务行业全面升级有着重要作用，使城市的中心相互匹配，实现综合服务功能的升级。

（2）构建现代化民生设施体系。以保障和改善民生为主题，将民生问题解决

于实践过程中，需健全文教体卫及养老等各种公共设施服务建设，使其形成一个配套的系统，保证城市公共服务的整体功能得到优化。另外，在实践过程中，还需根据设施的应用功能及规模、使用频率，并结合交通出行方式，确保服务半径得到扩大，从而提高居民日常使用的便利程度。

（3）合理丰富布局类型，使其实现多样化。在街道特色多元的广场及滨水空间建设实践过程中，要保证自然条件和人文内涵的有机结合，将海滨城市的特点凸显出来。另外，还需做好相关的引导控制，保证整体规划可保护山体及控制高度分区，合理利用自然空间，将标志要点全面提炼出来，并对重点地区提出深化控制要求，强化城市个性特征。

（4）按照现代基础设施体系划分。根据定点、定性、定量的要求，按照安全统筹超前节约等原则进行，具体过程中需按照基本实现现代化的标准实施，保证所有基础设施体系建设满足实际应用要求。

2.3 "两持续"指生态环境可持续和土地利用可持续

在轨道站点及周围城市区域的高居住人口密度的位置上，根据其人口密度及就业岗位，建设相关公共设施，并且使其实现兼容，这对提高公交和慢行出行的低碳布局有着重要作用。在实践过程中，按照绿地规模及空间划分的要求，做好相关结构的绿地系统建设，使其能够吸纳污染，达到节能减排的生态效应。

3. 特色彰显的规划布局与功能引导

3.1 规划布局结构

滨海新城整体空间结构为"五山镶嵌、凭海而立、四水相通、绿城簇拥"。其中，五山镶嵌指横屿山、大山冈、三角顶、金蛇山及贵岐山，是滨海新城最重要的绿色空间与生态屏障；凭海而立指沿三都澳西岸超过20公里的海岸线，是滨海新城具有特色的开放空间；四水相通指霍童溪、北湖、东湖、南湖，兼具生态景观与滞洪防涝功能；绿城簇拥指由绿化水系自然分割而形成的4个城市功能片区，即临港产业片区、科创度假综合片区、新城中心片区、生态宜居片区；片区内的若干城市组团，如图1所示。

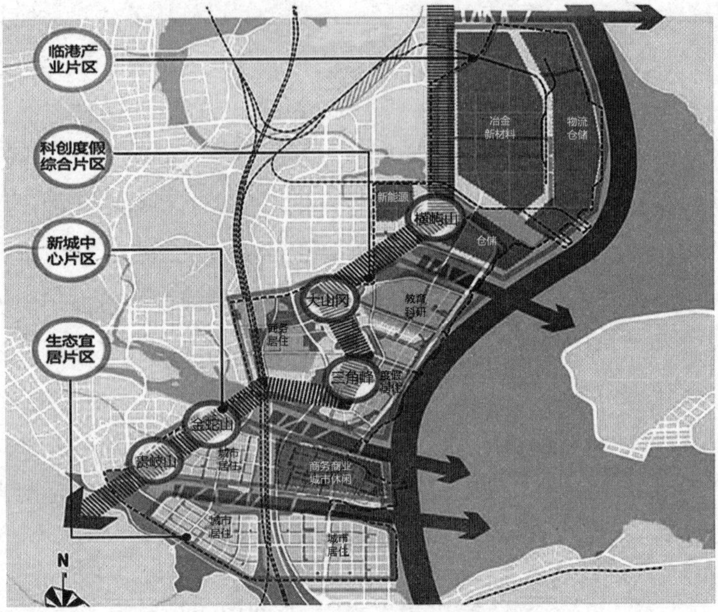

图 1 滨海新城规划结构

3.2 特色功能引导

3.2.1 面向区域和城市的功能构成

（1）区域性会议商务、旅游文化产业。①会议商务：与海西经济区进行区域协作，发展面向区域的特色会议及相关的商务办公产业；②滨海观光：利用环三都澳及周边的霞浦等滨海风景资源，大力发展自然观光旅游，建设配套的旅游服务基地；③旅游休闲度假：在发展观光旅游的同时，配套建设滨海新城旅游度假区，完善旅游产业链。同时，利用城区内的滨水资源大力发展都市滨水休闲产业，力争成为海西经济区面向国际的重要旅游目的地。

（2）环三都澳生产性服务产业。①国企分部、民企区域性总部：利用靠近港口、旅游区、高速公路及高速铁路等优势，吸引国企、国内民营经济和产业集群，在三都澳范围内打造各类企业总部或专业分部、区域分部；②金融保险：随着宁德港区航运、产业发展和区内服务业及人口集聚，可逐渐发展相关的金融保险业，尤其可为邻近的港口物流产业等提供良好的金融保险服务；③航运等特色中介服务：作为福州港区域航运中心的重要组成部分，与二、三产业发展同步，不断发展各类航运特色服务业及会计师、律师等各类中介服务业，延长产业链，壮大价值链。

（3）高端都市性产业。借助"军民融合"的政策优势及临港临海的区位优势，引进相关高等教育机构，兴办分校或地方学院，同时通过合作办学等途径，大力发展教育培训业，尤其可大力发展面向部队及港口、物流、制造业的职业培训和各类工商业营销培训。

3.2.2 因地制宜的空间布局引导

通过对影响土地特质的 6 个方面（港口岸线资源、与主城的联系、交通可达性、景观资源、产业基础、教育资源）的综合评估，评估用地单元，确定各用地单元的特质。

依据不同功能对资源的要求，通过量化分析，对各单元适宜的功能进行甄别，对各功能最适宜的区域进行判断。

4. 结语

中央城市工作会议指出，在实践过程中需体现城市发展的持续性及一致性，在该环节开展过程中需做好相关城市发展控制。宁德市滨海新城在发展时需考虑人文资源及地域自然条件的优势，结合历史人文及生态资源，将"山好水好"的理念融入城市建设过程中。值得注意的是，在建设时还需按照"保护优先、节约优先、自然恢复为主"的方针落实。

参考文献：

[1] 陈天，贾梦圆，臧鑫宇. 滨海城市用海规划策略研究——以天津滨海新区为例 [J]. 天津大学学报（社会科学版），2015，17（5）：391-398.

[2] 焉宇成，周闫，李铁鹏. 赤峰市城市总体规划实施评估实践探索 [J]. 城市住宅，2018，25（1）：65-70.

[3] 韩秀琦，赵爽. 开放式住区规划理念与案例分析 [J]. 城市住宅，2017，24（6）：6-16.

[4] 周瑾. 大连老城社区规划探析 [J]. 城市住宅，2018，25（4）：86-89.

闽东地区传统村落保护与发展策略研究

——以宁德市蒲洋村为例

张平弟

《价值工程》2019 年 7 月

摘　要： 蒲洋村位于福建省东北部，村落依山而建，拥有丰富的历史与景观资源。本文通过大量实地调查、问卷调查与村民访谈，对该村的历史沿革、村落格局、建筑特色等方面进行了分析研究，并对该村的价值特色与文化本底进行了归纳总结。针对蒲洋村目前面临的人口空心化、传统建筑破败、传统文化丧失等问题，本文突出对历史资源的活化与利用，力图探索出一条可操作的、可持续的、保护与发展相协调的村庄复兴之路。

关键词： 传统村落；保护与发展；闽东地区

1. 研究背景

实施改革开放的基本国策之后，城市化进程取得了非常快的发展，从城镇化率的统计分析可以发现，1949 年的城镇化率仅为 10.6%，而在 2015 年却已经达到 56.1%，按照国家规划，在 2020 年，城镇化率必须要达到 60% 以上。基于此，我国的村庄数量呈现出逐年减少的态势，并且速度非常快。从相应调查数据统计分析发现，我国在 2000～2010 年的 10 年内，自然村数量从 363 万个减少到 271 万个，超过 90 万个村庄消失，合计每天有 250 个自然村消失[1]。由于这一问题的存在，使得很多传统的村庄文化逐渐走向消亡，给村落的保护与发展带来了极为不利的影响。因此，为了能够更好地保护民族文化、确保古建筑可以流传后世，在经过多方面的考察确定之后，最终将蒲洋村在内的 393 个村落作为首批传统村落传统文化的名录。

此外，城市二元结构体制在经历了长远的发展，农村问题也更加严重。根据

当地的民政部门的统计数据确定，我国 2015 年农民工数量达 1.68 亿人，而全国范围内超 6000 万的留守儿童[2]。现代社会中，城市高速发展之下开始积极的带动农村发展，这已经成为了不争的事实。因此，随着乡村振兴计划的逐渐实施，我国开始大力发展乡村经济，逐步推出"城乡统筹""乡村旅游"等方面发展战略，各个地区开始逐渐的发展乡村旅游业，这也成为了乡村发展的重要道路。

2. 村庄概况

2.1 区位分析

蒲洋村地处福建省东北部区域，从行政管理方面来说，其是宁德市柘荣县黄柏乡之下的自然村，从村落的组成结构的角度出发，在蒲洋街、新厝里、九斗里和叶厝里处于村落的中心周边区域中，因为本次规划主要是将这几个部分纳入重点规划部分，总覆盖面积达 20.11 公顷。本次研究将整个蒲洋村的行政区域纳入，其总面积为 5.04 平方公里。该村与乡政府的距离为 7.2 公里，处在福安市区与柘荣县城的中间地带，通过 962 县道直接和上述两地连接，距离均为 27 公里。而福安的经济发展比较快，就业机会也比较多，所以蒲洋村与该市的联系较为紧密，很多村民都进入到福安市寻求发展机会。

2.2 村域资源

蒲洋村整个行政范围内的山区分布着大量的山丘，林地资源含量比较大，可以种植水稻、茶叶、白术、太子参等植物。此外，当地的自然、人文景观异常丰富，有蝴蝶山、瀑布、古树等丰富的自然资源，同时也有传统村落的人文景观资源，主要是以传统民居、宗祠等建筑结构形式，代表着当地历史的悠久，很多文物被认定为县级保护单位，成为了人类文化发展的重要组成部分（图 1）。

2.3 历史沿革

明朝初期，恒温古道商旅发展速度非常快，蒲洋作为主要的中转地带，经济是非常繁荣的，随着时代的发展，游、杨、江、叶、王等姓氏逐渐在当地定居并且繁衍生息。游氏一族从河南迁来此地，在唐朝末年，游氏祖先迁居到建阳长坪里，然后再迁到黄柏，随后又有人移居到蒲洋。

蒲洋因为地理位置比较特殊，在长远的历史发展中逐步地成为福安与柘荣的重要歇脚点，也成为了周边区域的经济贸易中心，沿溪建设有蒲洋街，在最繁华

图1 村域环境分析图

的时代，当地建设有客栈、杂货铺、布艺店等各种商业，最高峰时期多达20多家，全部毁于一场火灾中。清朝光绪年间，南山村开工建设"游氏宗祠"，并且在20世纪80年代重新建设。

民国23年（1934年），闽东工农红军进入黄柏乡内，在各个区域中都建设有苏维埃政府，并且逐步进行反霸减租等一系列的斗争，希望可以积极改善农民生活。中华人民共和国成立之后，行政区域的划分曾经多次变动，蒲洋村先后被划入到蒲安乡、蒲洋乡、富溪乡、富溪公社等。1984年之后，开始实现政社分离，实现了乡镇建制，蒲洋行政村属于黄柏乡的管辖范围。

随着时代的发展和进步，人类社会取得了非常快的发展，农村村民对于生活质量有着更高的要求，很多新建设的楼房都设置在蒲洋街中，全部分布在街面两侧的位置上，传统村落房屋逐渐消失，取而代之的是现代楼房建筑，并且村内人口数量锐减，房屋空置率比较高，没人居住、没人修缮从而导致民居损毁严重，所以亟待保护，否则将会造成巨大的损失（图2）。

3. 现状问题分析

3.1 人口外流与老龄化

随着城镇化发展的深入进行，农村人口数量在急剧减少，很多青少年为了提升自身生活质量、寻找更多的就业机会，全都选择外出打工，村庄内主要分布着

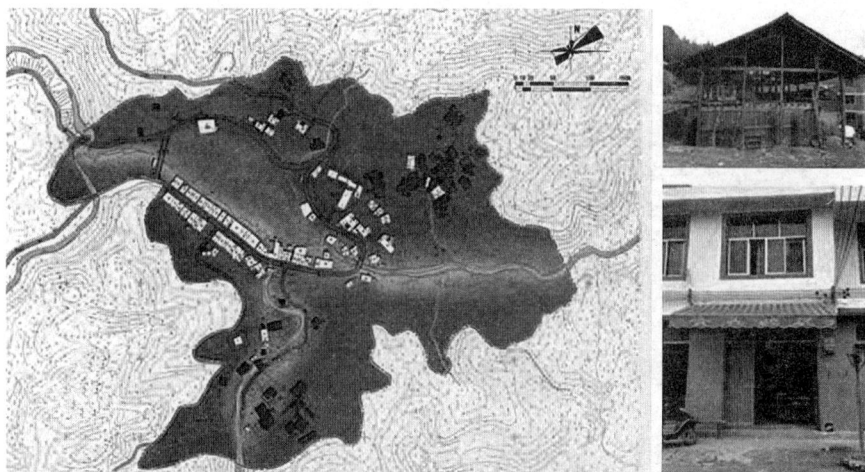

图 2　蒲洋主村（蒲洋街、新厝里、九斗里、叶厝里）建筑风貌现状分析图

老年人群，整个村庄的活力都比较弱。到 2011 年年底，整个村子内部仅有 1452
人，常住人口为 852 人，外出人口比例已经达到 41%。从 2015 年的人口调查数据
中可以看出，外出人口比例已经提升到 60%，其他村内居民 50 岁以上者，比例
高达 50% 以上，已经有着非常严重的老龄化趋向。此外，户均年收入在 1 万元以
内的家庭所占比例达到 39%，村民的整体经济水平非常低（图 3、图 4）。

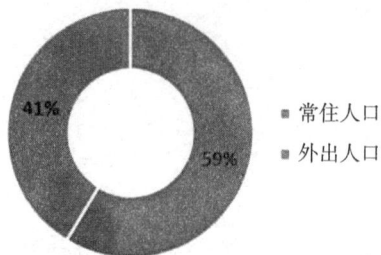

图 3　外出人口分析图　　　　图 4　年龄结构分析图

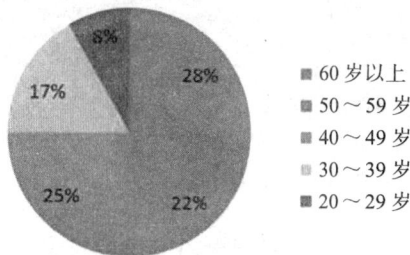

3.2　建筑破败与土地闲置

村内规划较为混乱，很多村民为了能够满足生存与发展的需要，开始进入城市
中进行打工生活，造成了大量房屋空置，无人居住的情况比比皆是，尤其是很多传
统建筑，因为无人居住，也没有做好日常的维护管理，故而现状非常差，保存状况
不容乐观。从另外一个角度出发，虽然村内自然环境宜人，但是因为其建设得比较
早，并未规划排污系统，造成了污水随意排放，进而使得周边水体遭到严重破坏，
并且村内分布着大量的旱厕、禽畜棚舍等，自然环境损坏得比较严重（图 5）。

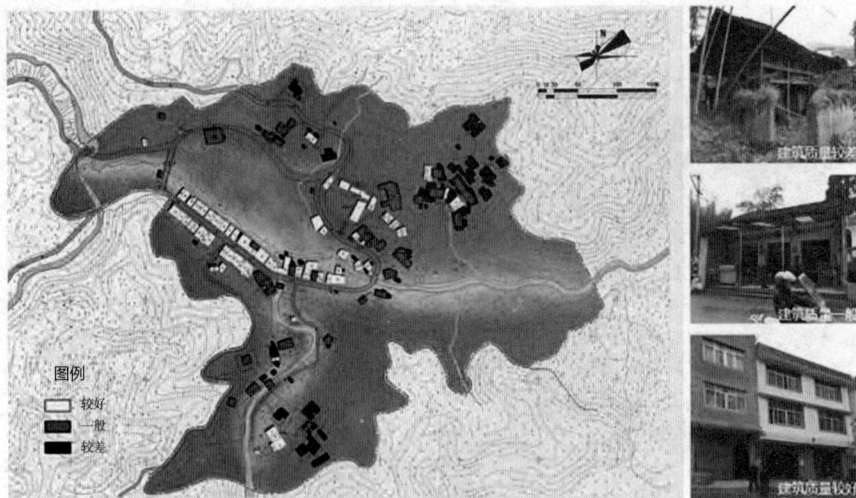

图 5　蒲洋主村建筑质量现状分析图

3.3 乡土特色渐衰

现代文化的传承和发展，使得人们的生活有了很大的变化，传统民间乡土文化逐渐的淡化，乡村生活缺乏精神文化内涵。村内新建设的房屋大多都是砖混结构形式，没有传承乡土建筑的特色，很多传统风貌被损坏。

4. 价值特色

4.1 村落格局特征

蒲洋村分布在蝴蝶山麓的位置上，内部地形变化异常，从整体角度分析，东南偏高、西北偏低，从山内发源的双龙井溪自南向北穿越整个村子。村落内的很多建筑都是沿着峡谷傍山建设，处于青山包围之中，溪水包围整个村落，自然环境非常宜人。村落内部的建设按照山势进行，自然生长，与当地的自然景观融合到一起。因此，蒲洋主村的格局非常好，给当地的村民生活提供了良好的自然条件（图 6）。

4.2 传统建筑特色

4.2.1 建筑选址与平面格局：天人合一，尊卑有序

村内的传统建筑大多依据当地地形条件而建设，有些是根据山势进行建设

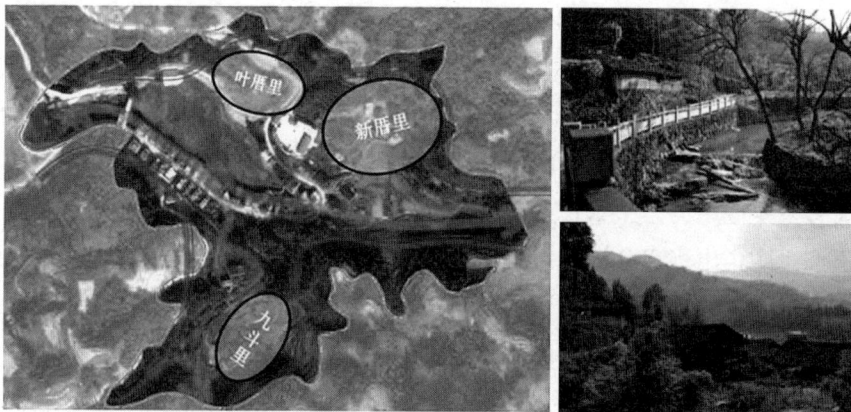

图 6　蒲洋主村建筑质量现状分析图

的,有些是依托当地的水势,与自然环境融合到一起,平面布局更加灵活,反映出"天人合一"的理念,极富传统文化特色。

建筑平面通常是以天井为单元建设而成的单体建筑结构,并且从外形上看是三合院或者四合院。大部分的建筑均采用"门屋—前天井—檐廊—前堂—后堂"的结构形式,檐廊通常都是设计为卷棚轩的形式,是从天井到前堂过渡空间。前堂正厅通常是整个建筑的核心组成结构,多数都是供奉祖先,接待重要客人或者举行特殊的仪式,后天井两侧主要是厨房与餐厅的空间。一层一般为日常生活所用,建筑二层为通畅,可以达到通风换热的作用,同时能够作为储物空间,还可住人,这与我国的尊卑有序传统理念是一致的(图7、图8)。

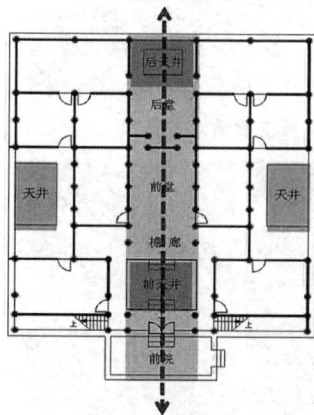

图 7　典型传统建筑平面示意图

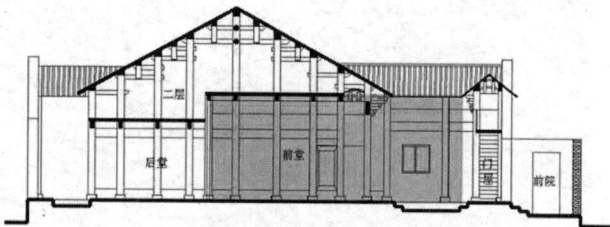

图 8　典型传统建筑剖面示意图

4.2.2 建筑结构与建筑材料：淳朴素雅，就地取材

建筑结构的承载结构形式主要为穿斗、抬梁等，其建筑施工材料为木材，并且进行清水处理，表面不刷油漆，饰面是以少量石雕为主，有些没有设置雕饰。建筑墙体结构采用的是夯土墙的结构形式，基本没有设置青砖空斗墙的形式。夯土墙底部主要应用的是垒石作为基础承载结构，其内部存在一定的缝隙可以及时排出积水，防止出现水分淤积的情况存在。室内主要设计木隔墙、编竹抹灰隔墙等结构。室外天井采用的是石砌的结构形式，二层主要设置为木楼板的形式。屋面则为青瓦制作而成，且采用的是山顶加披檐的结构形式。

整个村内的建筑所使用的施工材料都是取自于当地，土、石、木为主体材料，其经济效果明显，能够满足使用的需要。

4.2.3 建筑细部装饰：细部丰富，雕刻精美

木质构件因为其容易加工所以是很多建筑装饰的首选，通常来说都是在建筑的前堂等地设置隆重的木质装修结构，最为常见的当属前堂窗花、轩廊斗栱等。此外，柱基础一般都会采用石雕刻的形式装置，而建筑其他部分的装饰性元素较少（图9～图11）。

图9　传统建筑青瓦大屋面　　　　图10　传统建筑木构架

图11　建筑细部

4.3 非物质文遗产化

蒲洋村是市级文化保护单位，已经成为当地非常重要的文化遗产项目，是古代柘荣境内游仙姑的三大行宫之一。随着时代的发展，我国开始全面重视民间文化交流，各个地区之间联系紧密。此外，还有当地的传统文化故事、民间歌谣等不断传承下去，很多民间故事都已经记录进当地的历史文化名录中。村内依然存在着唢呐班、木制工艺、竹编工艺等，同时还有传统食品工艺等（表1）。

非物质传统文化一览表　　　　　　　　　　　　表1

非物质文化分类	内容
传统手工技艺	传统竹编、细木、茶叶加工、糕饼制作
口头传说和表述	游仙姑传说、歌谣、谚语
传统农作物	茶叶、太子参、毛竹等
节庆风俗活动	游氏仙姑祈福仪俗：全年进行，神诞祈福、除夕祈福以及婚嫁、出行、求学、经商祈福等
传统表演艺术	传统唢呐班、汉族婚礼舞、汉族婚礼唱诗

5. 发展目标与策略

5.1 目标与定位

蒲洋村是恒温古道柘荣与福安的关键转折点，与两地的间隔距离在4小时以内，是古代的官员上任、赶考、商旅、军队等非常重要的歇息场地，所以村落的不断发展和逐渐繁荣，同时也和恒温古道存在着非常紧密的联系。此外，村落内部种植着大量的经济作物，主要以茶叶、太子参为主，饮茶吃参已经成为当地人非常重要的饮食习惯，村民非常注重养生，并且村庄内部有着非常良好的自然生态环境，所以村民普遍长寿。

从上述蒲洋村的特点了解中可以发现，当地政府结合实际情况，提出"悠悠古驿，康养福地"的发展规划，同时也要积极发展当地的传统历史文化，要逐步地体现出古道驿站繁荣商业发展的景象，逐渐大力发展健康养生产业，体现出当地传统民居的文化特点，为人类文明的传统奠定基础。

5.2 规划策略

5.2.1 整合资源，协同发展

因为整个地区的资源分布极为混乱，要综合进行当地的景观资源的整合与分析，要将恒温古道作为旅游产业的主线，同时要保证各个区域之间的紧密联系。将南山、蒲洋等逐步建设成为旅游共同体，同时需要积极和周边村落保持联系，形成产业集群（图 12）。

图 12　蒲洋主村规划平面图

逐步建设和发展"古道游览带"和"竹海健身带"两条旅游联系带，将蒲洋下辖各个村落的需要有效地串联起来。"古道游览带"就是要充分体现出蒲洋至新厝里古道在历史发展中所起到的积极作用，并且根据当前文化传承的需要进行适当的修缮处理，要展示传统文化的特色，可以在路边设置茶屋，给游客提供休息、品茶的场所，结合当地景色多次进行旅游开发活动，大力发展旅游业，逐步提升蒲洋村的知名度。此外，蒲洋村至南山村的直线距离仅为 0.6 公里，整个地带的交通通行比较方便，以驾车出行的方式需要多行进 5 公里左右。从当地规划部门可以了解到，在城市规划过程中，主村与南山的道路已经完全开通，此时可以有效利用当地的林业资源，建设成为景观道路，改善当地环境，并且给居民提供活动休憩的场所。

5.2.2 保护古村，抢救遗存

积极保护当地的传统历史文化，应按照如下几项基本原则来进行：第一，整

体保护。这种保护方式不仅需要保证传统文化可以继续传承，同时要充分地保护整体山水格局，还应该注意保护周边林业等自然资源，做好村落传统文化保护。第二，分层保护。根据实际需要建设保护区域，保证其和周边的文化环境达到协调一致，从而可以进行必要的管理与控制。第三，分类保护。根据建筑的具体状况以及历史文化意识形态，进行分类保护、修缮与保留，建筑修复与整理要使用传统建筑的施工材料，不会损坏建筑的原有风貌。

5.2.3 功能策划，提升人气

合理进行整体功能性规划，要吸引大量的人群进入乡村中，提升乡村活力，逐步增加居民收入，建设成为完善的旅游体系，发挥当地的自然资源。根据建设规划的需要，将杨氏宗祠处的广场设置为舞台剧场，并且对于周边建筑做出必要的修缮处理，要布置民族风情展览馆，成为当地居民与游客的活动中心。同时再将南山村、蒲洋坪、新厝里建设成为旅游节点，南山村的海拔比较高，风景优美，传统建筑数量比较多且完善度高，及时进行建筑修缮施工，依托当地的太子参、茶叶等保健功能作用的特色产业，策划相应的旅游项目，成立健康会所。新厝里中的传统建筑损坏情况较为严重，很多建筑都处于空置状态，所以需要进行全面的改造与完善。对于一些保存完好的建筑可以重新改造成为旅社、民俗、餐馆等，从而形成了具备民族文化特色的商业群落。

5.2.4 传创并举，古村新生

要想实现传统文化的传承与发展，必须要进行必要的创新，要开展各项有意义的传承文化活动。第一，对于传统材料需要创新使用，有效的利用当地盛产的石、竹等开展艺术创作，建设成为具备当地特点的景观小品。第二，传统建筑的创新改造，要和当地的文物保护单位取得联系，将一些可以改造的地点建设成为民宿、茶吧等，也可以建设成为当地民族文化的展览馆。第三，传统民俗的展示。设置农耕、传统技艺的展览场馆，发扬民族文化。

5.2.5 社区共建，远近结合

原住民是传统文化传承中非常重要的一个部分，对于发扬传统文化有着非常积极的影响作用。规划中要实现社区的全面建设，从长远发展的角度出发，建设完善的民族聚集群落。建设村规乡约，要凝聚民心，让村民更好地维护村落，保护传统建筑，在日常生活中不能损坏民居建筑形式，积极带动当地的全面发展。

6. 结语

改革开放以来，中国的城市建设取得了举世瞩目的成就，然而伴随城镇化的快速推进，国内村庄数量在急剧缩减。另外，在城乡二元结构体制的长期作用下，农村问题变得愈加突出，传统村落的保护与发展受到尤为严峻的挑战。本研究最终确定了以乡村旅游和休闲农业为主的特色化的发展目标，并提出了"整合资源、协同发展""保护古村、抢救遗存""功能策划、提升人气""传创并举、古村新生""社区共建、远近结合"五项发展策略，以期对其他地区传统村落的保护与发展产生一定的借鉴意义。

近几年，借助脱贫攻坚、造福工程、产业扶持政策的东风，村两委带领全体村民，通过"扶贫＋产业＋旅游"的完美契合，实现了从"贫困村"到"小康村"的蜕变。从此，蒲洋踏上了脱贫致富的快车道，在新农村建设的征途上倍道兼行。如今，村庄美了，统一规划的房屋沿街而立，河边的石栏杆蜿蜒而筑，宽阔的道路通向千家万户；环境好了，保洁员用灵巧的双手写下了纤尘不染，环境综合整治行动让原来到处堆放的垃圾无处藏身；村民笑了，扬起的眉宇细说着喜悦，挺起的胸膛装满了幸福。茶叶、太子参以及中药材种植基地中村民们忙忙碌碌，仿佛在蘸墨提笔，撰写着春耕的序言；影影绰绰，仿佛在裁田绘景，谋划着一年的希望与收获。在蒲洋记忆的扉页里，过往的风华中，我们读到了繁华，也读到了沧桑，更读到了希望与自信。与时代同呼吸，用奋斗去逐梦，蒲洋村全面发力，未来可期！

参考文献：

[1] 冯骥才. 传统村落的困境出路：兼谈传统村落文化遗产 [N]. 人民日报，2012-12-07.

[2] http：//news.sohu.com/20150613/n414949356.shtml.

[3] 薛涛，张华. 基于遗产活化的传统村落保护与旅游规划实践—以湖北省广水市桃源村为例 [J]. 旅游规划与设计——传统村落保护与活化，2015-09-01.

[4] 任国才，韦佳. 古镇古村旅游发展模式初探 [J]. 旅游规划与设计——传统村落保护与活化，2015-09-01.

宁德市传统村落保护与发展策略研究

——以宁德市车岭村为例

张平弟

《林业勘察设计》2019 年 6 月

摘　要：通过实地调查、问卷调查与村民访谈，对车岭村的历史沿革、村落格局、建筑特色等进行了分析研究，归纳总结村庄的价值特色。针对以往传统村落保护规划编制中出现的"重物质保护、轻文化传承"现象，以及车岭村目前面临的人口空心化、传统建筑破败、传统文化丧失等问题，提出针对车岭村历史资源的活化与利用方案，确定了以乡村旅游和休闲农业为主的特色文化的发展目标，制定了优化资源、保护遗存、加强策划、场所营造、社区共建等五项发展策略。

关键词：传统村落；价值特色；文化传承；资源优化；发展策略

"传统村落"是指村落形成较早，拥有较丰富的文化与自然资源，具有一定历史、文化、科学、艺术、经济、社会价值的村落，是在农耕文明长期发展过程中留下的宝贵遗产[1]。2015 年，宁德市车岭村因其丰富的自然和历史文化资源，被列入福建省第一批省级传统村落名录。2019 年 6 月 6 日，住房和城乡建设部、文化和旅游部、文物局、财政部、自然资源部、农业农村部发布了《第五批中国传统村落名录》。至此，全国共有五批共计 6819 个村落入选"中国传统村落名录"。此次，车岭村成功入选，由原来的省级传统村落升级为中国传统村落。目前，车岭村面临着人口空心化、传统建筑破败、传统文化丧失等问题。在乡村振兴的背景下，如何更好地保护传统村落的历史文化遗产及其完整的山水格局，传承并发扬古村传统文化，挖掘周边丰富的自然景观资源，改善村庄环境及村民居住条件，同时避免过度的旅游开发对其造成新的破坏，成为传统村落保护与发展研究中需要重点关注的问题。

1. 车岭村概况

1.1 区位分析

福安市位于福建省东北部，北与浙江省相邻，东接柘荣，南至宁德市区，处于环三都澳经济区的辐射范围。车岭村位于福安市东北部，属于潭头镇千诗亭村管辖的自然村。村庄通过县道与福安市区相接，距福安市区约 1 小时车程，距福安高铁站约 2 小时车程。周边主要的旅游风景区有武陵溪风景区和白云山风景区，其中，武陵溪位于潭头镇，为国家 AAA 级景区；白云山位于福安市西北部，为国家 AAAA 级景区。

1.2 村域资源

村域历史资源包括人文资源和自然资源两部分。人文资源主要为宗庙祠堂、传统民居、古桥、古道、古碑（位于石碑村）、古亭（位于千诗亭村）等，多分布于传统村落内部。自然资源主要为山川、梯田、瀑布、奇石、古树以及要素间的形制组合等，包括太极潭、百丈漈、天龙井、双狮落洋石、状元石等。村域自然景观资源十分丰富，而且具有一定的文化内涵。位于村落东北侧山峦的古化石，由人、牛、羊、犬、鸡、鸭等足迹形成，土名叫"骑牛上天"山，老者言：传说有仙人在此得道升天，升天时带走了家禽故而留下足迹，谓之"一人得道，鸡犬升天"。车岭村四面环山，一条水系从中穿过，整体形成望得见山、看得见水的优美自然风光。另外，车岭村周边山体植被覆盖较好，植物种类丰富，山坡茶园错落有致，村内整体生态环境较好。新建楼房多在县道一侧呈带状分布。

1.3 历史沿革

村落始建于何时目前尚无准确资料考证，但根据后山化石和老一辈人的传说推测，大约在商代春秋战国时期就有人在此地安家落户。明朝万历二十五年（公元 1597 年）陆以载主持编修的《福安县志》已有"车岭村"的相关地理地貌的记载，村中现存传统民居多建于清嘉庆年间。

车岭村张氏始祖相传其明朝万历年间本在赵宅建居，冬季下雪之时牧羊至此，见村内独一处不见积雪，地形如一个镭锅，村内一条溪流潺潺，地有龙脉、正气，实属风水宝地，故而决定迁居此处，在此安家落户，繁衍后代。原取名曰"石镭"，而后改名曰车岭村。历代张氏先祖以行医而闻名方圆数十里。

2. 村落现状

2.1 人口外流与老龄化

2011 年，千诗亭行政村户籍人口 1736 人，399 户，其中车岭村现有户籍人口 485 人，其中常住人口 267 人，青壮年人口外流现象严重，留守人员多为老弱妇孺，村庄呈明显的人口空心化趋势。根据入户调查的结果来看，户年收入 1 万～2.5 万元的占比最大，村民人均收入约 0.7 万元，表明本村整体经济收入水平较低。居民文化水平较低，多为中小学及以下文化水平。由于村庄居住和发展环境不佳，外出升学的村民尚无回流迹象。对外流村民所做的回乡意愿度调查显示，尽管人口外流情况比较严重，但村民返乡就业创业的意愿较强，并且对乡村发展的关注度和参与村庄建设的热情都比较高。

2.2 建筑破败与土地闲置

村内的古建筑建设年代久远，一些建筑无人居住，年久失修，逐渐破败，房前屋后的土地也随之闲置，杂草丛生，对村容村貌造成明显影响。村内同时存在禽畜棚舍随意搭建、垃圾及废弃农具随意堆弃、建筑随意改建等问题，需在后期村庄发展中不断改善。

2.3 设施配套有待完善

车岭村已建成的休闲、健身、购物等公共设施配套较为缺乏，影响了村民的生活品质，难以满足未来旅游业发展的各类配套设施需求。因此，村庄需结合村民需求及未来发展分期完善各类设施配套。

3. 价值特色

3.1 村落质朴秀丽

车岭村位于潭头镇东部山峦顶凹槽处，坐落于东山山脉西南麓，海拔 600～700 米，环抱于山峦拱翠之中。村落四周山峦起伏，东南面有海拔 1200 米左右的"韩阳十景"之一"东山雪霁"，面前两峰屹立，地貌多山地、多丘陵，层次结构明显，四周形成明显的内陆小盆地，俯视呈东山来龙结穴、双狮落洋之状。

车岭村坐北朝南，背山面水，负阴抱阳，村内自东向西流淌的溪流，名曰石

镶谷，四季河水潺潺不息，流入太极潭内，穿越两峰缓缓西行，至车岭村尾处突现百丈漈，向东汇入双溪。河床怪石嶙峋，野趣横生。

整体而言，村落依山就势，因地制宜，可谓山势藏纳、地势高燥。这种天人合一、自然和谐的人居环境村落选址是中国传统村落堪舆的典范。质朴的农耕风光和自然环境延续和保存较好，为村庄的创新发展提供了良好基础。村落中茶园、桃园、水稻梯田与山水形胜共同塑造了质朴秀丽的农耕山川。

3.2 非物质传统文化形式多样

车岭村的非物质传统文化主要包括口头传说和表述、节庆风俗、民俗宗族活动术、传统手工技艺、传统农作物种植等（表1）。在村落发展的数百年中，形成了许多独特的历史传说和人文典故，一方面体现了村民的共同回忆和对生活的美好寄托，另一方面更加彰显了村庄的独特价值和文化积淀。

非物质传统文化 　　　　　　　　　　　　　　　　　　　　表1

类别	内容
传统手工技艺	青草药制作、竹编、细木、大木、茶叶加工、油茶加工、糕饼制作、豆制品磨制、编草鞋、传统建造等
口头传说和表述	有"忠平侯""平水大王""游仙姑""双龙井溪"等传说，西竹岔战斗故事以及民间歌谣、民间谚语等 "千（签）诗亭"——相传千诗亭是由古代书生进京赶考于此"签"诗题词而得名 "铁拐仙补桥"——铁拐仙下凡于鼻涕桥补桥，造福一方百姓 "骑牛上天"——古化石，仙人在此得道升天，带走家禽故而留下足迹于石上 "石镶谷"——村内穿梭而过的河流，河道有龙井、太极潭、百丈瀑布等 "车岭村十二景"——自然、人文景致的现代总结，共十二处景观
传统农作物	茶叶、太子参、中药材、稻谷、笋、水蜜桃、毛竹等
节庆风俗活动	有祈福仪俗、祭祖仪式、戏曲表演等。游氏仙姑祈福仪俗为市级非物质文化遗产。祈福仪俗活动全年进行，分神诞祈福、四季祈福、除夕祈福以及婚嫁、出行、求学、经商祈福等，以每年农历正月十七游氏仙姑神诞日祈福和四季祈福最为隆重，以婚嫁祈福和除夕祈福最具特色
传统表演艺术	传统唢呐班、汉族婚礼舞、汉族婚礼唱诗等
族谱典籍	传承有《清河郡张氏宗谱》

青草药制作。村中民间传统青草药制作工艺素有传承。民间传统青草药，大多是从深山老林、悬崖峭壁中采摘而得到的药用植物，取其根、茎、叶、果、花等，通过切片、晾晒等加工工艺炮制储存用，并按照一定药方，使其发挥特定疗效。旧时因交通不便，医学不够发达，村民治病求医较困难，为救死扶伤，方便

村民寻医治病，张氏先祖便将传统青草药制作传承下来。目前张氏第四代传人张裕华继承这项传统工艺。

编草鞋。旧时因生活贫困，村民做农活都穿草鞋，日出而作，日落而息。即使是徒步从潭头等较远的地方挑货物回车岭村贩卖，也穿草鞋。第一次国内革命战争时期，红军曾志、叶飞等人由古官道途经车岭村，村民苏庭金、赖小山等编草鞋相赠，表达对大革命的支持。现在，因生活水平提高了，草鞋已经不作为村民的日常生活用鞋，仅用于祭奠先祖、披麻戴孝时脚着草鞋，以表孝义。编草鞋工艺也因此得以传承。还有新民谣"贫困年代走路鞋，革命年代用草鞋，富裕年代少见鞋，祭奠孝子用此鞋"，说的就是此草鞋。

自明代迁居此地后，张氏一族就开始经营本村，形成典型的聚族而居的文化特征。几百年来，氏族文化和历史传统得以传续。一脉相承的文化传统也成为村庄在传统村落保护和创新发展上的文化基因。

3.3 历史文化资源丰富

村内历史文化资源丰富，主要有传统民居17处，张氏祠堂1处，大王宫、忠平侯王宫等宫庙2处，古桥1处，古官道及古树若干。村内传统建筑布局相对较为灵活，大多依山而建、因地制宜。传统建筑材料皆为就地取材，以土、木、石为主要材料，建筑结构以穿斗、抬梁混合式木构架为主，体现出淳朴素雅、经济实用的特点。祠堂西北侧现存5棵树龄超过500年的古柏树，巍峨挺立。

车岭村曾是福安市城区北上通往北方和东北部村民通往福安城区的古官道途经之地。古官道呈南北向穿越村庄内部，因后来修建公路、军用电缆等遭到破坏，仅部分古官道得以保留。村域内现存有一座名曰"鼻涕桥"的石板桥，也属古官道的一部分。此古道是还是古时福安以南的考生进京赶考的必经之路，沿路设有猪肉铺、染坊、布匹铺、客栈等，促成了村落的鼎盛。

4. 发展目标与策略

4.1 目标与定位

根据车岭村现状遗存特征，规划确定以"山居雅风，诗意车岭"为该村的整体形象定位。以秀美的山水资源、独特的聚落风貌、丰富的民俗活动为特色，形成以旅游度假和生态农业为主，兼具休闲观光、文化展示、民宿体验功能为一体的生态度假型传统村落。

整合当地的物质与非物质历史要素，在保护延续风貌和自然人文景观的基础上，发掘村落传统文化，协调保护与旅游的关系。凸显地方特色，改善村民生活条件，激发古村活力，将车岭村打造为能留得住青年的乐活之村、能守得住乡愁的人文之村和能引得来游客的生态之村。

4.2 规划策略

4.2.1 优化资源，整合空间布局

针对现状资源较为分散的问题，规划对村域内重要景观资源点进行整合串联，形成"一轴、两心、两片、四点"的产业空间布局。"一轴"指沿962县道串联各自然村形成的主要联系轴。"两心"指村委所在地的千诗亭公共服务中心和村域西侧车岭村休闲度假核心区。"两片"指962县道北部的生态农业观光区和962县道南部的山林生态游憩区。"四点"指石牌、大洋、神仙楼、山后四个社区。同时，重点在车岭村范围内形成"一心统领、一轴串联、五片共生"的空间格局。"一心"指车岭村老村活动中心，包括众厅、活动广场、文化景墙、接待中心等。"一轴"指沿古官道顺石镴谷进而串联古村的历史景观走廊。"五片区"指以山边、路边、水边为天然分界线形成的老村山居体验区、新村发展区、创意梯田景观区、野区活动体验区和溪谷山林休闲区五个功能区（图1）。

4.2.2 保护遗存，彰显文化特色

切实保护古村中传统建筑、村落肌理、街巷尺度、山水格局与自然环境等物

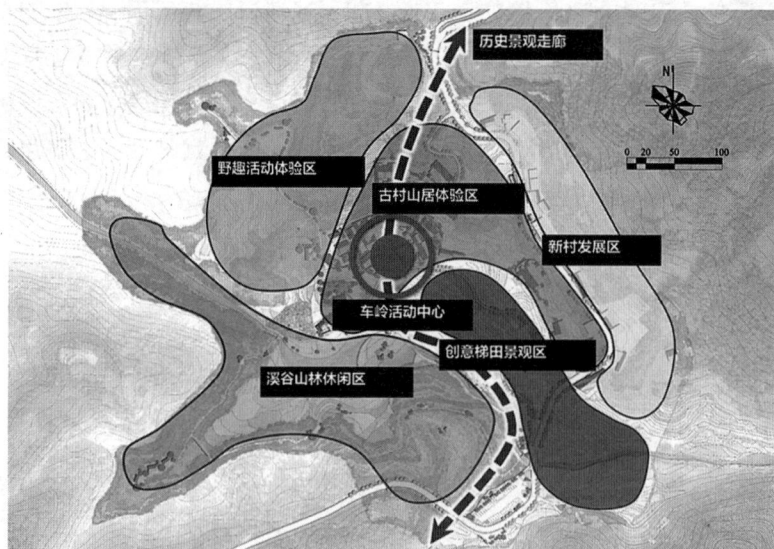

图1 产业空间布局

质形态所携带的真实性的历史信息。重点保护车岭村现有的传统民居、祠堂神庙、古井、古树、古官道等历史遗存，严格维护文化遗产的原真性，突出当地历史文化特色。运用文字、录音、录像、数字化多媒体、网络等多种方式，对车岭村传统村落的非物质文化遗存进行全面记录，建立非物质文化遗存档案。通过新闻出版、专题宣传、各类广告、多媒体等多种手段加强对文化空间及其承载的非物质文化遗存进行展示、宣传，扩大文化遗产的影响力和知名度，让更多的人共享车岭村传统村落的优秀文化遗存的魅力。

4.2.3 加强策划，激发村庄活力

规划建设山居、野趣和乐游三个主题片区，形成具有独特功能景观意向的山居体验组团、乡野休闲组团和山水乐游组团（图2）。其中，山居体验组团位于村落的东侧，打造民宿、青年客栈、乡村博物馆、茶吧、农家乐和室外讲堂等景点集聚的老村山居体验区，串联状元印石、梯田和传统民居建筑等景观资源点。乡野休闲组团位于村落的西北侧，强调打造情趣、农趣、有趣的乡野休闲特征，设置情语路、茶园迷宫、农家烧烤、果蔬采摘、溪谷寻幽等景点项目，串联起村落山体、茶园、溪水等景观资源点。山水乐游组团位于村落的西南侧，突出太极神游、林中探秘和入口引导主题功能的山水乐游景点项目，主要包括滑泥公园、廊桥、嬉水岩、天龙观景、树屋、吊桥等特色景点项目，串联起太极潭、天龙山、溪水梯田等景观资源点。通过丰富多样的功能策划，带动乡村发展，提高村民经济收入和生活水平，吸引村民回乡就业。

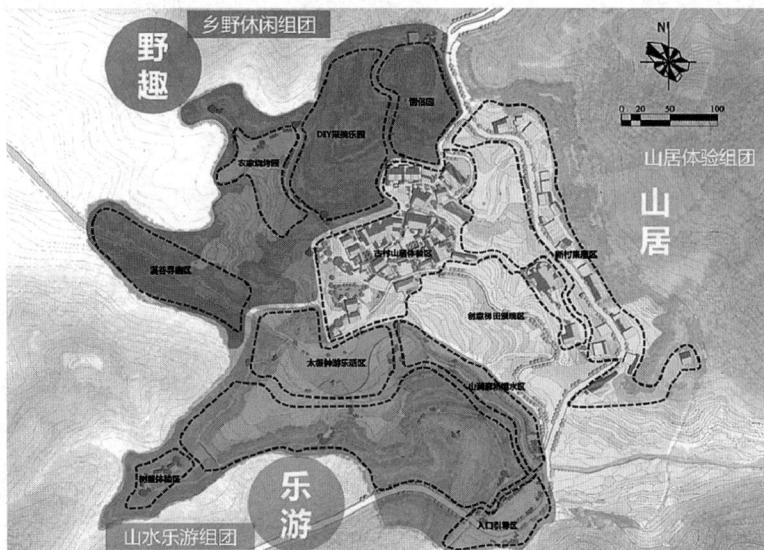

图2　主题片区规划

4.2.4 场所营造，强化公共空间

以村民活动中心、太极潭景观中心和村口景观节点为重点，打造多个公共活动空间。村民活动中心充分利用现状地形、墙垣对场地进行重新梳理，构建以室外剧场、村民服务室、休闲广场、文化景墙、众厅、茶吧等功能为一体的综合性公共中心，并充分利用菜园、夯土墙作为景观的分割和构筑要素，使其成为集休闲、活动、观景为一体的传统风貌集中展示区。对公共活动中心及其周边的建筑进行统一的风貌控制，对不符合传统风貌的现代民居进行立面整治，对慢行步道和广场进行风格化的复建和整修，使其重拾传统村落公共空间的意境。太极潭景观节点的设计重点考虑村民共同价值意向和村落发展特点，通过太极图腾的大地景观营造契合车岭村堪舆文化的愿景。在具体的手法上，筑坝截水成湖，而梯田则在撂荒季节通过水车引水逐级跌落形成水体景观，与湖水共同构筑太极的阴极，北侧通过滨湖步道和梯田山体形成太极的阳面，阴阳两极共同形成具有集体认知和特色鲜明的太极潭景观节点。村落入口节点主要承担门户形象展示和流线引导功能。在形象展示方面，设置公共停车场和公共厕所供村民和游客使用，利用入口牌坊和文化雕塑营造入口空间场所感、提高识别度；在流线引导方面，充分利用既有的古官道将行人引导到老村内，形成了通达山体和溪水的两条步行路径。

4.2.5 社区共建，实现持续发展

在传统村落的保护与更新中应通过政策引导，调动村民、乡贤、企业家等广泛群众参与的积极性，树立村民主体意识，建立古村建设自下而上的民主决策机制，推行村内事"村民议村民定、村民建村民管"的治理机制，真正让传统文化保护弘扬成为居民的自觉行动。同时加强村史、村庄特色的宣传，使得村民都能对本村历史、文化和特色产品有一定认识，并能积极参与到村落保护和发展开发活动中。持续每年举办民俗文化节、寻根谒祖等纪念活动，增进交流，传承传统文化。借助互联网发展电商，扩大茶叶、太子参等传统特色农产品的宣传销售渠道，同时也增加宣传页，对车岭村老村开展全方位的网络展示。

参考文献：

[1] 冯骥才 . 传统村落的困境出路：兼谈传统村落文化遗产 [N]. 人民日报，2012-12-07.

[2] 薛涛，张华 . 基于遗产活化的传统村落保护与旅游规划实践——以湖北省广水市桃源村为例 [J]. 旅游规划与设计，2015（3）：95-102.

[3] 任国才，韦佳 . 古镇古村旅游发展模式初探 [J]. 旅游规划与设计，2015（3）：32-39.

乡村振兴战略背景下宁德传统村落的
保护与活化研究

张平弟　林琴玉　刘玲华
《宁德市社科联论文》2019 年 9 月

1. 引言

党的十九大报告中习近平总书记明确提出"坚定实施乡村振兴战略"等"七大战略"，并将乡村振兴战略放在了"七大战略"之中间位置，足见乡村振兴战略充满了方向性、根本性、全局性和时代性。这一战略也全方位描绘了一幅富裕、民主、文明、和谐、美丽的乡村新图景。2019 年 8 月，习近平总书记给寿宁县下党乡乡亲们的回信，在宁德全市广大群众中引发热烈的反响。在回信中，习总书记勉励福建寿宁县下党乡的乡亲们继续发扬滴水穿石的精神，努力走出一条具有闽东特色的乡村振兴之路。习总书记的回信寄托着对闽东的深情厚谊，对我们要"努力走出一条具有闽东特色的乡村振兴之路"更是寄予了殷切的期望。宁德传统村落数量多、分布广，但不断加快的城镇化和现代化浪潮为传统村落带来巨大的冲击，使其遭受建设性、开发性、旅游性的破坏，甚至面临消亡的威胁。因此，在乡村振兴战略背景下传统村落的保护与活化势在必行。

2. 传统村落的保护与活化

传统村落又称古村落，一般是指民国以前建村，保留了较大的历史沿革，建筑环境、建筑风貌、村落选址未有大的变动，具有独特民俗民风的村落。传统村落作为乡村社会的生活空间，存储着大量的历史文化信息，包含大量的物质和非物质文化遗产。保护和活化的关系，活化是有效保护、积极保护，活化的根本就是将传统村落作为一种生产空间保留下来。传统村落要活化、保留传统文化，但

不是被动、原封不动地保存，可以是传统要素与现代功能的有机结合[1]。传统村落的活化应将传统村落延续和发展下去，进一步发挥其文化资源禀赋和特色优势，更加重视文化生态和对传统文化资源的保护，同时，还要尊重不同的乡村文化，遵循乡村自身发展规律，保护乡村风貌、传承乡村文脉、留住乡村记忆、重塑乡村文化。打造出高显示度的闽东文化标识，让陈列于闽东大地上的文化遗存"活起来"，切实把闽东之光传播开去，进一步凝聚乡村文化的精神力量，推动乡村文化事业和文化产业繁荣发展，筑牢乡村振兴"文化魂"，努力走出一条具有闽东特色的乡村振兴之路。

3. 宁德传统村落的保护现状分析

3.1 宁德传统村落的保护现状分析

宁德地处福建省东北部，山清水秀、空气清新，拥有丰富的文化与自然资源。在宁德的青山绿水间，分布着大量传统村落。这些传统村落形态多样、独具特色，具有浓郁的乡土文化气息，是悠久历史文化传承的重要载体。

3.1.1 数量众多，分布广泛

截至 2019 年 8 月，住房和城乡建设部已公布五批中国传统村落，其中宁德地区有 141 个村落列入了国家传统村落目录，占福建省总数（494 个）的 28.5%，在全省九地市排在第一位。福建省已公布两批省级传统村落名单，宁德共有 126 个村落列入了省级传统村落目录，占福建省总数（573 个）的 22%（表 1）。目前，宁德地区国家、省级传统村落实际总数已达到 201 个（注：部分原省级传统村落已升级为国家级传统村落）。

宁德市国家、省级传统村落　　　　　　　　　　表 1

批次	国家级（个）	省级（个）
第一批	15	70
第二批	6	56
第三批	10	
第四批	32	
第五批	78	
总 数	141	126

从公布的国家、省级宁德传统村落区域分布看（表 2、表 3），宁德地区所管

辖九县市都有分布传统村落。其中，古田、蕉城、屏南、福安、寿宁拥有国家级传统村落较多，分别占总数19.15%、17.02%、15.60%、12.06%、12.06%；周宁、福鼎、霞浦、柘荣拥有的国家级传统村落较少，分别占总数的9.93%、7.09%、3.55%、3.55%。省级传统村落中，占比例最大的是蕉城，共26个，占20.63%。由此可见，拥有国家级、省级传统村较多的区域，其一般拥有山地丘陵较多、区域环境相对封闭以及交通不太便捷等因素，这些因素一定程度上弱化了外界的干扰，保留了传统村落的原有格局，入选为国家级、省级传统村的数量也较多。这些传统村落从分布空间看：或位于平坦地带，如福安廉村、屏南漈下村等；或临海而居，如霞浦竹江村；或位于丘陵山区，如周宁陈峭。

宁德市国家级传统村落区域分布统计表　　　　表2

传统村落所在县市	数量（个）	百分比（%）
蕉城	24	17.02
福安	17	12.06
福鼎	10	7.09
寿宁	17	12.06
屏南	22	15.60
霞浦	5	3.55
周宁	14	9.93
古田	27	19.15
柘荣	5	3.55

宁德市省级传统村传统区域分布统计表　　　　表3

传统村落所在县市	数量（个）	百分比（%）
蕉城	26	20.63
福安	21	16.67
福鼎	4	3.17
寿宁	13	10.32
屏南	13	10.32
霞浦	7	5.56
周宁	14	11.11
古田	23	18.25
柘荣	5	3.97

3.1.2 类型多样，各具特色

从调研结果看，宁德这片土地上孕育着类型多样，形态各异，具有独特文化的传统村落。对宁德地区现有的 201 个传统村落（国家级、省级）进行筛分。宁德传统村落可分为畲族文化、历史人文文化、海防文化、山水宜居、商贾贸易、民俗传承等类型（表 4）。

宁德传统村落类型   表 4

村落类型	典型代表	村落特色	村落图片
畲族文化传统村落	霞浦县溪南镇半月里村	中国历史文化名村，分布大量畲族的古民居，畲族风情浓郁，民风淳朴	
历史人文传统村落	福安市溪潭镇廉村	中国历史文化名村，历史悠久，人才辈出之地，分布着大量古官道、古民居、古祠堂、古城堡等，文化沉淀深厚	
山水宜居传统村落	周宁县纯池镇禾溪村	四面环山，溪流穿村而过，枕山临水，风光秀丽，桃李遍野，宜人、宜游、宜居	
海防文化传统村落	霞浦县长春镇大京村	临海而居，分布着坚固的防御体系（古城堡），明代的军事工程建筑，全国最长的乡村古城堡	
商贾贸易传统村落	福安市社口镇坦洋村	中国历史文化名村，地处交通要道，"坦洋工夫"红茶的发祥地，茶文化深厚	
民俗传承传统村落	周宁县浦源镇浦源村	中国历史文化名村，民俗文化传统（护鱼、葬鱼习俗）与村落紧密结合，文化遗存丰富	

3.1.3　依山傍水，地形复杂

宁德大部分村落背山面水，地表形态是多山，溪河多独流入海，山岭纵横、河道交错，形成格子状的村落。大部分村落远离喧嚣，很少受到大型兵革动乱的冲击，形成了一个个历史悠久，保留相对完整的乡村聚落，特别是聚落内部的组成要素、结构与布局（如村落形态、房屋建筑形式结构等）均没有明显变化[2]。宁德传统村落一般坐落在山间与河谷地带，地形复杂，交通不便，环境闭塞，主要是由于在古代人们生产生活的需要以及追求居住环境和大自然和谐思想的体现（图1）。

图1　屏南县漈头村

3.1.4　历史悠久，底蕴深厚

宁德是闽越族文化和唐代中原文化融合的典型区域，悠久的历史沉淀了浓厚的文化，各村落里古文化资源丰富，保留了众多中原文化元素包括语言、民俗等，存有大量富于地方特色的古迹，包括寺庙、祠堂、会馆、古井、古碑刻、古塔、古民居、古街道等。据调查，宁德传统村落建筑形成风格时间大约为汉代至唐代之间，现存建筑多为明清时期。例如，"中国传统古村落""中国历史文化名村"——福安廉村，是开闽第一进士——薛令之的故乡。现仍保存有古官道、古码头、古城堡、古宗祠、古民居和为数不少的古雕刻，字画作品等古文化遗迹，文化底蕴极其深厚（图2）。

3.2　宁德传统村落保护与活化的典型

屏南县熙岭乡龙潭村，景色宜人，历史悠久，是福建省第一批省级传统村落，也是国家级非物质文化遗产"四平戏"唯一留存的地方。几年前随着大量村民外出务工、经商，使原本有1400多人的龙潭村，降至不足200余人，一座座老宅因年久失修而轰然倒下，只余残垣断壁，村内呈现一片人去楼空的荒凉景象。

图2 "开闽第一进士"薛令之故里——廉村

近年来，在屏南县政府的推动下，龙潭文创项目启动，实施文创产业助推乡村振兴计划，引进文创和专业设计人才，组建民间工程队，先后对60余栋古宅进行重新设计和修复。众多来自国内外各地的外乡人落脚龙潭，承租、修缮、改造古民居，挖掘本地文化特色，活化文化遗产。一座座破败老宅，化为书吧、茶室、民宿等。现在的龙潭村面貌焕然一新，不仅成为外来艺术家、文创人员等"新村民"的理想居所，也吸引外出的村民返乡创业。现在龙潭村常住人口已恢复至500多人，回流村民和外来新村民达300多人。同时也推动了乡村旅游发展，许多游客慕名而来，每年有近10万人前来观光，沉寂的古村迎来了新的春天（图3）。

图3 屏南县龙潭村

4. 宁德传统村落保护与活化中存在的主要问题

4.1 空心化严重，老龄化明显

近几年来，在城镇化不断发展的大背景下，宁德传统村落中一些村民为了追求高质量的教育、医疗水平、公共服务以及选择多元的就业机会，他们往往搬迁到交通便利、生活条件比较优越的地方居住。再加上大量青壮年常年外出务工，只有少数老人、妇女、儿童居住，传统村落出现空巢化、老年化现象严重，村庄缺乏活力，有些甚至变为无人村落。例如，屏南县漈头村，2015 年，漈头村的户籍人口为 3287 人，共 812 户，而村落常住人口仅有 1007 人，外出人口占全村人口的比例约为 69.4%。2011 年，宁德蒲洋村户籍人口为 1452 人，常住人口为 852 人，外出人口比例约为 41%。到 2015 年，外出人口比例已达到 60%，其他村内人口 50 岁以上者，比例高达 50% 以上，已经有着非常严重的老龄化趋向 [3]。

4.2　保护意识淡薄，发展思路不清

宁德传统村落大多数分布在交通不便，经济比较落后，相对封闭的区域。在相当长的一段时间里，宣传力度不够，保护意识不强，不少村民把传统村落视为落后的象征，一些古民居、古城垣、古塔、古井、古碑刻等有价值的文物被随意毁坏、交易、流失，传统技艺、传统文化也被任意遗弃，造成无法弥补的损失。同时，政府部门尚未出台有效的管理办法，缺乏对传统村落的规划和保护，保护力度薄弱，发展思路不清。

4.3　修建破坏严重，特色文化缺失

近年来，随着乡村旅游发展，宁德很多传统村落为了接待大批量游客，修建了游客服务中心、停车场、道路、餐馆等，这些设施的建设，对传统村落的格局、景观影响较大，产生了根本性的改变。一些原本住在传统村落里的村民，为了改善居住环境，拆除了原本最吸引游客的历史建筑，失去了传统村落最原始的东西。例如，福安市坦洋村，具有悠久的历史和丰富的历史文化资源。但由于多年来人去楼空，传统建筑缺乏维护，造成自然老化，再加上房屋扩建、台风破坏以及缺乏有效的规划指导和管理机制，村落建设处于无序发展的状态，致使村落传统空间形态与历史文化景观遭受一定程度的破坏，其中最突出的破坏是村民在古村外围建造了大量新房，对古村形成包围之势，破坏了古村的环境风貌与天际线。同时，街巷两侧由于扩建与加建，街巷的尺度与肌理都遭到破坏。传统村落本应彰显当地特色民族文化，而今在"重旅游开发，轻文化保护"的发展过程中，没有深入挖掘当地特色文化，而是复制其他传统村落的模式，造成独有的文化底蕴逐渐淡化。例如，福建世居少数民族主要以畲族为主，宁德许多畲族传统村落在发展过程中，其民族的建筑、服饰、语言、饮食、民俗等，已逐渐丧失了本民族特色的文化符号和文化标志。

4.4 管理规划滞后，专业人才缺乏

传统村落保护涉及地方住房和城乡建设、规划、文化与旅游、国土等多个部门，各部门由于种种原因很难达成一致意识，未能形成有效的管理机制。同时传统村落的保护，缺乏合理的规划，相关部门尚未制定出古村落保护的长远规划、近期保护方案[4]。地方政府及其村民为了加快经济发展，且提高生活水平的要求十分迫切，在缺乏有效保护管理机制的情况下导致对短期和局部利益的追求影响了当地长期与整体的利益。传统村落形成时间较早，自然文化资源丰富，文化底蕴浓厚，具有一定的历史、文化、科学、艺术、社会、经济价值，尤其在建筑艺术、空间格局等方面具有很大的美学价值。对此类村落的保护与开发需要特殊人才的支撑，然而从宁德地区传统村落的走访调查来看，人才供给不足是制约其发展的重要瓶颈。

4.5 投入资金不足，基础设施较差

当前各地越来越注重对文化遗产的保护，文物的保护经费也在不断增加。然而在很多传统村落保护方面，却是杯水车薪。一个传统村落的修复与保护需要大笔的经费来拉动。宁德大部分古村落建于明清时代，现存古民居使用年限大部分有 100 年以上，普遍存在墙体裂缝、屋顶坍塌、漏雨、木料虫蛀等损坏情况，亟待修复。虽然入选中国传统村落名录可以得到中央财政拨付的 300 万元资金补助，但文物建筑修复对技术工艺以及材料有着严格的要求，修缮成本较高，面对成片的古建筑尚待修缮，环境也需要美化，其资金缺口依然很大。这对财政困难的地区而言，地方政府推动起来是一个很大的难题，配套经费难以落实，保护工作进度缓慢，保护进程滞后于损坏速度。另外一些传统村落，历史悠久，建设较早，村庄内未有排水系统，生活污水随意排放，缺乏环卫设施，再加上一些村民缺少环保意识，随意放养禽畜，垃圾随处倾倒，这对村落环境影响很大。一些村落道路偏狭窄，道路路网不成系统，可进入性差，缺乏足够的照明设施，这些都影响传统村落的整体形象。例如福安市楼下村旅游资源丰富，但处于原始未开发状态，基础设施落后，旅游开发所需的吃住行游购娱等均无法得到满足，旅游开发的路线需要逐步完善，须做好长期发展的准备。楼下的自来水现在基本能够满足全村的日常需求。但供水也存在一些问题：管网供水可靠性差，管网分布不均，自来水过滤不完善，未能达到卫生健康的水平，村落若要发展旅游，用水就不够了。排水目前主要依靠路边明沟排水，依地势将污水导入村外的溪流。村内

电力主要由福安市电网供电，村内没有变电站，电力电信线路主要沿道路街巷架杆布置，或在墙角埋设角杆架线，线路繁多杂乱，巷道上空架线路结网，与古民居建筑风貌极不协调，而且电力线路截面普遍较小，线路老化现象严重，再加上村民随意拉线，极易引发火灾，将会对古民居产生极大的危害。目前村内没有消防栓，消防供水和消防灭火设施严重不足，虽然一些民居有传统的消防水池，但因缺乏有效重视，有些早已名存实亡，村落整体防火能力薄弱。

4.6 建筑风貌不协调，环境矛盾较凸显

随着农村经济的发展，有些传统村落拆除旧建筑，大量使用现代化材料（钢筋混凝土、水泥、瓷砖等），与传统村落不和谐；有些地方对房屋外墙进行颜色粉刷，大量仿徽派建筑。破坏了宁德地方建筑特色[5]。传统建筑逐渐被遗弃，处境尴尬，保护工作任务艰巨，新的住宅模式及其施工方法已经成为村民乐于接受的事物，传统住宅因其与现代生活方式的种种不适应，逐渐被空置不用。新建住宅基本上采用城市型的建筑形式使传统民居形态的延续及其保护工作面临巨大挑战。由于延续传统建筑式样所必需的材料，特别是木材比较紧缺且昂贵，客观阻碍了村民继续采用传统模式建造住宅与维修传统民居。例如，福安坦洋村依水发展，形成长条的带状布局。目前，该村以一条东西向的公路横贯全村，公路修建时破坏了相当多的古民居，而近年来公路两旁又新建了大量的砖瓦房，既破坏了古村原有的街巷空间，同时也破坏了古村落的历史风貌，造成了极大的损失，这也正是经济发展与历史性建筑的保留之间的矛盾的集中体现。

5. 宁德传统村落保护与活化原则

保护和发展是互为补充的统一体。如果一味保护却没有发展利用传统村落，将使其失去活力，而一味发展没有"静态保护"的传统村落，也将缺乏文化特色。我们对传统村落不仅要进行保护，还要让它"活过来""活下去"。

5.1 整体保护原则

传统村落既是物质文化遗产（如建筑、民居、道路等），也是非物质文化遗产（如传说、习俗、工艺等）。我们要注重整体保护原则，物质遗存的整体性主要体现在要正确把握村落空间格局、民居建筑和周边建筑的整体协调性。非物质遗存，由于它脱离产生发展的"场所"与"环境"，因此对它的保护更需要贯彻整体保护

原则，强调自身文化的传承、延续和发扬，提升传统村落的自我修复能力。[4]

5.2 活化利用原则

日益发展的城市化进程，使得宁德多数传统村落，经历着严峻的生存考验。它们大多属于普通百姓基本生活的固定场所，如果不考虑居民居住质量改善，没有合理的活态使用，即使保护得再好，也将缺乏活力与持续生命力。因此，需要正确处理好保护与活化利用的关系，是一种持续性的保护发展。

5.3 以人为本原则

农民是农村发展的主体，要始终把农民的利益放在首位。以人为本原则应充分发挥村民的主体作用，在对宁德传统村落保护的进程中，应当充分考虑村民要求，尊重其意愿，不得盲目追求利益而过度开发。在传承技艺、歌舞、戏剧等方面，需要村民的积极参与，激发主动性和创造性。以人为本，"留得住人"，传统村落才有持续发展的活力。

5.4 制度保障原则

保护和活化传统村落是一项任重而道远的工程，尤其政策制度和资金保障是其保护发展的基本条件。整治村落环境、改善村民居所环境等都需要资金财政的预算保证。此外，法律条文、规划文件等都将有助于它的保护和活化利用。

6. 宁德传统村落保护与活化的策略

6.1 立法保护、政策保障

福建省规模性地对传统村落的保护与发展工作，是 2017 年出台的《福建省历史文化名城名镇名村和传统村落保护条例》。该条例的实施，使得传统村落保护工作有章可循。但相对于其他省市，仍未形成系统完善的传统村落保护体系。

建议宁德地方政府尽快出台制定"宁德传统村落保护与发展条例"，财政、国土、旅游等部门均应针对传统村落保护出台相关相应政策，并规范资金使用、村落规划、旅游开发、生态保护等重要环节，实现传统村落保护与发展法制化。

成立"传统村落保护管理委员会"，成员可由政府成员、技术成员、社区代表、公众代表等组成，对传统村落保护资金落实、价值实现等进行监督管理，有效引导。此外，地方县市政府也应逐步设立"县市级传统村落保护与发展条例"，

运用地方财政专款专项保护与发展传统村落。将传统村落的保护纳入各级政府干部的政绩考核中，通过明确职责、建立责任追究制等措施，使传统村落保护进入常态化轨道。

6.2 建立名录、完善保护

传统村落保护与发展的当务之急是应当及时进行传统村落基本情况的全面普查和科学评估，并建立传统村落的数据库名录[4]。建议宁德市政府相关部门对村落资源情况进行调研并建立名录。

对已登记在簿和申报的传统村落，需要进一步调查补充，完善相关信息。对于遗漏的传统村落尤其是空白辖区、少数民族村等，需要进一步加强查缺补漏，积极寻找，鼓励社会各界帮忙补充相关信息。最后在掌握传统村落详实资料的基础上，根据《传统村落评价认定指标体系（运行）》程序，鼓励积极主动开展申报国家级、省级传统村落的工作。

6.3 规划引领、科学保护

考察一个乡村首先要看规划，规划要深入思考"建设一个什么样的乡村，怎样建设"这个问题，要按照彰显特色、因地制宜、突出重点的原则，编制科学的传统村落保护与发展规划。规划方案要认真听取专家、部门、基层干部、人大代表和农民群众的意见，集思广益，择优立项。规划中反复改变是最大的忌讳，好的规划应该要保持连续性，不能政府一换届、规划就换届。

要注重整体保护原则，不仅注意保护物质遗存，把握村落空间格局、民居建筑和周边建筑的整体协调性。而且要注意保护非物质遗存，做好精神文化的传承、延续和发扬。

分类规划宁德传统村落的资源，因地制宜探索开发机制。人文旅游资源丰富的村落，可以文促旅、以旅彰文，发展文旅产业。资源禀赋差的村落，可发展现代休闲农业。旅游资源分散的村落，要注重"以点带线、以线促面"。有序对接文旅局、住房和城乡建设局等相关职能部门，推进"多规合一"，避免"一村多规"的现象产生。

分区规划宁德传统村落的资源，可分为三个层次：核心保护区、建设控制区及环境协调区。

核心保护区：在该区域内从事建设活动，应当符合保护规划的要求，不得损害历史文化遗产的真实性和完整性，不得对其传统格局和历史风貌构成破坏性

影响。[6] 凡在本区内进行任何一种更新，其方案都需要经过市规划管理部门、市文物行政部门的专门机构审定，并得到"传统村落保护管理委员会"的同意。如福安楼下古村，核心保护区的具体范围为东起农田边，西至中街，南至传经伟业宅，北至保和太和宅。文物保护单位与保护建筑本身的保护范围也属核心保护区。再如福安社口镇坦洋村的核心保护区的范围：东起下街 13 号、15 号、17 号建筑边缘外扩 20 米，西至坦洋溪支流边缘，南至茶山脚下边缘为界，北以坦洋溪为界限。

建设控制区：位于重点保护区的核心保护区之外，该区域主要是为满足村落内传统居民住宅需求增长所逐步扩张的生产生活片区。[7] 如福安社口坦洋村的建设控制地带的具体范围为核心保护外围、村落保护范围之内的范围，用地面积为22.41 公顷。该区域内进行建设工程，不得破坏古村落的整体环境和历史风貌。

环境协调区：该区域是为协调传统村落的生态环境、景观环境、社区环境，以便更好地保护自然景观。严格控制果园、菜地、溪流、山体地带的建设，不得进行任何有损生态环境的建设活动，福安社口坦洋村尤其是坦洋溪周边的农田与茶园应保留现状，不得侵占，建造新建筑。溪柄楼下村尤其是后笔架山山体与鲤屿周边的农田与葡萄园也应保留现状。

6.4 整体保护、活化传承

6.4.1 为更好地保护与发展传统村落，要科学合理地进行规划。

我们要注重整体保护原则，物质遗存和非物质遗存保护两手抓。将传统文化和现代文化相互融合，把传统村落与现代城市生活结合包容，使村民在享受现代化带来的便利生活的同时，保留传统村落的文化性、生态性和生活性。

6.4.2 延展特色空间和文化、改善提升环境

（1）传统村落的古井、古树、戏台、寺庙、祠堂等，承载着丰富的文化和生活气息。但随着时间推移，宁德传统村落的很多公建类建筑常年关门或荒芜，做好精神文化的传承、延续和发扬，需要对公建的用途重新激活或切实保护好。如很多传统村落历史上曾有多口井，但目前使用自来水，因此对现存的古井应该做好保护工作，禁止填塞古井、破坏古井井圈，防止雨水污染古井水源。

（2）改造传统民居，提升建筑功能。可秉承"还原性修复、保护性"的理念，对古建筑进行修复保护。极简的设计、朴素的外观，还原自然、尊重当地风貌，同时提高居住的舒适性。在改造上，尽可能将本土原始特色与现代设施进行无缝结合，既有传统风格，又融入现代气息。例如在不破坏传统民居整体风貌的前提

下，可增设厨房、卫生间等设施，改善通风采光条件，室内墙裙和地面为防水，可加贴瓷砖或地砖等防水材料，但仅限于室内，不得延伸并暴露于室外。

6.5 统筹产业、促进活化

6.5.1 产业发展与保护规划同步协调

各级地方政府要鼓励当地较突出的企业和传统村落结对帮扶，给予传统村落在资金、用地等方面的优惠条件。

6.5.2 建立产业发展项目名录

在其中，明确列出鼓励发展、优先发展、限制发展或禁止发展，用来指导传统村落产业发展选择、招商引资活动、指导政府补贴和引导企业投资，统筹发展传统村落产业。

6.5.3 调整产业结构

大多传统村落"人去楼空"，成为"空心村""老龄村"的主要原因是农村经济欠发达，许多人进城务工。如果缺乏产业支撑，或者产业凋敝，传统村落的发展与活化终将成为空间楼阁。促进传统村落新生，必须充分发挥传统村落现有的资源优势，在政府的引导和大力支持下调整产业结构，立足农业特色资源优势，因地制宜地发展有机农业产业和花卉苗木、中药种植、食用菌等特色产业。产业兴旺，财气才会旺。

推动文旅深度融合，大力发展旅游业、文化创意产业和特色休闲农业，深度挖掘民俗等特色资源，打造宁德10个旅游特色村、20个星级乡村旅游经营单位，建设一批设施完备、功能多样的休闲观光园、森林人家、康养基地、乡村民宿，创建一批特色生态旅游示范村镇和精品线路。发展"乡愁经济"以旅游带动其他各业发展，建议试点实施"十个一"项目，即在一批传统村落出版一本书、制作一张光碟、推出一台剧目、建设一个文化陈列馆（传习馆）、开发一批民族工艺品（纪念品）、展示一批民族文化元素、开发一批特色餐饮、传承一批非遗项目、开展一批节庆活动、改造一些乡村民宿。"住宿到哪里，旅游就到哪里"，发展民宿、留住游客。

乡村性是乡村旅游发展的根本，城市居民选择乡村旅游就是想感受与都市不同的环境氛围。乡村旅游要提升竞争力离不开乡土特色的支持。对于长期生活在洋楼别墅、水泥马路、人工花园里的城市居民来说，城乡差异越大，吸引力就越强。乡村的古树老屋、溪流沟渠、牛羊牲畜等都会因独特的魅力而吸引其驻足观赏。因此要保留乡土特性，增加特色体验和互动性。开发出具有当地特色的旅游

商品，包括文创产品，本地特色的伴手礼等。注重游客的体验和参与，以拓宽产业链来增加收入。如建立文化产业——文化旅游，如游览民俗馆、红色旅游地。农业产业——休闲农业，如参与农业种植、田园农艺、采摘等。根据"一村一品"政策，促进经济发展，保护历史文化遗产。

6.5.4 约束破坏性的经营和产业发展

在发展产业的同时，要优先保证村落原住民的生产、生活、就业和创业等条件，绝对不允许破坏村落的生态环境，不允许破坏性的开发建设行为。传统村落中的各种历史文化遗留的习惯与民俗等采取保护和鼓励态度，传承农村文化，凝固特有乡愁。

6.6 "1+N"模式、古村新生

"一个地方的魅力事实上是由于居住在这片土地上的人的魅力而产生出来的"。如果离开原住民，乡村的魅力和吸引力就会丧失，乡村浓浓的乡愁就会变味。传统村落保护与活化牵涉政府、社会和原住民等诸多利益方，可采用"1+N"模式。"1"指的是原住民，"N"指的是政府、社会组织及社会力量如专家学者、社会精英、创新创业人员、志愿者、艺术家、企业、村委等。

村民作为传统村落的核心主体。在制定村落保护规划和实施保护利用时要充分考虑村民意愿，尊重村民的利益诉求，着重改善村民的居住条件，确保村民享受到保护活化利用带来的好处。要加大对村落本土人才的培养，使村民有事做、有钱赚。吸引更多外出打工人员回归就业创业、政府提供各种传统工艺的培训，将当时的村落原住民培养成懂技术、善经营、有想法的发扬中国传统文化的专业人才。抓好乡村带头人和经营人、能工巧匠传承人、旅游管理人员和服务人员的培训。

另一方面，政府、村民和社会的协同工作，是传统村落保护与活化工作有序开展的重要保证。建立以政府为主导、村民为主体、村委为桥梁、其他社会各力量为驱动的"1+N"多元主体互动模式（图4），让传统村落的保护与活化形成良性互动的良好状态。搭建平台，让专家学者、社会精英、创新创业人员、志愿者、艺术家、企业等投入到传统村落建设中来。一座座破败老宅得以焕然新生，化为酒吧、书吧、茶室、咖啡屋、工作室、音乐厅、美术馆、民宿等，吸引游客，留住游客，呈现出"人来、村活、业兴"的状态。这些新业态不应孤零零自唱"独角戏"，而应注意整个村的运营，注重与整个村落、村民的融合，与周边产业的融合，与村落发展主体共荣共生。如若离开了村落，离开了农业，终将显得空洞无物。还可以通过与各级高校，如与宁德职业技术学院联合创办实践基地

等方式，通过举办志愿者活动、传授手工艺、美术绘画等课程，激发传统村落的
活力（图4）。

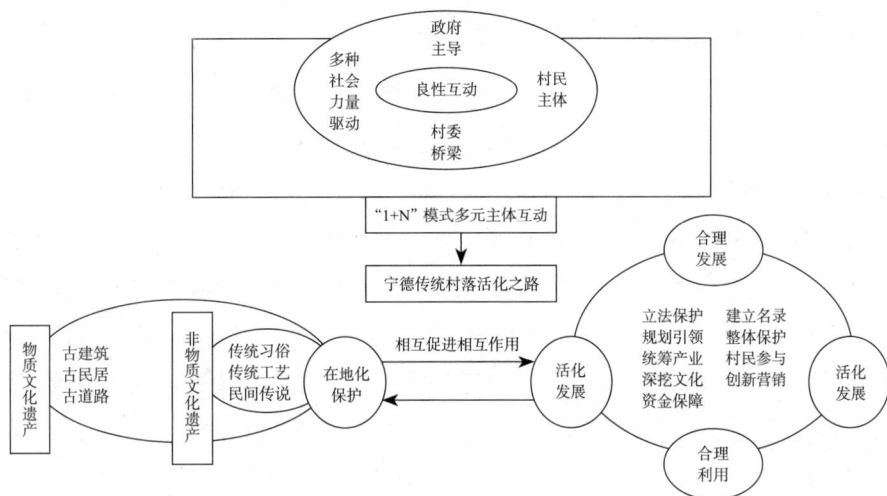

图4　宁德传统村落保护与活化之路

以上不管是原住民，新村民，还是游客，都是人的因素。只有留得住人，人
气旺，财气才会旺，传统村落才能获得新生。

6.7 深挖文化、传承活化

在传统村落保护与活化的过程中，要注重村落文化资源的深层次开发，不断
深挖文化资源的内涵，扩大保护开发范围，创新文化旅游产品，增强文化资源认
同，提高文化传承意识。[8]建议组织实施文化普查，整理家风家训、宗族族谱、
地方习俗、民间传说、乡村记忆等非物质文化遗产，形成档案材料，建立完整数
据库。构建民俗建筑博物馆，展出传统农耕生产工具、生活用具及建筑物件等。

在传统村落保护与活化的形式上，通过"文化＋科技""文化＋创意"形式，
注重文化资源的体验式、互动式开发，以及影视、动漫、手游或网游开发，以满
足现代文化旅游消费市场的需求。同时赋予文化资源的现代生命力，在一定程
度上激发文化旅游的发展活力。推出一批文化旅游项目，策划一批文化体验活
动。办好一批文化活动，提升文化内涵。推出文化节目游、民俗体验游、民俗风
情游、休闲生态游，文化遗产展览、传统文化剧目表演等特色旅游，有效提升文
化旅游对外影响力和知名度。目前，宁德传统村落文化资源的创意开发仍比较薄
弱，亟须打造具有地域特色的文创产品，形成文化产业链。如茶文化、畲文化等

资源，大多不符合现代年轻人的审美意识，急需创新活化文化资源的生命力。可融入民俗民风，开展节庆活动。

6.8 创新营销、激活古村

传统村落的建设中，可以利用网络的无边界进行营销，一方面营造全社会重视传统村落保护的良好氛围和舆论环境；另一方面村落从旅游经济到特色产业均能因此受益。挖掘利用本村特有的资源，持续塑造品牌形象，更好地对村落产业进行营销，形成多元化的经济发展。

（1）广泛开展社会宣传。通过官方媒体门户如网易、携程网和自媒体平台如微博、贴吧、QQ、微信公众号、直播平台等，展示传统村落的魅力，提升人们对传统村落的认知了解，加强传统村落保护的自觉性。直播平台如抖音等，是当下人气最旺，衍生产业最多的自媒体平台，可以提升观众的参与性、互动性强，有群体凝聚力。

（2）建议通过召开工作动员会，印发宣传资料等形式，让广大干部、村民群众充分认识传统村落保护的重大意义。调动广大群众和社会各界参与、支持的积极性。充分发挥媒体的舆论导向作用，宣传各乡镇、各专项小组推进传统村落保护的重大举措和亮点，突出反映各地的实践探索和鲜活案例，摸索各乡镇各专项小组在传统村落保护推进中的新思路、新模式、新政策，营造健康文明、积极向上的良好氛围，及时总结推广典型经验做法，发挥示范引领作用。

6.9 多方吸纳、资金保障

向上争取政府财政用于"文化遗产保护资金"的支出，明显提高其增量和比例。增量部分重点用于传统村落保护投入，发挥政府在传统村落保护投入上的主导作用。争取国家资产投资和产业基金项目，建立投入稳定增长的长效机制，确保财政投入重点支持传统村落保护事业。

大力吸引社会资本。利用公益性基金等平台，采取社会募集、网络手段等方式筹措资金，引导民间资本投入传统村落保护事业。同时也可以采取银行贷款、个人自筹、村集体垫付以及社会资金参与等方式。多方筹措，盘活资金，将传统村落保护有限的资金用在刀刃上。搭建多元化等投资融资平台，解决资金短缺的困境。

在传统村落保护中，要加强对资金的规范使用和监管，将资金的筹集、使用、结余等公开公示，自觉接受群众的监督，确保资金落实到位。建立财政部门

管理资金、文化部门管理项目、纪检部门监督资金使用的整合工作新机制。

参考文献：

[1] 吴必虎.基于乡村旅游的传统村落保护与活化 [J].社会科学家，2016（02）：9.

[2] 张光英.闽东旅游文化研究 [M].北京.旅游教育出版社，2012.

[3] 张平弟.闽东地区传统村落保护与发展策略研究——以宁德市蒲洋村为例 [J].价值工程，2019，38（20）：83.

[4] 潘建.宁德市传统村落保护与发展初探 [J].福建建设科技，2016（06）：53.

[5] 邱汉周.闽东古村落风貌保护与文化传承研究 [J].赤峰学院学报（汉文哲学社会科学版），2015，36（06）：51.

[6] 顾楠.泰州市传统村落保护与发展策略研究 [D].苏州.苏州科技大学，2017：57.

[7] 翁淋.乡村振兴战略视角下永泰县传统村落的保护研究 [D].福州.福建农林大学，2018：38.

[8] 何咏诗.古村落的保护与活化 [J].岭南师范学院学报，2019（04）：88.

第五篇

闽东乡村振兴发展思路

——规划文章选篇

以五大发展理念推进城乡规划工作

张平弟
《福建日报》2016 年 6 月

　　党的十八届五中全会提出，实现"十三五"时期发展目标，破解发展难题，厚植发展优势，必须牢固树立并切实贯彻创新、协调、绿色、开放、共享的发展理念。以五大发展理念引领规划事业发展，必将为经济社会发展创造巨大的空间和能量。规划工作者应抢抓机遇，乘势而上，成为五大理念的实践者和先行者。

　　贯彻落实五大理念，推进规划行业发展。首先，创新是新时期规划工作的灵魂。以创新为动力，使规划成为激发经济活力的先行动力。要通过培育新产品、创建新品牌、开发新技术、激活新市场、构建新体制，充分发挥"互联网＋"的成果和"规划＋"的优势，推动规划工作跨越发展。其次，协调是规划发展的重要保障。要处理好区域、城乡、经济社会、新型工业化、信息化、城镇化、农业现代化以及硬实力和软实力的关系。众多关系中最重要的一项就是协调。只有协调发展，才能迎来持续健康发展。以人为核心的新型城镇化是本届政府提出的发展新思路。推进城镇化，要以城市带农村、工业融农业、生产促生态，逐步实现由"乡"到"城"，城乡统筹。与其他产业／业态的协调。要加强规划行业与一、二产业的融合，同时要注重发展规划＋文化、规划＋研学（教育）、规划＋会展、规划＋公务、规划＋交通、规划＋新型养老、规划＋健康养生等新业态，创立多种新型的业态和新的共生产品。区域的协调发展。一方面是空间上的协调发展。要重视西部、中部、东北和老少边穷地区的跨越发展，关注乡村与城市产品之间的关系，实现区域产品和特色互补发展。同时要促进在基础设施、公共服务、资金投入和发展机会的均衡化、协调化。另一方面是区域之间的协同发展。规划事业发展应在区域纵深发展上率先而行，起到示范作用，依托大江大河和特色资源廊道发展跨区域型经济带。规划部门与其他部门的协调。促进规划事业持续健康发展需要相关部门形成合力。第三，绿色是规划发展的基本要求。规划是

推进生态文明建设的重要抓手，要把生态文明融入规划、开发、建设、经营、管理全过程。要坚持依法保护、统一规划、合理利用的原则，坚持在保护的前提下适度开发，在开发的过程中严格保护，推动资源开发向集约型转变，更加注重资源能源节约和生态环境保护，更加注重文化传承创新，实现可持续发展。第四，开放是规划发展的必由之路。开门办规划、全社会办规划是大势所趋，必由之路。第五，共享是规划发展的价值依归。共享是信息化时代创新发展的重要目标，自然也是规划发展的价值依归。

促进规划行业与五大理念衔接。一是创新发展。规划行业要在常规中寻求突破，在创新中求发展，具体落实创新理念。要积极推进智慧规划管理。实施大数据战略，建设规划管理信息化平台，推进规划档案数字化、地下管网普查和数据建库，构建基础数据库和信息服务平台。推进规划管理数字化、网格化、智慧化。二是统筹协调。规划行业的协调包括空间的协调和各部门规划之间的协调。空间协调要做到点、面结合。"面"的规划上，推进全域规划，高屋建瓴，通盘考虑、统筹协调。按照我省颁布的《县（市）城乡总体规划编制导则（试行）》，要求各县市新一轮总体规划修编按照城乡总体规划思路开展，综合安排城乡各类空间要素，统筹县域城乡发展，提升县城、重点镇对乡村的带动能力，形成生产、生活、生态空间的合理结构。"点"的规划上，推进试点小城镇、美丽乡村规划建设，促进城乡协调。三是绿色引领。总规层面可结合"多规合一"工作，改进城市总体规划编制模式，推行生态城市规划模式，按照资源能源环境承载能力合理确定城市规模，按照"一级政府一级生态责任"理念，控制市域城市开发强度，限制城市建设用地无序增长。增加城市规划建成区内生态用地规模，在城市内部保持适当比例的生态用地作为非建设用地，限制城市建设挖山、填河，确保城市居民"看得见山，望得见水"。在专项规划层面，完善"绿线"规划，将城市规划区内的公园、风景林地、河湖水系、海岸线、山体以及景观敏感地段等重点部位、重要节点划入城市"绿线"实施严格保护。开展古树名木保护规划，加强古树名木的保护管理。推进海绵城市试点规划，开展海绵城市试点。四是开放指导。开放性引入专业队伍，共同绘制好规划蓝图；规划编制过程开放，征求多方意见。五是成果共享。创新、协调、绿色、开放，最终要着眼于共享。具体的规划单位要秉承共享理念，借助互联网、线上线下、随时随地都可以分享学习优秀案例以及规划经验。城市规划管理者要着眼于推进基本公共服务均等化，使各项公共服务设施布局合理，让市民共享城市发展成果。

全面贯彻落实五大发展理念，是当前和今后一段时期城乡规划工作的重要任

务，是制定系列规划的指导方针和基本准则。宁德市城乡规划工作要紧紧围绕中央决策部署，将创新、协调、绿色、开放、共享发展理念落到每个工作环节，促进"十三五"规划确定的各项任务得以实现。

强化村庄规划建设美丽乡村

张平弟

《福建日报》2015 年 6 月

中共中央、国务院《关于加快推进生态文明建设的意见》提出：强化村庄规划的科学性和约束力。加强农村基础设施建设，强化山水田村路综合治理，加快农村危旧房改造，支持农村环境集中连片整治，开展农村垃圾专项治理，加大农村污水处理和改厕力度。加快转变农业发展方式，推进农业结构调整，大力发展农业循环经济，治理农业污染，提升农产品质量安全水平。依托乡村生态资源，在保护生态环境的前提下，加快发展乡村旅游休闲业。引导农民在房前屋后、道路两旁植树护绿。加快农村精神文明建设，以环境整治和民风建设为重点，扎实推进文明村镇建设。这是党中央对美丽乡村建设的最新要求，也是规划工作者为富村富民做好村庄规划的努力方向。

根据《村庄和集镇规划建设管理条例》，村庄规划分为村庄总体规划和村庄建设规划两个阶段实施。村庄规划的主要内容包括：乡级行政区域的村庄布点；村庄的位置、性质、规模和发展方向；村庄的交通、供水、供电、邮电、商业、绿化等生产和生活服务设施的配置。应当在村庄总体规划指导下，实施村庄建设规划，具体安排村庄各项建设。可以根据本地区经济发展水平，参照集镇建设规划的编制内容，主要对住宅和供水、供电、道路、绿化、环境卫生以及生产配套设施作出具体安排。

根据《中华人民共和国城乡规划法》和《福建省实施〈城乡规划法〉办法》，村庄规划应当从农村实际出发，尊重村民意愿，体现地方和农村特色。村庄规划的内容应该包括：规划区范围、住宅、道路、供水、排水、供电、垃圾收集、畜禽养殖场所等生产、生活服务设施，公益事业等各项建设的用地布局、建设要求，以及对耕地等自然资源和历史文化遗产保护、防灾减灾等进行具体安排。

经过"十二五"期间的努力，福建基本实现了村庄规划全覆盖。由于有的村

庄规划在 1999 年以前编制，有的村庄规划在近几年集中编制时存在雷同、套图现象，规划的适用性和可操作性不强，有的村庄规划在村庄环境整治、生态保护、乡村旅游、产业发展和传统文化传承等方面的针对性不强，不利于推进美丽乡村建设。因此，有必要对村庄规划内容进行提升和优化，以便更好地指导美丽乡村建设。

要以史为根，以民为本。做村庄规划，现状调查，基础资料收集是关键，要深入了解村庄的历史，包括村史、家史、家谱，寻根问祖，还要分析村民的状况，包括文化程度、生活习惯、男女比例、劳力状况、人口与用地的关系、人口发展趋势。此外，如何吸纳人口，吸纳外来人口，吸纳本村人口的回归等等，都是村庄规划要考虑的内容。总之，要了解村民想什么，需要什么，盼望什么，这是做好村庄规划的第一步。

要分类指导，有的放矢。每个村庄都各不相同，不能千村一面，百村一稿，要形成一村一品，一村一稿。在规划中要充分体现现代乡土气息和乡村风貌。从村庄的类型看，一般分为四类，一是列为历史文化名村和传统村落的村庄，它们的特色都是特定的，需要编制保护与发展规划；二是全部新建的村庄，这类村庄一般依规划而建，需要编制完善配套规划；三是需要整治的村庄，这类村庄有新房，也有旧房，需要编制提升、优化、整治规划；四是渐渐消失的村庄，这类村庄大多是偏僻的自然村，需要搬迁到造福工程点或精准扶贫安置点，需要摸清村里有什么有价值的文物。通过分门别类，做到有的放矢，比如河流区域的村庄注重生态保护，丘陵山区的村庄注重防灾减灾。

要规划引导，设计主导。按照《福建省村庄规划导则》，村庄规划分为村域规划、村主要居民点规划两个层次。村域规划以村行政区域为规划范围，主要任务是对村庄居民点的布局及规模、产业及配套设施的空间布局，以及耕地、林地、菜地、河道等自然资源的保护等提出规划要求。村域范围的各项建设活动应当在村域规划指导下进行，重点是以产业策划为纽带的发展引导和土地利用规划接轨的建设控制。要科学划分山、水、田、林、路，合理安排生产、生态、生活空间。村主要居民点规划主要任务是合理确定村庄的规划区范围、规模和建设用地界限，统筹村民建房以及各类基础设施和公共服务设施的规划建设，对近期集中建设区进行修建性详细规划，提出近期整治改造措施，进行村庄农房整治和新增建设用地规划设计，创造村庄居民的和谐人居环境。重点是用地布局、设施规划和近期建设规划。上述要求直接引导村庄规划的全面开展。必须在设计上下功夫，在原来要求"五图二书三表"基础上，重点突出三张图，即现状图、规划布

置图、设施配套图,这样的设计农民看得懂,用得上,就会受欢迎、有市场。

要突出重点,先易后难。村庄规划成果要从图、表、书上体现,通过规划文本生成近期建设项目一览表。要突出重点,从污水垃圾、新村建设、人口增长、经济发展、设施配套,由浅入深,由表及里,层层推进,步步为营,推进美丽乡村建设,一步一个脚印。要结合农村危房改造,整治旧房,统一外观形态,体现乡村风格和地域特色,做到人畜分离,形成较好的整体建筑风貌。在项目选择上,要按照"五清楚、二特色"要求,按扫清楚、拆清楚、摆清楚、分清楚、分清楚生成项目,再按时序、分轻重缓急、分门别类,注重就地取材,注重与环境协调。

制定村规民约,富村富民。村庄规划,村民共享,需要大家遵守。真正形成"村内事、村民议、村民定、村民建、村民管"的机制,在规划文本上要提炼生成村规民约,内容包括遵守村庄规划、不违章占据道路红线、保持环境卫生,以及倡导文明、健康、低碳的生产生活和行为方式等。可以从家谱祖训、家训中提炼村规民约条款。只有让村民了解规划、熟悉规划、看懂规划、认同规划,才能实现村民对规划的自我约束、自我维护。

精准扶贫的关键是科学规划

张平弟

《福建日报》2015 年 5 月

前不久，寿宁县下党乡下党村被农业银行福建分行列为 20 个精准扶贫重点贫困村之一。这是精准扶贫政策实施以来，下党乡得到的又一个扶贫项目。

下党是宁德四个特困乡之一，也是省定贫困乡。习近平同志在闽工作期间，曾 3 次去下党乡调研、现场办公，协调解决当地建设发展难题。他用"异常艰苦、异常难忘"来形容当年下党之行。20 多年来，当地干部群众牢记习近平同志嘱托，发扬"滴水穿石"精神，艰苦奋斗，发奋图强，改变了乡村面貌。

然而，由于地处全县最偏远的山区，对外交通只有一条县道，乡域内通往建制村的道路有些路况较差，下党乡发展仍较为落后，被上级列为精准扶贫的对象。有了精准扶贫的好政策，下党乡得到了更多急需的帮扶，迎来良好发展机遇。不过，对贫困乡村来说，自强不息，激发发展内生动力更为关键，将内因与外因有机结合起来，发展才能步入快车道，迈向新的脱贫致富之路。

美好的蓝图是建立在科学规划之上的，科学规划是精准扶贫的关键。下党乡方圆 70 平方公里，一条河流在乡域蜿蜒穿越，两面青山，处处体现生态美。下党乡充分利用生态美的优势，合理规划生产空间、生活空间和生态空间，确定基本农田保护线、生态控制线、开发边界线，做好公共设施配套。大力开发茶叶、果蔬、中药材等生态农业，发展农产品深加工及手工业，形成绿色产业链。利用丰富的旅游资源，发展集休闲、观光、娱乐、度假于一体的生态休闲乡村旅游。

科学的规划依靠项目支撑，有了项目，蓝图才能逐步转化为发展成果。下党乡通过规划生成项目，分门别类筛选好项目，分期分批实施，以美丽乡村建设、生态农业建设、乡村旅游开发为重点，发挥政策的叠加效应，以及财政资金"四两拨千斤"的作用，吸引社会资本参与，推动项目建设的顺利进展。

农民是新农村建设的主体，充分发挥他们的积极性、主动性、创造性，乡村的发展才会充满活力。下党乡全面梳理现有农村劳动力，通过技能培训，将农民培养成为导游、厨师、司机、技术人员等实用人才，使他们能适应现代农业和现代服务业的发展。同时，结合精准扶贫，有计划、分年度把边远偏僻自然村的农民转移到建制村，转移到传统村落旁居住，并依靠产业发展吸引外出人口回归，形成聚集效应，促进工商业发展和新农村建设。

山美水美，资源丰富，随着交通基础设施的不断改善，下党乡优势将日益凸显，劣势将逐渐淡化，只要用好精准扶贫的好政策，以加倍的努力攻坚克难，狠抓发展，下党乡的发展前景将会十分美好。

抓住新机遇　培育小城市

张平弟

《闽东日报》2014 年 11 月

"弱鸟如何先飞"，习近平总书记在《摆脱贫困》的著作中指出"把握住新的机遇"，这对闽东的发展十分重要。近日，省委、省政府出台《关于促进中小城市和城镇改革发展的若干意见》，提出第一批选择 15 个中心镇开展"小城市"培育试点，条件具备的可设立"镇级小城市"。宁德市福安赛岐镇和福鼎太姥山镇榜上有名。他们是刚刚公布的全国 3765 个重点镇的幸运儿，也是福建省 591 个建制镇的佼佼者。如何抓住机遇，尽快培育小城市，笔者认为应从以下 4 个方面破解。

第一，解放思想，改革联动。改革创新是实现科学发展的不竭动力，是开展小城市培育的必解之题。小城市作为中心镇的发展和提升，其人口和产业集中度更高，社会管理和公共服务能力更强，在城市化加速推进、经济发展方式和社会管理模式发生深刻转变的今天，小城市培育发展在新型城镇化中起着更加明显、更加重要的作用。

深化中心镇改革、加快小城市培育，既是深入贯彻落实科学发展观的必然要求，也是走新型城镇化道路的重要举措，更是中心镇加快自身发展的内在需要。积极推进小城市培育工作，有利于进一步优化拓展中心镇发展空间，推动经济转型升级；有利于促进资源要素的集聚，增强公共服务功能，缩小城乡差别；有利于推进体制机制创新，推动中心镇率先发展、科学发展。因此，要用改革的办法，坚持走以人为本的新型城镇化的发展路子，科学划分生产、生活、生态的三生空间，合理界定小城市的开发边界线、生态控制线、基本农田保护线的新三线，推进人口的就近就地安家就业。

第二，规划引领，区域互动。科学规划是实现科学发展的前提。要按照习近平总书记指出的"正确处理闽东经济发展的六个关系"的要求，认真做到"经济发展需要长期目标和近期规划的相互结合"。坚持规划编制前瞻性、系统性、可

达性的有机统一，总规、控规、专业详规等各个层面的无缝对接；既有指导意义，又有可操作性；既有小城市发展的共性，又有地方特色的个性，确保小城市发展形神兼备。根据上述理念，目前赛岐镇和太姥山镇要在上一轮规划的基础上，抓紧修编各类规划。首先要合理划分空间形态。例如，从福安市的空间形态看，西部以穆阳镇为中心，整合溪潭、穆云、康厝，畲族经济开发区；北部以潭头镇为中心，整合社口、晓阳、范坑、上白石；南部以赛岐镇为中心，整合甘棠、溪柄和福安经济开发区。以赛岐镇的小城市建设，推进其他中心镇的互动发展。

从福鼎市的空间形态看，要以太姥山镇为中心，整合店下、硖门，以小城市带乡，以乡带村，山海联动，互动发展。其次，要确定人口与用地规模。城乡统筹是历史使命，是建设小城市的必经之路。要按照习总书记提出的"处理好生产力区域布局中的山区与沿海的关系"，扎实开展小城市培育，推进城乡和区域之间统筹协调发展。要推进城乡发展规划统筹，有效对接各区域规划，实现城乡规划一体化。要通过城区道路的延伸拉大城市框架，改善城乡道路交通；通过产业发展、功能性项目和民生项目建设，实现就业保障，缩小城乡居民收入差距，推进公共服务统筹；通过推进城中村、城郊村改造以及美丽乡村建设，提升农村人居环境，实现农村社区化管理。

第三，科学发展，项目带动。科学发展是根本出路，只有科学发展才能建成小城市。习近平指出，闽东经济发展道路的指导思想归结为"因地制宜、分类指导、量力而行、尽力而为、注重效益"。开展小城市培育要不断深化对这个指导思想的认识，坚持发展第一要务，树立科学发展的理念，坚持对历史负责、对长远负责，一张蓝图干到底，保持规划思路的稳定性和延续性，选择优化的城市发展模式和城市管理方式，推进区块综合开发和行业业态治理，使经济社会发展进入科学的轨道，绝不以牺牲环境、牺牲长远利益和群众利益为代价谋求发展。

小城市的发展建设是干出来的，不是喊出来的。习近平指出，"我不主张多提口号，提倡行动之上"。因此，项目建设是实现小城市科学发展的最佳载体和最强着力点。只有项目的推进，才能实现小城市的建设目标。要紧紧围绕重大基础设施项目、重大功能性项目、重大产业项目、重大民生项目为重点，坚持一手抓加快推进开工项目不动摇，另一手抓项目前期储备不动摇，实施督办推动、你追我赶、立功竞赛、挂钩联动的"四轮驱动"法，努力实现项目竣工使用一批、开工动建一批、加快推进一批、前期储备一批的目标。以项目建设促进经济社会的快速发展、城市形象的较大提升、遗留问题的逐步解决和民生事业的稳步推进。

　　第四，保障民生，管理推动。开展小城市培育必须破除各类要素制约，抓住重点领域和关键环节进行改革突破。在推进改革过程中始终做到抢抓机遇，解放思想，胆大心细，看准的坚决推进，但要注重对细节问题的研究，注重前期工作，先易后难，务实推进，正确处理好改革、发展、稳定三者的关系。"镇级市"虽说可能会拥有更多的财权和事权，但它与行政区划改革无关，它不是将原建制镇的行政级别升格为县级建制市，而是以现代小城市的标准来规划、建设、管理镇；是要求镇的城市规模、设施、产业结构等要达到城市化水准；教育、科技、文化、卫生等社会事业也要接近城市化标准。

　　在推进民生保障中，要坚持做到量力而行、尽力而为，按照习总书记的要求，正确把握"经济发展与经济效益的关系"，引导群众转变思想观念，先生产后生活，先基础后提升；要锦上添花，更要雪中送炭，重点解决当前群众最关心的教育、卫生、住房等问题；要多措并举，务实推进，推行民生项目市场化运作、服务外包等新模式；要合力办民生，引导全社会力量参与民生项目建设，实现共建共享。

　　三分建，七分管。要学习研究政策，摈弃"先建设，后管理"的落后观念，实现小城市建设和管理同步推进。在城市规划和建设过程中，要注重业态治理，实现标本兼治；后期管理中，要注重梳理和引导，实现堵疏结合。

福安溪柄镇发展红色旅游的思考

张平弟

《闽东日报》2012 年 6 月

溪柄镇位于福安东南部，地处赛江中游，拥有福安五大洋之两大洋的溪柄洋、柏柱洋。柏柱洋红色旅游景区被列为全省十五个红色重点旅游景区之一，被国家列入第二批红色旅游经典景点名录，是闽东苏维埃政府的所在地，境内山清水秀，资源特色明显。

那么，丰富的旅游资源如何转化为旅游产品，如何发挥旅游经济在富镇富民中的积极作用呢？溪柄镇作出了建设生态型红色旅游农业新镇的总体规划，这一定位是比较科学准确的。

在发展目标上建设好"五个溪柄"，即绿色溪柄、红色溪柄、养生溪柄、文化溪柄、旅游溪柄。发展阶段上分三步走，即第一步积极向上争取红色旅游项目资金，加大发展乡村旅游力度，建立乡村旅游项目库，实施乡村旅游星级示范目标建设的计划；第二步，通过乡村旅游的发展推动红色旅游景区向 A 级景区提升，实施柏柱洋红色旅游区创建国家 4A 级旅游景区的工作目标和计划；第三步，把红色旅游景区和赛江百里绿竹长廊的绿色生态旅游景区，两位一体，相互补充，相互协调，实现溪柄旅游强镇的目标。

为实现上述目标，笔者认为必须从四个方面入手。一是提高认识，跟上形势。2009 年，我国第一次提出把旅游业发展成为国民经济的战略性支柱产业和人民群众更加满意的现代服务业，这是旅游迎来发展的良好机遇。国务院在《关于支持福建省加快建设海峡西岸经济区的若干意见》中，明确了"把海西建设成为我国重要的自然和文化旅游中心"的战略决策。福建省人民政府关于进一步推动旅游产业发展的若干意见中，提出打造包含宁德世界地质公园的十大生态旅游精品，包含闽东红色旅游的系列景区。宁德市在《加快推进环三都澳区域发展的实施意见》和《关于加快旅游产业发展的若干意见》中提出进一步提升"闽东北

亲水游"和宁德世界地质公园旅游品牌，将宁德建设成为海西重要的自然和文化旅游中心，国内一流、世界知名的旅游度假胜地。在当前的宏观大背景下，溪柄镇应抓住被列为"十二五"国家红色旅游经典景点名录的重要机遇，发挥自身的资源优势，紧跟形势，做好红色旅游文章。

二是科学规划，推开阵势。一个区域要有一个区域的特色和运作方式，切不能一哄而上。《宁德市"十二五"规划》明确提出"加快培育旅游产业。大力拓展世界地质公园和闽东北亲水游效应，整合旅游资源，完善旅游产品体系，打造精品品牌，发展旅游产业集团，努力把旅游业培育成为支柱产业"。旅游发展，规划先行。溪柄镇地方特色鲜明，红色旅游资源、森林生态旅游资源、文化古迹旅游资源等资源十分丰富，在宁武高速通车交通格局变化、旅游不断发展的情况下，要编制新的旅游规划，提高规划指导性、增强可操作性。明确柏柱洋旅游以红色旅游为主题，以绿色生态为基础，以历史文化遗存为亮点，以畲族风情为特色，重点打造斗面村红色旅游区、榕头爱国英史纪念区、楼下古民居游览区、宗教朝圣区、东山畲族风情体验区、茜洋山水健身旅游区、农业观光旅游区等七大旅游景区的布局，并积极和宁德旅游发展规划、福安市发展总体规划相衔接。及早编制重点景区旅游项目规划，把旅游规划纳入城建总体规划，从而严格按规划开发利用，用规划保护好现有的旅游资源、特别是不可再生的旅游资源。通过规划，引领旅游发展，推开阵势。

三是宣传鼓动，营造声势。柏柱洋被誉为"闽东延安"。革命战争年代叶飞、陶铸、曾志等老一辈革命家曾在这里运筹帷幄，指挥八闽儿女浴血奋战。近几年，溪柄镇党委、政府投入大量资金认真做好柏柱洋各村村容村貌整治、清洁家园等工作，完善相关基础设施建设，为打造柏柱洋国家红色旅游景区做好各项前期工作。好的旅游资源需要宣传，当前几种营销手段很有必要：①尽快确立宣传用语；②开展网络营销；③做好节庆运作；④还要学会捆绑营销，将红色旅游各种产品进行打包，加入福建省和宁德市的营销网络，借船出海，统一开展规模化的宣传，提升宣传水平和档次。要提高对扩大宣传促销的认识，不断加大投入，营造浓厚的"大旅游、大产业、大格局"氛围，使"政府主导，旅游企业主体，社会各界广泛参与"的格局进一步深化。柏柱洋景区涉及多个行政村，溪柄镇政府要宣传鼓励，通过思想教育、宣传鼓动、发展乡村旅游、农业观光旅游点等方法提高群众的思想认识、增加农民收入，为柏柱洋发展旅游营造声势。

四是以点带面，把握态势。在资金困难的情况下，难以做到全面开花，就要抓好重点项目建设，通过以点连线，以线带面，推动旅游全面发展。要把基础设

施做好，使景点道路状况能够适应旅游旺季通行的条件。加强指示标识和旅游公交路线及停车场、旅游厕所等设施的建设，完善服务设施。要做好试点带动作用。没有典型的带动，农民很难自发地参与到乡村旅游中来，且参与也是粗放低水平。下一步积极向上争取福建省山区红色旅游专项资金，重点做好溪楼公路等重点项目、千年古刹——狮峰寺修缮项目，并大力发展乡村旅游点，将乡村旅游和红色旅游相结合，加快旅游项目建设步伐，通过发展乡村旅游带动 A 级景区创建。

创新观念　提升宁德市旅游品牌效益

张平弟
《闽东日报》2012 年 5 月

思想是行动的先导。市旅游局开展"解放思想，力求先行"大学习大讨论活动就是要转变观念，突出服务内涵、突出服务质量、突出服务的落实。为此，全局上下正积极发挥闽东北亲水游和世界地质公园的品牌效应，加强景区基础设施建设，加大 AAAAA、AAAA 景区创建力度，提升景区质量，提升旅游基础设施配套水平，加强行业管理，强化旅游服务，形成特色鲜明、竞争力强的旅游产品，实现旅游人数、收入增长保 20% 争 30% 的目标，全力打造海西东北翼以自然生态和地方文化为特色的"国内一流、世界知名"的旅游目的地，成为福建旅游新的增长极。

解放思想永无止境，力求先行永不停歇。结合学习体会并联系闽东实际，我们提出了发展乡村旅游的五个着力点。一是着力提升产业地位，抓住旅游人数和旅游收入的两项关键指标，提高旅游业在国民经济中的比重。二是着力完善产业政策，关键是用地、用海、用水、用电政策的落实，激发社会创业激情，推动宁德市乡村旅游快速发展。三是着力建设创业高地，聘请高校、高人和高手对宁德市乡村旅游进行包装策划，以创意、创新引领未来。四是着力打造主题精品，倡导实施"一县一特、一镇一品、一村一景"工程，深入挖掘，深度开发，"小题大做"，百花齐放。五是着力推进跨界融合，完善旅游与财政、农业、林业、住建、文化、体育、海洋渔业等部门的协作联动机制，实现资源共享、优势互补。

在学习讨论中，我们注重在关注基层谋发展，深入一线抓调研上下功夫，并及时破解难题。围绕今年市政府工作报告提出的发展乡村旅游工作目标。3 月 27 日，作者本人带领有关同志到上金贝村指导 AAAA 景区创建工作。通过实地考察，召开座谈会，与村干、景区工作人员交流研究，提出了创建 A 级景区工作的六个要。一要学习借鉴。当前景区建设进程加快、游客量不断增加，要多学习借鉴其

他景区的成功案例，做精、做细旅游产品，分步发展，打造一品牌，形成一特色。二要跟上形势。省旅游局今年重点推进全省乡村旅游、农家乐的发展，上金贝作为四星级乡村旅游示范点，更要紧跟形势，做好乡村旅游文章。三要把握机缘。抢抓当前开业售票和创 AAAA 景区的大好机遇，加快建设发展步伐，使景区建设有个大的进步。四要分步实施。先易后难，轻重缓急，正确处理好开业与提升的关系、基础与配套的关系、规划与建设的关系、做到先规划，后建设，并在景区规划中留些田、利用廊、突出畲、增加花、强互动，以进一步提高景区的档次和水平。五要突出重点。根据要求，景区在五一开园售票，时间紧、任务重，更要分清主次，处理好主要矛盾和矛盾的主要方面，对景区游览中所必须的游客中心、各种标识标牌、垃圾箱等必须标准、足量地配备好。六要"小题大做"。做好六要素的配套提升，做好住的标准、吃的提升、娱的项目、购的准备等相关工作。

为了克服宁德市旅游景区存在"小、少、弱"的局面，结合全市的旅游发展情况和各地建设热情，2012 年，我们的目标是：在 A 级景区创建上增加 2 个 AAAAA 级景区，分别是太姥山和白水洋景区，实现 AAAAA 景区零的突破；新增 4 个 AAAA 级景区，分别是上金贝、白云山、西浦、九龙际 - 鲤鱼溪；新增 AAA 级景区 3 个，分别是东狮山、杨家溪、葡萄沟；AA 级景区每个县新增一个，实现 A 级景区达 20 个的目标。星级乡村旅游点和工业旅游示范点数目也在原来基础上争取翻一番，达到量的倍增、质的提升。

谋定而后动。发展思路确定之后，我们十分注重在实效和长效机制上下功夫，以求突破。为此，在下一步的工作中，我们首先要加强指导，形成方案。将旅游景区、乡村旅游、工业旅游和红色旅游等具体工作进行科学策划，把年度工作目标进行详细分解、合理安排，并形成"一事一方案"，强化对各项工作的指导。其次细化任务，落实责任。对每一项工作，根据其性质和目标，逐步进行细化，把每项工作详细分解为若干阶段，每个阶段安排合理的进度和任务，并指定专人负责，实现指标到日，责任到人。同时，强化督查，现场办公。对每一个任务，除了进行定期和不定期的实地检查外，还要求各个责任人，随时上报工作中出现的问题和突发情况，分管领导组织现场办公，协调各部门共同出力，及时解决建设中的难题。

在这个基础上，主动向上对接，争取扶持。针对宁德市项目建设中存在的底子薄弱、资金紧张等问题，市局要主动作为，协助各县市区责任单位、项目业主，积极与上级财政、旅游、农业、发展改革委等各部门对接，争取在资金、政策等各方面的扶持，确保按计划完成建设目标。

赴台参加社区营造（美丽乡村建设）培训的启示

张平弟　林厚兴

《终身教育》2016 年 2 月

2015 年 12 月 20-25 日，省住房和城乡建设厅和省终身教育促进会组织的赴台社区营造，即美丽乡村建设第五期培训，时间虽短，但安排紧凑，内容丰富，既到大学学习理论，又往社区寻求经验，学有所获，现有所感，深受启发。

一、感想感受

（1）处处展现和谐的场景。人靠田养，田靠水养，水靠山养，山靠林养，林靠人养。中国台湾地区之所以让大家感到和谐，其原因不仅在于它自然环境的秀美，各乡村因地因史因时制宜，也在于中国传统的文化内涵渗透其中，各种资源如文物古迹、建筑、民间艺术、风土人情、特色美食等人文传统与自然景观融为一体，充分展示了台湾的人文与自然和谐美，处处展现和谐场面。

（2）处处呈现宜居的环境。从路网到街坊，从邻里到社区，注重配套，营造宜居，山、水、屋、物、路，乡愁、乡谚、乡艺、乡产等无一不纳入其中，所到之处，处处展现宜居宜业、宜学宜游的美丽环境。

（3）自下而上的运作模式。以人为本，以民为本，这一点台湾地区得到充分的发挥。一是政府层面：包括周期确定、资金安排、人员培训、专业指导、绩效考评、表彰奖励。既安排周密，又配套激励有效，有力激发社区全面长期参与营造的主动性和持续性。二是社区层面：包括主动创建、人力资源、积极挖掘、群策群力、寻求指导、几上几下、完善规划、评审论证。

（4）务实接地气的社区营造。政府层面：统一配资、验收奖补，地下管网、合理布置，柏油铺路、标线优美，垃圾藏家、定时装车，首批营造、评价宣传，二批再造、全面动员，推进有序、成效民享。社区层面：全户参与、层层动员，

严守规划、务实打造，一村多品、因地制宜，美化利用、天然堆砌，乡村遗韵、延续弘扬，民风和谐、勤耕不辍，生态农业、协会助推，美化活化、共建富丽。

二、启示启发

他山之石，可以攻玉。学习台湾地区的经验是为了更好地规划、建设、管理福建省的美丽乡村。要始终按照"创新、协调、绿色、开放、共享"的发展理念，以城带乡、以城促乡、以城兴乡，城市反哺农村，工业反哺农业，推进农村现代化建设。

（1）自下而上，发挥村民主动作用。美丽乡村建设要有一个好的规划作指导，规划过程要更多地通过实地调研，摸实情，出奇招，与村民多商量、多沟通，了解民意，充分调动村民的积极参与，树立村民的主人翁精神，把村民的愿望和需求在规划图纸上理性地表达出来。

（2）创新创意，以规划引导发展。一切为了发展，一切依靠发展，美丽乡村要在创新中求发展，在创意中求质量，把握发展外延和内涵，实现发展质和量的有机统一。发展需要规划引导，以规划生项目，以项目拼资金，长计划，短安排，算好账，起好步。

（3）新化韵化，以因地制宜为特色。既要规划建设新村、新景观、新设施，让广大居民享受乡村建设的美丽成果；又要更加注重保护历史文化遗产和乡土特色，延续与弘扬优秀的历史文化传统和民族特色，同时，要积极发动，深入挖掘，设施上修旧如旧，乡史乡韵上拾遗补阙，留住乡愁，打造原乡特色，因地制宜开展传承活动。

（4）活化优化，以富丽为目标。乡村在科学规划的指导下保护与建设，选择可持续的产业发展，实现绿色发展，创新发展。经济基础是重要保障，积极拓展农村经济发展新思路，建立可持续的投入机制和运行机制，真正实现百姓富，生态美，切实打造宜居的富丽新乡村。

（5）专业与自治结合，上下联动。一方面人力资源列为第一要素。培养规划、建设、服从管理的思想，建立美丽乡村建设专业队；用专业去指导规划、建设、管理，用规范制度去约束规划、建设、管理；另一方面积极施行村民自治。要指导制定行之有效的村规民约，有效激发村民自治，还可试行理事会等其他有效的管理模式。

（6）突破框框，探索村庄规划改革一是不能硬性规定村庄都要规划编制全覆

盖，而应该因地制宜，制定各种不同的规划计划、村规民约、要求要点等均可。二是村庄规划编制内容应该通俗易懂，进一步简化图表、文字，以建设为先导、以近期建设为重点编制规划。三是除法定村庄规划外，其他村庄规划可由村委会委托具有相应注册资格的团队或者个人来编制，以降低规划编制费用，同时要求规划师、建筑师、园林师、工程师等驻村驻户，了解民风民情，做出来的规划才能踏实地接地气。四是加大政府购买规划服务的力度，政府可直接指定有关规划编制单位做好规划服务，以购买服务作为补助村镇规划建设的奖励激励。

福安市经济竹类及其应用前景

张平弟　张文燕　陈鼎源
《竹子研究汇刊》1997 年 1 月

摘　要：作者调查分析了福安市的竹类资源及其竹林分布的垂直带谱和竹林植被，通过成片竹林群落样方的观察，提出了福安市经济竹类应用前景是"突出绿竹、开发小竹、管好毛竹"。并结合发展竹浆造纸竹林基地、工业专用竹林基地、观赏竹基地，这一思路将对闽东地区竹类发展有较高的指导意义。

关键词：植被；经济竹类；应用前景

福安市地处闽东沿海，全市总面积 1880 平方公里，林业用地面积 1187 平方公里。大部分地区属于闽中火山岩系中山地貌，东、西、北三面均有较高的山脉作为屏风，海拔千米以上的山峰有 30 多座，造成向中、南部呈倾斜的倒瓶状地形，最高山峰白云山，海拔 1450.2 米。福安市南面临海，有岛屿 15 个，海岸线较为曲折。福安市交溪水系，干流长 16 2 公里，其支流呈树枝状，是闽东最大的河流——赛江。

全市大部分地区成土母岩为侏儒纪火山灰凝结的酸性凝灰岩类，中性英安质凝灰岩类与安山岩类。全市林业土壤有红壤、黄壤、紫色土、草色土 4 个土类，9 个亚类，21 个土属。以红壤为最多，占山地土壤的 76.5%。山地土壤垂直分布从高到低依次为草甸土、粗骨性黄壤、黄壤、黄红壤、粗骨性红壤、红壤或棕红壤、水化红壤。

气候属于中亚热带海洋性季风气候。其特点：温暖湿润，四季分明。年平均气温 15 ～ 20℃，极端最低气温 –5.2℃，极端最高气温 43.2℃，历年平均无霜期 230 ～ 300 天，年日照时数 1906 小时，年平均降水量 1350 ～ 2150 毫米，年平均相对湿度 78% ～ 84%，年平均蒸发量 1529.5 毫米。

原生植被为常绿阔叶林，主要植被类型有：常绿阔叶林、落叶阔叶林、常绿针叶林、针阔混交林、针叶林带、灌丛草甸带、疏林灌丛、毛竹林、绿竹林、经济林等。

1. 福安市竹林分布的垂直带谱和竹林植被

1.1 竹林垂直分布带谱

福安市属我国竹类分布区的华中亚热带混生竹林区[1]。

竹林的垂直分布，随着经度或纬度的不同而产生变化。由于境内山峦起伏，纵横交错，高山、丘陵、河谷等构成了本市崎岖不平的复杂地形。同时水热条件差异，形成复杂的自然气候环境，使得竹类呈有规律的垂直分布。从低海拔150米到高海拔1300米均有竹林分布。按白云各种竹类建群种的不同，在垂直带谱上可分出两个群系组。

1.1.1 海拔在100～200米为河谷平地暖性竹林群系组

主要是从生竹林，包括绿竹林、孝顺竹林、崖州竹林、河边竹林、麻竹林等类型。同时，伴生有刚竹属的芽竹、毛环竹、刚竹。茶杆竹属的慧竹；苦竹属的仙居苦竹，该群系的主要建群种有孝顺竹、崖州竹、毛孝顺竹、佛肚竹、绿竹等，一般为人工栽培，绿竹为主要竹林，生长优良，其他零星分布。

1.1.2 海拔在200～145.02米为丘陵山地暖性竹林群系组

主要群系有少穗竹林、慧竹林、毛竹林、苦竹林、台湾桂竹林、方竹林、唐竹林、箬叶竹林。主要建群种有：糙花少穗竹、慧竹、福建茶杆竹、近实心茶杆竹、斑箨酸竹等，刚竹、毛竹、台湾桂竹、仙居苦竹、方竹、箬叶竹、满山爆等，几乎都为散生和混生，为成片的纯林或组成林下的片层。

从垂直带谱中可以看出，由低海拔到高海拔，从丛生竹向散生竹、混生竹过度，由河谷平地暖性竹林群系组过渡到丘陵山地暖性竹林群系组。从密集成丛到稀疏分散，种类和数量也逐渐由多到少。

1.2 福安市竹林的植被类型

竹林是由某种竹类构成单优势种的群落属阔叶林植被型组内一个独立的植被型。竹林的群落结构、植物种类组成、外貌和地理分布等特征都很特殊，形成一种木本状多年常绿植物群落类型。所以竹林类型基本上与建群种在植物分类学上的属、种及其生长类型、生活型相一致，其类型亦是按建群种的生长学特性和生

境特点来划分的。

福安市属亚热海洋性季风气候，其竹林均归为暖性竹林，该类型是丛生竹向散生竹过渡的地带，同时亦是混生竹类的适生地区，其竹林类型如下：

1.2.1 河谷平地竹林群系组

（1）绿竹林 [Dendrocalamopsis oldhami（Munro）Keng f.]

绿竹是福安的一大特色，多为人工经营的纯林，每丛约12～14株，高6～9米，胸径8米，林下灌木及草本植物稀少。

福安绿竹林约0.19万公顷（2.86万亩），主要分布赛江两岸，素有"万亩绿竹起黄沙，赛江两岸起婆娑"之美称。

绿竹笋品质最佳，比麻竹笋更细致、清甜，为夏季最上等佳品，但比麻竹笋个体小，而产量低4500～6000千克/公顷，绿竹林枝叶繁茂，竹秆青翠，秆材可为造纸原料，其中层竹材可入药，有解热之效，亦可为庭园绿化植物。

（2）麻竹林（Dendrocalamus latiflorus）

麻竹在福安呈半野生状态的竹丛。溪柄、甘棠分布较多，人工麻竹林每丛控制5～8株，竹秆高大，高15～20米，径粗5～15米，林下灌木及草本植物少。

麻竹笋期长（5～10月），笋肉厚实、细嫩，可加工笋干，竹秆粗大，可为建筑原料及造纸原料，竹叶宽大可制作斗笠、船篷，也可加工编织袋等。

（3）木竹林（Bambusa rutila）

木竹林在福安称"江竹"，为一野生的丛生竹，秆高15～20米，径粗8～15厘米，秆壁厚，竹秆密集成大丛状。福安富春公园较多分布。木竹林根深秆密，抗风力强，是固堤防风的优良竹种，且可用于观赏。

（4）孝顺竹林（Bambusa multiplex）

孝顺竹在福安市称为黄竹，遍布全市，多生于溪边两岸或丘陵坡地，对土壤要求不严。过去常被群众作为山界分隔线。

孝顺竹秆材柔韧，劈篾可编篮篓也可造纸。另外，毛孝顺竹福安市也有零星分布。

（5）崖州竹林（Bambusa textilis var.gracilis）

崖州竹当地农民称小黄竹，耐干旱轻薄，多生于溪河两岸，山谷水沟两旁或丘陵山地，为野生丛生竹林，常成丛地混生于灌丛中或常绿阔叶林林缘。

小黄竹秆高3～5米，径1～6厘米，林相参差不齐，每丛数十株至上百株。该种可劈篾也可造纸。

1.2.2 丘陵山地竹林群系组

（1）台湾桂竹林（Phyllostachys makinoi）

篓竹亦称台湾桂竹，在中国台湾中部或北部海拔80米以下，多形成大面积纯林。福安市多数人工栽培，少数组成林下灌木层片。其代表群落，米槠—台湾桂竹—草珊瑚群落，样方（4×4）米，设在白云山海拔810米处，土壤为粗骨性黄壤，乔木层为米槠，树高7米，胸径10厘米，台湾桂竹平均高5米，平均胸径4厘米，郁闭度0.2～0.3，灌木层盖度40%，主要种类乌饭（Vaccinium bracteatum）、黄瑞木（Adinadra millattii）、草本层盖度约15%，主要种类：草珊瑚（Sareundraglabra）、甘妮草（Gahniatristisnees）、淡竹叶（Lophatherum gracile）等。

台湾桂竹秆材坚韧，可为建筑、撑竿、晒衣竿及制作器具等用材，亦为造纸原料。秆箨长，农民用于制作斗笠、衬垫，笋味鲜美，可供食用，是个优良的经济竹种。

（2）桂竹林（Phyllotachys bambusoides）

桂竹在福安分布于海拔350～1200米。林冠外貌不整齐，代表群落桂竹——五节芒，该群落样方（4×4）米设在白云山海拔1000米处，土壤清薄，腐殖质含量低，原有植被破坏后难以恢复，样地灌木层主要种类有桂竹，满山红（Rhododendronmaresii），石斑木（Rhaphiolepis mariesii）、卡氏乌饭（Vaccinium iteophyllum）、百两金（Asdisiaerispa）、黄瑞木等耐埋瘠种类，盖度达95%，草本层主要为五节芒（Miseanthus floriduls）、伴生少量的蕨（Pteriolium aqccilinum）。

与桂竹同样耐干旱瘠薄土壤的竹种，该市尚有刚竹、毛环竹、罗汉竹它们分布在岩石裸露的荒山，往往形成小面积纯林或与其他耐干旱树种组成灌木丛。

（3）毛竹林（Phyllostachys heterocyclavar.pubescens）

福安市毛竹林约近0.27公顷。全市占主要比重的有晓洋、松罗、穆阳、范坑等乡镇。分布海拔300～750米，基本上为人工抚育后的成片纯林，部分地段混生有杉木、丝粟栲、苦槠、锥栗、米槠、木荷、拟赤杨等树种。土壤主要为红壤或黄红壤，土层深厚，含中量腐殖质，植株高度4～12米，胸径6～13厘米，长势良好。代表群落，毛竹—檵木—芒萁群落，乔木层样方10米×10米，乔木层盖度为50%，毛竹高6m，伴生杉木（Cunninghamia lanceolata）、拉氏栲（Castanqisis lamottii）、枫香（Liquidambar formosana），灌木层样方4米×4米，盖度55%，主要有檵木（Loropetalum chinensis）、毕罗仔（Meliosma vigida）、胡

枝子（Lespedega biebor）等。草本层盖度达 15%，主要有芒萁骨（Dicranopters dichotoma），还有狗脊（Wood wardia japonica）、五节芒等，层间植物为菝葜（Smalix chira）等。

（4）方竹林（Chimonobambusa quadrangularis Makino）

方竹喜温凉湿润的气候。福安市白云山脚有方竹纯林分布，松罗乡、溪柄镇也有分布。

代表群落四方竹—狗脊＋淡竹叶。在 16 平方米的样方地上，有四方竹 65 根，平均高 2.5 米，样方地上尚有千年桐（Vernicia fmontona）、山乌柏（Mountian tallavtree）等幼树。盖度 90%，草本层盖度 10%，主要有狗脊淡竹叶、草珊瑚。层外植物为鸡血藤（Millettia yticulata）葛藤（Pueraria lobata）等。

方竹笋期 10 月，味美、笋甜为良好的食用竹林。

（5）慧竹林（Pseudosasa hindsii）

慧竹又称篱竹，喜生于温暖气候及肥厚的土壤，常混生于常绿阔叶林或针叶林下，自成一层片，有时也形成纯林。其代表群落杉木—慧竹—五节芒，该群落在溪柄镇海拔 200 米处，土壤为红壤，表土层厚度 18 厘米乔木层为杉木，树高 9 米，盖度 20%，灌木层有慧竹、黄瑞木、杜英（Elaeocarpus decipiens）、青岗（Cycloalanopsis）、乌饭等，草本层盖度 20%，主要为五节芒、芒萁、狗脊等。

（6）福建茶秆竹林（Pseudosasa amabilis var.convexa）

代表群落：马尾松—福建茶秆竹—里白群丛。该群落分布于白云山海拔 600 米，黄红壤地段，乔木层马尾松高 15 米，胸径 14 厘米，盖度 30%，灌木层为福建茶秆竹（优势种）、黄楠（Machilus grijsis）、山矾（Symplocos caudata）、山龙爪（Ficus hirsuta）、黄瑞木等，盖度为 50%，草本层盖度 10%，主要为里白（Hicriopteris glaneaaporica）、狗脊、铁线蕨（Adiantum capillusveneris）等。

（7）近实心茶秆竹林（Pseudosasa subsolidas）

代表群落：杉木—近实心茶秆竹—五节芒群丛。该群落分布于范坑乡海拔 800 米处，乔木层为杉木，盖度 25%，树高 9 米，胸径 8 厘米，灌木层盖度 50%，主要为近实心茶秆竹、胡枝子、细齿柃木、石斑木，草本层盖度 25%，主要为五节芒等。

（8）斑箨酸竹林（Acidosasa notata）

斑箨酸竹又称甜笋竹，是新近开始新开发的极有前途的优良笋用竹林。斑箨酸竹笋期为 4 月下旬至 5 月上旬，其产量高，笋质优良，味甘甜，松脆可口，不含涩味，可直接煮食或生吃，营养丰富，蛋白质含量高达 3.9%。比一般竹笋

平均含量（2.89%）高 38%，斑箨酸竹生物量达 36.225 吨 / 公顷，实为一种营养丰富，笋味甜美的优良笋用竹种。代表群落：马尾松—斑箨酸竹—狗脊，该群落设在海拔 840 米处，土壤为粗骨性黄壤，乔木层为马尾松，最高 15 米，平均11 米，胸径最大 18 厘米，平均 15 厘米，乔木层盖度 50%，灌木层为斑箨酸竹（优势种），细齿枹木、少穗竹亨利杜鹃（Rhatodendnon chompore）、老鼠刺（Itea chinensis）、野含笑（Michelia skinneriana）等。灌木层盖度为 40%，草本层盖度30%，有狗脊、荷草（Cyperus harpan）、百两金（Aidisia Crispa）等。

（9）仙居苦竹林（Pleioblasrushsienchuensis）

代表群落：仙居苦竹 + 毛环竹——芒萁骨群丛。该群落分布在城关海拔 150米处，群落总盖度 80%，土壤为红壤，土壤深厚，表土层极厚，人为活动频繁，灌木层以仙居苦竹和毛环竹为主要建群种。还有檵木、黄瑞木、木荷、山乌桕、凉牟树等，盖度 60%，草本层为芒萁骨、五节芒盖度为 30%，层间植物为信筒子等。

（10）箬叶竹林（Indocalamus longiauritus）

箬叶竹为复轴混生竹类，海拔 1000 米以下，常在常绿阔叶林下成一层片，或在灌丛中与其他树混生，有时亦成纯林。

代表群落：青岗栋—箬叶竹—五节芒群丛。该群丛分布于海拔 700 米处，群落总盖度为 80%。乔木层青岗栋树高 12 米，乔木层盖度 20%，灌木层盖度为50%，主要有箬叶竹、杜鹃（Rhododendronsimii）、老鼠刺等。草本层盖度 20%，主要为五节芒、芒萁、狗脊等。

（11）糙花少穗竹（Oligostachyumscabriflorum）

代表群落：马尾松—糙花少穗竹—芒萁群丛。该群落分布于海拔 750 ～1300 米之间，乔木层以马尾松、黄山松为建群种。糙花少穗竹成为一个灌木层片。随着海拔的增高，水湿条件较差，植被越来越简单，在海拔 1300 米左右糙花少穗竹成为一大片的纯林。灌木层主要为杜鹃花（Rhododendronsiniisii）、连心茶（Comellia froterna）、檵木、近实心茶秆竹、胡枝子等，草本层主要为芒萁、狗脊。

2. 福安市经济竹类的应用

竹业生产投资少，见效快，效益高，是山地综合开发的极好项目。福安市竹林资源丰富，笋、竹加工潜力大，发展竹业经济，前景广阔。加速我市竹业经济发展，有利于稳粮增收，有利于农村脱贫致富奔小康，有利于丰富市场供应和增加出口创汇（图 1）。

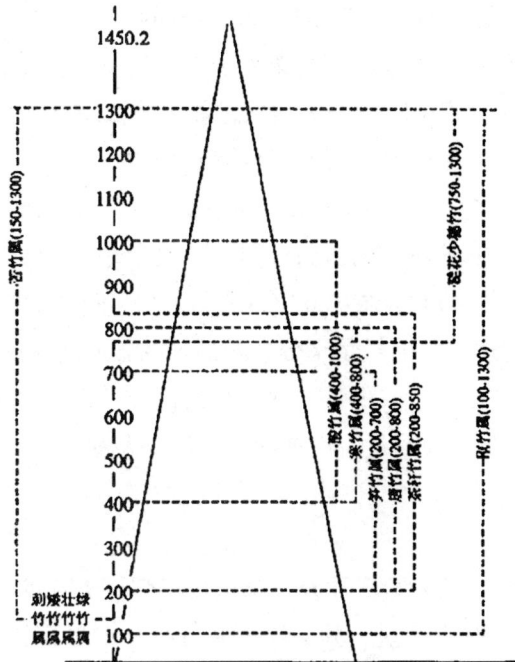

图 1　福安市竹类植物垂直分布图谱

发展竹业经济，必须坚持"因地制宜、分类指导、统一规划、合布局"的原则，在福安市应"突出绿竹、开发小竹、管好毛竹"九五期间总体规划 1.33 万公顷，其中绿竹 0.4 万公顷、笋用竹 0.67 万公顷、毛竹 0.27 万公顷。

2.1 突出绿竹

2.1.1 绿竹在福安大面积生长，主要分布赛江两岸，五溪流域（富春溪、秦溪、茜洋溪、穆阳溪、蟠溪），其中溪柄、城阳、坂中三个乡镇大面积分布为 1 区，其次是穆阳、社口、康厝、溪潭、潭头、上白石为 2 区，赛岐、甘棠、下白石，湾坞、溪尾为 3 区，松罗、范坑、晓洋，零星少量分布为 4 区。总面积约 0.19 万公顷。

2.1.2 1 区绿竹面积基本饱和，4 区由于气候影响不宜发展，"九五"期间应重点规划 2 区、3 区，以五溪流域，向"三五七"绿化的预留茶果地扩展，逐步实现江河两岸向山地延伸，预测可发展至 0.4 万公顷，（每年 333 多公顷）。

2.2 开发小竹

2.2.1 福安市中小型竹种丰富，传统习惯受忽视，据专家预测，开发中小型

竹子是今后竹类发展的大趋势。食用竹笋是竹林的另一个产品，小竹笋是"美味佳肴"，又是卫生保健品，发展笋用林菜篮子工程是山区农民发财致富的好途径，浙江省近年来发展庭院笋用竹林势头很猛，如雷竹 22.5 ～ 30.0 吨 / 公顷，经济收入万元以上。这是值得我们广大山区借鉴和学习的。

2.2.2 福安适宜种绿竹的面积有限，但福安可以发展以台湾桂竹、方竹、斑箨酸竹为主，也可以引进浙江的雷竹、早竹、高节竹、脚竹，以及哺鸡竹，建议每村发展 0.67 公顷，每户发展 0.07 公顷，按高标准的笋用竹林规划发展，采取科学种竹、科学管理，其前景是十分广阔的。九五期间建议发展 0.67 万公顷，这是一个很大的"种竹工程"，也是一项脱贫致富奔小康的"配套工程"，要正确引导，增加投入、增加科技含量，以推动福安竹业大发展。

2.3 管好毛竹

毛竹在福安基本上都是低产林分，属粗放经营，近 0.27 公顷。应狠抓低产林分改造，提高单位面积产量，建议 2/3 毛竹林（0.17 万公顷）改造为高产林（高产林年产竹材 22.5 ～ 30.0 吨 / 公顷以上），比现有低产林高出几倍到十几倍，1/3 毛竹林 0.09 万公顷改造为其他笋用竹林，新发展高标准毛竹林（0.09 万公顷），使福安毛竹林面积保持 0.27 万公顷。

3. 福边市经济竹类的开发

竹业是一个既古老又新兴的行业，福安市发展竹业生产还应注意做到用材林、笋用林与其他专用竹林基地的有机结合，按林种调整的原则，实行竹种调整规划，把竹业开发向纵深发展（表 1）。

竹种竹业纵深开发表　　　　　　　　　　表 1

原生植被 Original vegetation	土壤 Soil	垂直带谱 Vertical zone	群系组 Community of communities		群系 Community	代表群丛 Representative community
灌水 草甸带	草甸土	1450.2	散生和 混生 竹林	丘陵 山地 暖性 竹林	糙花少穗竹林	糙花少穗竹—芒萁
		1300			斑箨酸竹林	马尾松—斑箨酸竹—狗脊
	粗骨性 黄壤	1200			衢县苦竹林	檫树—衢县苦竹—狗脊
		1100			台湾桂竹林	米槠—台湾桂竹—草珊瑚
		1000			近实心茶秆竹林	杉木—近实心茶秆竹—五节芒

原生植被 Original vegetation	土壤 Soil	垂直带谱 Vertical zone	群系组 Community of communities		群系 Community	代表群丛 Representative community
针阔混交林带	粗骨性黄壤	900	散生和混生竹林	丘陵山地暖性竹林	毛竹林	毛竹—檵木—芒萁
		800			唐竹林	甜槠—满山爆—芒萁
		700			福建茶秆竹林	马尾松—福建茶秆竹—里白
		600			箬叶竹林	青岗绿—箬叶竹—五节芒
照叶林带	黄红壤	500	丛生竹林	河谷平地暖性竹林	方竹林	四方竹—狗脊+淡竹叶
		400			仙居竹林	仙居竹林+毛竹—芒萁
丘陵人工植被带	红壤	300			慧竹林	杉木—慧竹—五节芒
		200			孝顺竹林	孝顺竹林
		100			崖州竹林	崖州竹林
					绿竹林	绿竹林

3.1 大力发展竹浆造纸竹林基地

目前邵武市已建立了年产 5 万吨的竹浆厂，年消耗 100 万根毛竹，福安竹类中绿竹、麻竹、孝顺竹、硬头黄竹、崖州竹、台湾桂竹、桂竹等都是优良的造纸原料，也是将来发展的一个方向。福安乃至整个闽东地区竹类开发前景应朝着竹浆造纸竹林基地发展。

3.2 建立工业专用竹林基地

福安上白石的竹筷，基本上形成了家庭工厂，出口创汇、效益显著。范坑的竹花篮编织也初具规模。可以结合发展花竹、滕枝竹等竹种，福安的笛子、二胡乐器的生产也有一定的历史，可结合发展紫竹等，逐步形成工业专用竹林基地。

3.3 建立竹林观赏竹基地

岁寒三友，松竹梅。福安富春公园也称竹子公园，是福安市民休闲的好去处，况且观赏竹子很有诗情画意，福安城市远景规划中是按中等发展城市规划。随着人民生活水平的提高，竹子会越来越被人们所喜爱，可结合发展矮竹、佛肚竹等盆景，引进观赏竹种，逐步扩大福安观赏竹的种类。

此外，竹子在家具和装饰装修行业中也越来越被人们所重视，在福安竹业发展中也应当予以考虑。

参考文献：

[1] 吴征镒 . 中国植被 [M]. 北京：科学出版社，1983.

[2] 朱石麟，等 . 中国竹类植物图志 [M]. 北京：中国林业出版社，1994.

[3] 李景文，等 . 森林生态学 [M]. 北京：中国林业出版社，1983.

[4] 梁天干，郑清芳，等 . 福建竹类 [M]. 福州：福建科技出版社，1988.

宁德市支提山华严寺环境规划探讨

张平弟
《福建林业科技》2007 年 6 月

摘　要： 介绍了宁德市支提山华严寺环境建设规划构思，论述了立足弘扬佛教文化，完善寺院功能，把握佛事活动特点，结合当地优质的自然资源和丰富的人文资源，以风景旅游开发为新亮点，形成特色禅林风貌。

关键词： 城市公园；总体规划；环境建设；支提山华严寺

宁德市支提山华严寺位于福建省宁德市西北部霍童镇支提山，故亦名"支提寺"。华严寺由唐朝高丽僧人元表法理师始建，元初毁于兵灾，元世祖敕澄禅师重修。明永乐五年（公元 1407 年），敕额"华藏寺"。嘉靖年又遭倭寇焚毁，至万历元年（公元 1573 年），朝廷敕大迁和尚重兴支提，明神宗赐"万寿神寺"。康熙、同治两代，亦作较大修葺，并两度撰写《支提寺图志》，共计六卷。民国36 年（1947 年），心严法师重建大殿。现存庙宇建筑占地面积 5000 平方米，寺院占地 2 公顷。寺院现拥有山林土地使用权 467 公顷，耕地 3 公顷，茶园 6.7 公顷。支提山风景区中部高，东西两向低。天下第一山峰 1139 米，顶旗峰 1141 米，文笔峰 1043 米，西部为海拔 400～500 米左右的丘陵，东部为霍童镇平原及霍童溪，山脉展布受区域地质构造线严格控制。全区种质资源丰富，维管植物 162科 732 种，其中蕨类植物 31 科 103 种、裸子植物 125 科 617 种。许多种类是木材用树种、药用植物，拥有与支提寺同样悠久历史的古树，花卉植物种类亦丰富。植被主要为常绿阔叶林，还有中亚热带针叶林、亚热带针阔混交林、竹林、亚热带灌丛和山地草丛。

随着环境保护呼声的增强和旅游业的持续发展，人们渴望接近自然、回归自然、体验人与自然的和谐。中国的禅林文化往往在古寺中有着很深的积淀，是修身养性、陶冶情操、旅游休闲的理想场所，因此，对支提山华严寺环境的规划具

有很深的意义。

1. 规划设计理念

1.1 性质定位

立足弘扬佛教文化，围绕完善寺院的功能，把握佛事活动的特点，结合当地优质的自然资源和丰富的人文资源，以风景旅游开发为新亮点，通过严谨合理的规划设计，使之成为既有深刻佛教文化内涵，又是休闲旅游的场所，并展示其独特禅林胜迹、人文毓秀的景观。

1.2 规划原则

本规划遵循的原则有：合理布局，统一规划，着眼长远，分步实施，保护与改造并重，延续与发展相结合；注重空间和建筑布局的条理性，体现佛教建筑的文化仪式传统和内涵；追寻复合化的功能组合，增加寺院环境活力；系统整合水体、绿化等景观要素，创造特色禅林风貌。

1.3 设计思路

1.3.1 体现无胜于有、虚胜于实的轴线特点

借鉴中国园林移步换景的规划思路，淡化常规轴线概念，使整个寺院环境灵动丰富又内含秩序，轴线运用无胜于有、虚胜于实，节点丰富细腻，转折自然平顺。

1.3.2 体现群落的递进合院式空间特色

群落模块化设计理念，将寺院建筑分成佛事活动模块、僧侣生活模块、对外接待服务模块。各大模块是以合院为基础，形成群落式的布局，递进合院式的空间。

1.3.3 体现治山理水、曲径通幽的园林特色

"仁者乐山，智者乐水"，院前挖塘蓄水，以补水脉；院后植树造桥，以补山形，正是所谓之"山水园林"。同时，将中国传统的曲径与现代的豁达手法相结合来规划道路系统。

1.3.4 体现"明式"的新历史主义风格建筑特点

华严寺建筑风格以明朝为主，建筑单体的新历史主义风格一方面吸收传统明式建筑的比例和尺度；另一方面，是把反映历史时代特征的新材料、新工艺融入造型语汇中，将历史传统与现代工艺完美结合。

2. 总体规划与布局

华严寺的规划结构可以概括为："三轴、三院、四区、五节点"。

2.1 规划三条轴线贯穿寺院主体及其附属建筑

2.1.1 中轴

从天王殿开始的中央主轴为寺院主体，主要建筑依次为：天王殿—大雄宝殿—华宝殿—天冠阁，轴线上的建筑依山势逐渐抬高，引导游人视线从入口到主体大殿，逐渐汇聚到轴线最高处的端景——3层高的天冠阁，形成层次鲜明，高潮迭起的空间动线。

2.1.2 东轴

轴线上依次布置建筑为：药师殿—念佛堂—藏经殿。

2.1.3 西轴

轴线上依次布置建筑为：祖师殿—念佛堂/禅堂—地藏殿—方丈室。

2.2 因山就势，将华严寺整体塑造为层层递进的三进式院落

2.2.1 一进

天王殿到大雄宝殿之间为第一进院落，包括长廊、放生池、放生桥、香炉等景观元素，尤其是大雄宝殿前的壁龛，凸现了整个寺院古朴庄重的宗教氛围。

2.2.2 二进

大雄宝殿到华宝殿之间为第二进院落，包括杏树阵、长廊等景观元素，华宝殿前的大型壁雕为此间亮点所在。

2.2.3 三进

华宝殿到天冠阁之间为第三进院落，左右有长廊延伸。

2.3 规划为入口区、核心区、对外服务区和僧寮区

2.3.1 入口区

山门、入口广场、法物流通处、地雕小品及莲花池、照壁、半亭假山等突出了寺院的入口意向。

2.3.2 核心区

以天王殿、大雄宝殿、华宝殿、天冠阁为主体，配合两侧的药师殿、念佛

堂、藏经殿、祖师殿、念佛堂/禅堂、地藏殿等配殿，是香客游人参拜游览、僧侣们举行佛事活动的主要区域。

2.3.3 对外服务区

寺院西南侧的院落为香客游人提供食宿服务，完善配套设施使之进一步满足人们休闲旅游的主要区域。

2.3.4 僧寮区

寺院东北部泊院落为僧侣生活区。

2.4 五节点

入口节点、天王殿节点、壁龛节点、壁雕节点和天冠阁节点。

3. 环境景观规划

3.1 绿化美化工程规划

绿化景观系统以彰显佛教文化为主题，以寺院中央主轴为骨干，结合东西走向的次轴，系统整合一系列绿化庭院和景观节点，形成完整有序的空间网络。规划中点、线、面相结合，注重绿带之间的联系和穿插，将水系引入核心景观中。

3.1.1 绿化种植原则

①尊重植物种植的文化性原则，通过植物配置和群众寓意，强化寺院空间的景观感受，提升整体景观空间的文化品位。②遵循"适地适树"原则，规划植物以乡土树种为主，适量的引用适合本地生长的外来树种。③遵循"多样性"原则，尊重"生态稳定性"原则。

3.1.2 绿化种植分区配置

与寺院总体规划分区相结合，绿化景观规划分区依次为殿堂景观区（含主入口、主要殿堂区、次要殿堂区）、生活景观区（含僧人生活区、对外接待区、僧人辅助用房区）和周边山崖、山坡景观区。

（1）殿堂景观区：绿化要求简洁、庄严，以常绿树种为主，树形要求挺拔，主要规划树种为银杏、香樟、木荷、菩提树、榕树、柏树等。

（2）生活景观区：植物种类的选择在符合寺院氛围和种植原则的基础上，兼顾生活审美要求，适当配置观花、观果、观叶类植物，主要规划树种为榉树、榕树、诺和南洋杉、深山含笑、白兰花、羊蹄甲、盆架子、福建柏、福建山樱花、杜鹃等。

（3）周边山崖、山坡景观区：该区带状环抱寺院，原有山坡植被自然完整。对坡度大于 20° 的山必须进行生态护坡复绿处理，植物主要选用须根发达、耐干旱、耐瘠薄植物品种，如山槐、臭椿、竹类、络石、霹雳、野蔷薇、中国地锦等。

3.1.3 硬质景观设计原则

（1）与建筑氛围相协调：寺院建筑庭院内及邻近庭院的外围空间的硬质铺装应以传统、质朴的风格为基调，整体素雅精炼、流畅自然，与禅林气氛相结合。

（2）与环境景观相协调：在联系各个功能区之间的人行步道和便道应追求自然粗放的风格。

（3）就地取材，简单加工的原则：铺装尽可能选用地方材料，多采用自然材质块料，以粗糙的质感和石材自然本色为主。

3.2 环境保护工程规划

3.2.1 环境生态保护原则

（1）依法保护：依据《中华人民共和国森林法》《中华人民共和国环境保护法》《风景名胜区管理条例》等相关法律法规规定，制定行之有效的支提山华严寺自然景观与生态保护条例、将保护工作纳入法制化管理轨道。

（2）科学保护：与有关单位部门建立长期合作伙伴关系，采取高科技、高效率的方法，促进森林生态保育，防止森林退化和基地内生物多样性受影响，尤其注重森林防火。

（3）公众保护：加强生态环境观念宣传教育，增强游客保护自然资源的意识。

3.2.2 三废处理规划措施

生活污水需经污水处理站处理，达到国家《污水综合排放标准》GB 7978—1996 的要求。在寺内建专用固体废弃物收集点、垃圾箱等，定期定点回收，防止造成白色污染。充分利用电力及其他无污染能源，逐步取代煤、油、木柴等有污染能源。

3.2.3 地质灾害防治

本地区属山地丘陵地区，根据山地的建设特点，对施工造成的驳坎进行复绿处理，并配以一些艺术化处理手法，对驳坎较高（高约 40 米）处分层处理。上层选用草本植物，通过喷播草种的方法；下层土层较厚，可种植乔木。

3.2.4 安全防护

设置安全保卫部门、紧急救护机构、110 报警电话等组织机构，严禁带火种上山，对每个游客发放游客须知；同时在上客堂西侧设置控制室。

4. 结语与讨论

本规划充分体现以人为本的理念，力求人与自然和谐，使华严寺及其环境具有社会可持续性、环境可持续性和文化可持续性的特征，在规划设计过程中，既要考虑环境的抵抗能力，也要考虑环境的恢复能力，通过对风景区生态环境容量的计算与评估，建立健全相应的保障措施。将中国佛教文化与园林文化有机结合，力求展现时代特色和鲜活的个性。此规划的实施，将给海峡西岸东北翼的宁川大地增添一道亮丽的风景线。

参考文献：

[1] 张硕新. 林业推广学 [M]. 北京：经济科学出版社，1999.

[2] 陈金明. 关于加强林业科技推广能力建设的思考 [J]. 福建林业科技，2006，33（2）：210-213.

[3] 吴奕，陈金明. 关于调动林业科技人员积极性若干规定的诠释 [J]. 福建林业，2005（2）：21-22.

[4] 陈金明，林金国，邹双全. 林业科技推广模式创新研究 [J]. 林业经济问题，2005，25（6）：355-358，367.

[5] 梁家栋. 新农村建设对农村科技创新体系的新要求 [J]. 中国科技成果，2006（12）：27-29.

[6] 李学勇. 发挥科技进步和创新对新农村建设的支撑作用 [J]. 中国农村科技，2006（9）：44-46.

[7] 单宏臣. 林业科技推广工作的实践与思考 [J]. 林业科技管理，2000（1）：59-61.

营造环境友好型的园林植物景观配置方法探讨

张平弟

《宁德师专学报》（自然科学版）2006 年 11 月

摘　要：根据植物造景原理，结合宁德市自然条件、绿化现状及存在的问题，对园林植物进行合理选择和配置，展示其地方特色，达到艺术性和科学性相统一。

关键词：园林植物；景观；配置

古人云：庭园中无松，无疑是画龙而不点睛。重视居宅外环境的植物配置，营造友好型的环境是人类对自然向往的天性表露。把森林引入城市，城市坐落在森林中，是当今世界城市建设的共同发展趋势。合理的植物造景不仅能改造城市的小气候环境，更能创造出可居、可赏的美学天地。因此，以植物造景为主，走生态园林的道路是当代城市园林绿化建设的发展方向。本文以宁德市为例，探讨园林植物造景的方法，为宁德市园林绿化工作，提供借鉴。

1. 市域概况

宁德市地处福建省东北部沿海，三都澳之滨，位于东经 118°32′～120°44′，北纬 26°18′～27°4′。南连福州，北接温州，西部与南平为邻，东部与台湾省隔海相望。城区坐落于白鹤山脉与东湖塘围垦之间的丘陵和洪积、冲积平原上。城市用地较为平坦，西高东低，海拔在 5～40 米。市区依山面海，属中亚热带海洋性季风气候，一年四季光照充足，雨量充沛，温暖湿润。季节主导风向为东南、西北，昼夜海陆风环境。境内土壤东部山区次红壤为主，西部多灰化红壤，沿海地带则为烂塘及盐碱土。气候灾害主要是台风、暴雨、洪涝，其次是干旱和寒害。市区在福建省植被区划中跨两个植被小区，分布阔叶林及较暖性植物，植

物类型有常绿阔叶林、中亚热带常绿针叶林，针阔叶混交林、灌丛、草丛等五类，共有野生和栽培品种 113 个科 507 种，主要古树名木有小叶榕、香樟、白兰花等。

2. 现状与存在问题

宁德市城市绿化起步较迟，1975 年在市区 815 路上首次栽植了白兰花、芒果、樟树、银桦等行道树，揭开了市区绿化的序幕。2000 年建市后，城区园林绿化才有较快的发展。到 2005 年底，蕉城区绿地面积 233 公顷，公共绿地为 47.1 公顷，蕉城区绿化覆盖率为 35.02%，蕉城区绿地率 31.85%，人均公共绿地 6.54 平方米。

虽然蕉城区人均公共绿地与绿化覆盖率指标均已达到福建省城市绿地的考核指标，但园林绿化总体水平不高，绿地系统布局不尽合理，各类绿地发展不均衡。在植物配置上存在的主要问题有：①没有以乡土树种为主，缺乏地方风貌和沿海特色。②没有考虑到植物的生态适应性，无法做到适地种树。观叶植物的栽种虽然增加了植物景观，但因气候原因，特别是霜冻，多数品种受害严重，无法生存。③没有考虑到植物的群落性。④绿化树种单一，园林景观植物应用较少。特别是花灌木及地被植物的作用无法充分发挥。近年来兴起的草坪热，景观单调，绿量小，在炎炎夏季无法蔽荫，人们无法久留，达不到美化环境，调节气候、净化空气的基本目的。

3. 园林植物景观配置原则与方法

3.1 植物造景原则

创作完美的植物景观，必须具备科学性与艺术性两方面的高度统一，既要满足植物与环境在生态上的统一，又要通过艺术构图原理体现出植物个体及群体的形式美，及人们在欣赏时所产生的意境美。

（1）根据植物的生态学原理适地种树。温度、水分、光照、土壤以及空气等环境因素制约着植物的正常生长发育，不同的自然环境造就不同的植物。城市园林应选择适合人工环境的具有特殊景观的植物种类。

（2）根据植物配置的美学原理优化组合，创造不同环境氛围。园林植物景观配置需要综合自然美、生活美和艺术美。不同的园林形式决定了不同立意方式。

节日广场，应营造出欢快、喜庆、祥和的气氛，色彩上以暖色调为主；烈士陵园就应该以庄严、肃穆为基调，色彩以冷色调为主。

（3）根据植物的生态群落合理搭配。植物的群落现象与动物的"社会性"是相当类似的。植物离开了群落、生态适应性也会下降，不利于病虫害的防治。因此，建立植物的人工生态群落不仅必要，也符合植物的本性。例如，七叶树在用作行道树时往往叶片较易灼伤，而在树丛中却能挺拔健壮。

（4）统筹安排全面兼顾，营造友好型环境。植物配置时，整体与局部的协调统一尤为重要，否则杂乱无章，破坏景观的整体效果；还要考虑近期与远期相结合，速生树与慢生树相结合，乡土树种与外来树种相结合，生态效益、经济效益、社会效益相结合等原则。营造环境友好型的景观效果，要真正做到以人为本。

3.2 植物配置的基本方法

（1）因地制宜，合理布局。根据不同的地势，划分不同的功能场所，利用植物创造空间氛围。不同的地形，不同的组团绿地选用不同的空间围合。如街道、人行道两边及城市广场四周，可用封闭性空间，与外界的嘈杂声、灰尘等环境隔离，闹中取静，形成一个宁静和谐的活动游憩场所。空间要似连似分，变化多样，才能形成景色各异的整体景观，达到"自成天然之趣，不烦人事之工"的目的。

（2）主次分明，疏密有度。植物配置，要充分发挥不同园林植物的个性特色，根据环境的需要突出主题，分清主次，不能千篇一律，平均分配。主要突出某一树种栽植时，其他植物进行陪衬；种植时，疏密有度，师法自然，避免人工之态的显现。

（3）利用植物的季相变化，丰富园林景观。园林植物总的配置效果应是三季有花，四季常青。突出一季景观的同时，兼顾其他三季，避免单调、造作和雷同，形成春季繁花似锦，夏季绿树成荫，秋季叶色多变，冬季银装素裹，景观各异，近似自然风光，使游人感到大自然的生命及其变化，有身临其境的感觉。

（4）模拟植物的生态群落，注意层次。利用乔、灌、草形成树丛、树群时要注意深浅兼有，虚实相生。分层配置，色彩搭配是园林艺术的重要方式。不同的叶色、花色，不同高度的植物搭配，使色彩和层次更加丰富。如1米高的黄杨球，3米高的红叶李、5米高的桧柏和10米高的枫树进行配置，构成绿、红、黄等多层树丛。不同花期的种类分层配置，可延长观赏期。

（5）注意空间的节奏韵律感。在植物造景应充分考虑园林植物的立体感和树

形轮廓，通过错落有致的种植，合理利用曲折起伏的地形，使林缘线、林冠线有高低起伏的节奏韵律，形成景观的韵律美。不同的曲线应用于不同的意境景观中，如行道树以整齐为美，而风景林以自然为美。

4. 宁德市区植物景观配置

4.1 综合型绿地

该类型绿地的立地条件相对较好，以植物的观赏特性、适应性和改善环境的功能出发，可选用的园林植物种类最为丰富。绝大部分的乡土园林植物和大量改种成功的园林植物都可适当加以应用，实践中选择香樟、小叶榕、黑松、荔枝、桂花、白兰花、常绿重阳木等为基调树种。

4.2 单位附属绿地

单位庭园绿化是通过植物的选择和精细的布置营造优雅的环境。如校园要选择吸声性能较强的树种，阻隔繁嚣的街道杂声，工厂则要用具吸尘或抗有害气体能力的植物，医院应选用杀菌能力强的植物。一般庭院要用常绿树种，面积较大时则要适当种植落叶、半落叶的植物。但各类庭园对植物选择都有共同的要求，即在树形、花色、花香、叶色等方面具有较高的观赏价值。

4.3 街道绿化

（1）行道树：人行道植树除遮阴作用外，亦为街景增色。所以树种应选择冠大荫浓，遮阴效果好，树干通直洁净，分枝点较高，有利交通安全，抗风、抗虫、易移植、耐修剪等树种。这些树种有：小叶榕、芒果、广玉兰、白兰花、火力楠、香樟、天竺桂、黄花槐、麻栋、桂花、女贞、常绿重阳木等。

（2）分车道：植物选择要选那些有利交通安全，不妨碍视线、干形通直，有洁净感，树干有欣赏价值、树冠不太扩散的树种。这类树种有柠檬桉、木棉、假槟榔、华盛顿棕榈等。

（3）街道绿地：其功能是多方面的，如将建筑物与公路隔离、调和建筑物线条、分隔城市小区，为人们提供憩息场所等。树种选择要注意有明显的季相，和谐的色彩组合。可以选用的除骨干树种及一般树种外，还可以选用刺桐、落羽杉、水松、乌桕、合欢、假槟榔、鱼尾葵、白玉兰、大叶紫薇等。

4.4 海岸绿化

宁德是个滨海城市，沿海绿化是城市绿化的一个重要组成部分。做好海岸绿化不单可以防风固沙，还可建立一条优美的风景线。原有的防风林带树种主要有木麻黄、马尾松、大叶桉等，但破坏严重，必须补植或重造。所选的树种必须适应恶劣的立地条件，能抗风，耐瘦脊。主要有：木麻黄、黑松、台湾相思、大叶桉、马尾松等。

4.5 郊区绿地和隔离绿地

所选用的植物以乡土园林植物为主，养护管理粗放，应具有较强的抗污染和吸收污染的能力，同时还应有一定经济应用价值。有条件的地段，在作为群落上木的乔木类中，适当注意用材、经济植物的应用；中木的灌木类植物中，可选用药用植物、经济植物；而群落下层，宜选用乡土地被植物，既可丰富群落的物种、丰富景观造成乡村野趣，也可降低绿化造价和养护管理的投入。

园林植物造景不仅是人们审美情趣的反映，更兼备了生态、文化、艺术、生产等多种功能。配置时要充分发挥园林植物的综合作用，充分考虑景观植物配置的生态学、生态群落、美学等原理，做到因地制宜、适地适树、主次分明、错落有致，创造出适合现代人生活、审美且具有时代特色的优美、长效的园林植物景观。

参考文献：

[1] 赵世伟，张佐双. 园林植物景观设计与营造 [M]. 北京：中国城市出版社，2001.

[2] 薛聪贤. 景观植物造园应用实例 [M]. 杭州：浙江科学技术出版社，1996.

[3] 陈自新，苏雪痕. 北京市园林绿化生态效益的研究 [J]. 中国园林，1998（4）.

宁德市塔山公园总体规划构思

张平弟

《福建林业科技》2006 年 6 月

摘　要：介绍了宁德市塔山公园总体规划构思，论述了城市公园规划中体现生态、文化、娱乐、健身、休闲为一体的综合性功能；遵循以人为本，尊重自然、尊重历史的规划设计方向；利用具有特色的自然山水、人文景观，运用各种造园要素，形成有序空间，以实现环境效益、社会效益和经济效益相统一。

关键词：城市公园；总体规划；自然；生态；塔山公园

随着 21 世纪现代化与城市化进程的加速，环境保护呼声的增强和旅游业的持续发展，人们越来越注重生态旅游，渴望接近自然、亲近自然，有着强烈的"回归自然"的追求，喜爱"蓝天碧水、鸟语花香"的境界。作为载体之一的公园，越来越受到人们的重视，其在城市中的作用和地位也日益提高，已成为城市文明、发展水平的重要标志之一。公园不仅为人们提供接近自然的机会，还应通过实地观察、现场讲解和文字介绍，让游人增加生态方面的知识。坚持"以人为本"这个理念，而且向满足休闲、健身、康乐、游憩与旅游的领域发展。本文通过对宁德市塔山公园的总体规划进行探索，以期从中得到启示。

1. 公园现状分析

宁德市位于福建省东北沿海的三都澳之滨，有着悠久的历史和灿烂的远古文化，历史文化遗迹和自然风景资源遍布闽东大地。塔山公园位于宁德市区东湖南岸，福宁高速公路以东，规划工业路以北，海滨大道以西，主要由大小塔山 2 个部分组成，规划总面积约为 30 公顷。现用地主要由大、小塔山，塔山村局部，滨水绿地组成。大塔山顶现有一座如意宝塔，宝塔为宁德镇城之塔，始建于南宋

宝庆三年（1227年），清朝乾隆十三年（1748年）重建称"灵瑞塔"。1994年再次动工重建，是仅次于福州西禅寺报恩塔的福建省第二大塔。山体植被保存较好，但绿化树种较为单调，主要有竹、马尾松及香樟等。游览路线不够完善，仅有一条较为完整的登山石阶通向山顶，和一条水泥车行道。山体坡度较大，土壤为黄黏壤，水土保持状况良好。

2. 设计理念

2.1 性质定位

立足于生态环境保护，充分发挥其生态绿心的功能。塔山公园融合自然、历史、文化等诸多元素，是宁德市标志性的城市景观。建设能够适应近远期发展需要的服务设施与基础设施，形成以生态旅游为主，集娱乐、休闲、文化、健身为一体的休闲性城市公园。

2.2 规划原则

（1）突出城市公园的生态、文化、娱乐、休闲和健身功能，坚持环境效益、社会效益和经济效益的统一。坚持资源节约型和环境友好型原则，因地制宜，合理开发，增加绿化面积，提高土地使用率。

（2）创造新颖独特的公园格局，将各景区、景点、景物等融合于大自然中，明确游览线路，加强轴线引导，形成完整的风景游览体系，达到步移景异，随景赋情，完整而有节奏的游憩效果。

（3）坚持以人为本，体现景观规划与大众行为相结合的原则。在规划中，研究人的行为和心理，营造空间尺度适宜，环境优美，公共设施配套齐全，形成具有凝聚力和特色的人文环境。

（4）尊重自然和本土文化。保护景区的历史文化遗产和自然生态环境，保护其自然的原生韵味和地方传统文化，避免开发建设带来的破坏和污染。

（5）生态多样性原则。保护自然环境，加强山体植被抚育，营造森林气氛，丰富林相，突出植物景观，辅以必要的休息、观赏及服务设施，达到生态多样性、视觉多样性和景观异质性的效果。

3. 公园分区规划及构思

公园总体规划分为综合服务、历史文化、健身休闲、文化休闲等 4 个区。综合服务区、历史文化区主要以展示宁德历史、文化为主；健身休闲区、文化休闲区主要满足市民健身、休闲、娱乐的需要。

3.1 综合服务区

位于公园的北部，面临东侨大道，是把周边居民点与游客的住宿、餐饮、娱乐、购物等综合服务项目进行统筹、合理安排、规划的区域。主要包括公园入口及周边的服务网点。目的是为游客提供更为周到、方便、舒适的综合性服务。

主要景点有：入口题刻、公园管理房、绿荫广场、主题浮雕墙、塑石跌水、综合服务楼、停车场、山门牌坊及各类绿地。

3.2 历史文化区

位于公园基地的中部，以如意宝塔为中心，在如意宝塔内部装饰以宁德历史文化为内容的壁画、浮雕，在延续城市文脉的同时，打造新的地域文脉，充实城市"地标"的人文内涵，让人们在朝阳的映照下联想历史，俯瞰今朝（宝塔映日）。加强山顶绿化改造，山顶平台增设铺砖、安全防护设施、休息设施及服务设施。在平台东侧种植香樟，为夏日到宝塔游玩的客人遮荫，在此处还可以远眺大门山（云岭远眺）。在宝塔东侧新建观景台（阆风台），在此处远眺东湖全景，可谓"远山近水皆有情"。

3.3 健身休闲区

近期开发建设塔山的大部分场地可作为健身休闲区。全区应加强绿化，增加森林郁闭度，通过植物的搭配增加沿途景观，修复原有的登山步道，新开辟部分登山道，登山道主要以石条铺设，并结合地形设置一些户外健身器械，同时根据观景及游人休憩需求设置亭台等园林设施。

3.4 文化休闲区

位于公园基地的东北部，改造山脚华侨农场现有的建筑作为茶馆、书院，依地形新建部分亭、廊，并在小塔山上建文昌阁与宝塔遥相呼应。主要为宁德文人

墨客提供展示书画、品茶、下棋、举办诗会的优雅场所。在建筑周围遍植花草，且注重建筑形式、建筑空间与周围环境的完美结合，运用"收"与"放"的不同处理手法，或实或虚，似围似透，追求"城市山水，壶中天地，人世之外，另开幻境"的味道。此景区强调人与自然的和谐共存，营造生态环境，将"回归自然"作为发展方向。使市民在充分享受自然美的同时，开展健身活动。保留原有的树木，通过林相的逐年改造，完善丰富林地的生态结构，提高物种的多样性。增加季相变化，构建养生保健生态群落。为人们提供一个生态健全、空气优良、环境优美的健身、休闲空间。

主要景点有：疏林草地、飞来亭、秋山蘑菇亭、自然生态景观走廊及森林浴场等。森林浴场近年来受到园林界、医学界的高度重视，人们在绿色环境中，不但缓解了生理和心理上的压力，而且植物所释放的负离子及抗生素，还能提高人们的免疫力。因此，规划中布置了这一森林浴场，主要通过配置嗅觉、听觉、休疗、视觉、触摸类养生保健型生态群落，且为游人提供软吊床、软椅等设施，以满足游人森林浴的需要，达到绿化景观与养生保健功能并重的效果。

4. 交通游览设计

园路是联系各区及主要景点，展示园林风景画面的脉络。园内道路通过车行和人行两套系统基本实现"人车分流"。规划时合理利用原有道路，加以改造、延伸。主干道 6 米，为主要交通干道；次干道 3 米，是各分区的分界线和组织景观线；游步道宽 1 ~ 1.5 米，是各分区的导游线。园内的小径随地势高低起伏，自然曲折迂回，创造出不同的俯仰角度，使游人从不同的视野欣赏园内的景观。路面广场铺装，随环境不同，材料、花纹各异，游人可依据铺装变化的情况，了解景区的变化，排水大多随地形进行自然排水。

5. 绿化规划设计

全园的植物配置，既要满足植物与环境在生态上的统一，又要通过艺术构图原理体现出植物个体及群体的形式美，及人们在欣赏时所产生的意境美。设计时以适地适树为总的指导思想，以乡土树种为绿化基调树种，近期与远期相结合，速生树与慢生树相结合，常绿树与落叶树相结合，乡土树与外来树种相结合。保护好园内现有的植被资源，采用自然式种植方式。大面积、大色块、多层次植物

生态群落的建植以营建大景观、大气势、大效果，利用植物的季相变化，形成春季繁花似锦、夏季绿树成荫、秋季叶色多变，在不同的景区营造出景观各异的园林景观。

在配置有花坛、花丛、花境的观赏草坪上，点以瓜子黄杨球、千头柏球，创造起伏的微地形，产生多层的洁、美、亮、舒、畅的景观风貌。绿地外围由香樟、广玉兰、女贞和灌木构成环状复合常绿绿化带，以增加环境的绿化氛围，内部则以低矮灌木、花丛、草地为主，组成开阔明快的绿化空间。

道路两侧绿化，选择抗火性强、枝叶繁茂的常绿阔叶树种，如火力楠、木荷、广玉兰等，以及灌木花卉如杜鹃、山茶花、栀子花等构成立体的树墙。绿地园路部分设置艺术雕塑及健身卵石地坪，用广玉兰、石榴为背景，海桐、杜鹃、草坪、月季、草花衬托。

养生保健型生态群落配置，依据植物共生、循环和竞争的原理，植物种群生态原理和植物他感作用等生态学理论，利用各种植物的保健功效，将乔木、灌木、藤本、草本植物共同配置在一个群落中，构建一个和谐、有序、稳定、壮观、且能长期共存的复层混交立体植物环境，形成完整的食物链，以保障生态系统中能量转换和物质循环的持续稳定发展。如配置香花类养生保健生态群落时，以桂花、丁香、蜡梅、香樟、枫香、含笑等不同花期的主体树种。采取单一品种成片或成丛种植，环抱于活动、休息空间的周围和道路两侧。上木可选用白玉兰、鹅掌楸、广玉兰、厚朴、合欢等高大健壮的树木，丛植做主景；中木可选择桂花、枸橘、木香、紫藤等，以丛群种植；枫香树自然种植于中木丛群之间，下以桔香、七里香、玫瑰等为主，依习性成丛、成片配置于上木林和中木林丛之间及外缘。中下群落边缘与道路旁以酢浆草、香叶天竺葵和草皮等不规划镶边。

6. 景观照明设计

夜景工程的目的是为市民及游客提供景观视觉焦点，充分领略塔山公园夜景风光，营造宁德市的夜景亮点。在景观照明设计中，要把照明对象、空间结构、背景明暗因素综合考虑。本项目中照明的重点区域有主入口广场和山顶如意宝塔等，主入口广场以亮化及结合水景设置夜景泛光照明为主，山顶以突现如意宝塔外轮廓为主。在一些休闲、散步的步道，应设置脚步灯照明及导向照明，既要使人看清前面的路，又要避免刺眼的光。

7. 建筑、服务设施

公园内建筑风格应同其功能和传递的文化信息相协调，以江南古典园林建筑风格为主，轻巧且朴素、淡雅的建筑与自然山水、植物景观有机结合。园内管理房设于景区的边缘，主要位于入口处。园内商业服务设施仅考虑设供应饮料、小食品和旅游纪念品的固定售货亭4处，历史文化区有阆风台1座，园内厕所按300米的服务半径需求配置，方便游客。

8. 结语

塔山公园是宁德中心城市东湖景区的重要组成部分，几年来，本着群众乐捐、社团襄助、财政支持的筹资原则，经过有效的开发建设，总体规划中的部分区域已初具规模，为市民提供了一个良好的健身、休闲活动场所，每天人流量已达500余人。通过对塔山公园的总体规划，按总体规划的要求将公园建设成为生态效果良好、环境优美、文化特色鲜明、效益显著、品位高雅的现代化城市公园，成为名副其实的休闲娱乐、回归自然的最佳场所，从而达到重建并维持一个健康且具备自然与文化气息的城市景观体系的目的。塔山公园的建成，将给宁川大地增添一道亮丽的风景线。

参考文献：

[1] 刘滨谊. 现代景观规划设计 [M]. 南京：东南大学出版社，1999.

[2] 赵世伟，张佐双. 园林植物景观设计与营造 [M]. 北京：中国城市出版社，2001.

[3] 祁云枝，谢天寿，杜勇军. 养生保健型生态群落在城市园林中的构建 [J]. 中国园林，2003，（10）：31-33.

[4] 吴小刚. 福建省漳浦县白鹭森林公园规划 [J]. 福建林业科技，2002，29（2）：72-75.

[5] 谷康. 温州大罗山森林公园概念规划 [J]. 福建林业科技，2005，32（4）：214-217.

宁德市南漈生态公园规划设计探讨

张平弟　叶登舞
《福建林业科技》2020 年 3 月

摘　要： 在分析城市生态公园产生的时代背景、特征与概念，以及生态公园规划设计理论基础上，以宁德市南漈生态公园总体规划为例，探讨城市生态公园规划设计的途径与方法，提出既符合生态原则，又具有较强可操作性的规划设计模式，为城市生态公园建设提供参考。

关键词： 生态公园；绿色生态；规划设计

1. 我国生态公园产生的时代背景

当今世界，人类社会与自然环境可持续发展倍受重视。1990 年国际生态城市会议和 1992 年联合国环境与发展大会召开，标志着人类社会与自然环境可持续发展的目标已成为世界各国人民的普遍共识。

在我国，随着城市化快速发展，以及大规模工业化生产活动对自然环境不断产生干扰，引发全球性气候变暖，城市生态质量日趋下降，人们逐渐意识到生态问题的严重性。从 20 世纪 90 年代开始，特别是进入中国特色社会主义新时代，生态城市建设不断升温，绿色发展成为国策。2015 年 10 月，《中共中央关于制定国民经济和社会发展第十三个五年规划的建议》提出"要牢固树立创新、协调、绿色、开放、共享"的发展理念，强调着力改善生态环境，增进人民福祉。绿色发展成为新时代社会主义建设的主旋律。2015 年 12 月召开的中央城市工作会议强调：城市建设要尊重自然，传承历史，绿色低碳的生产生活方式和城市建设营运模式；提出"城市建设要以自然为美，把好山好水好风光融入城市"，"要大力开展生态修复，让城市再现绿水青山"。在新时代的背景下，全国各地兴起了生态城市建设热潮，城市生态公园如雨后春笋，应运而生。

2. 城市生态公园的特征及概念

2.1 城市生态公园的特征

城市生态公园最初被称为"Ecological Park"，即指以保护和恢复城市自然生态为目标的一类城市公园。城市生态公园的概念不断发展，既有城市性又有生态性，但它既不是普遍意义上的城市公园，也不是自然保护区或自然生态公园。根据国内外相关研究和实践，概括城市生态公园的一些特征为[1]：①基本功能。城市生态公园以保护和修复区域生态系统为首要任务，着重改善城市生态系统，保护生物多样性，维护生态系统平衡；兼顾游憩、观赏和生态教育等功能。是城市生态公园建设以保护和恢复城市自然生态为主要目标，兼顾城市公园文化内涵和游憩功能。②生态构成。以自然生境为主，允许加入适量人工环境。以地带性植被为主，营造生物多样性丰富的自然群落。③空间布局。构成区域景观生态格局，从大尺度的生态规划到小尺度的生境设计，充分满足生态系统要求，构建良好的景观空间形态。④养护管理。遵循低养管、节约建园原则，后期养护主要通过生态系统内部调节，降低养管成本。

2.2 城市生态公园的定义

综合国内外有关研究学者对城市生态公园的定义可概括为：指位于城市近郊或城区，以生态学和景观生态学理论为指导，通过保护和修复自然生境而建立的具有地域性、生物多样性和自我演替能力的生态系统[2]。并提供与自然生态过程相和谐的游览、休憩、实践等活动的城市公园绿地。

3. 城市生态公园规划设计理论基础

3.1 生态学理论

生态学是主要研究生物与生物、生物与环境之间的相互关系的一门学科[3]。城市生态公园规划应充分考虑地域的自然保护价值、野生地价值、城市土壤的特殊性等自然生态因素，同时也要考虑社区利益、学校和人口中心的位置等社会因素，其生境设计、创造与管理要尊重现状生态特征、利用状况和潜力；城市生态公园的设计应挖掘生态潜力，创造多类型的复合生境，给野生生物提供丰富的栖息环境，运用多样化的种类，重视活水体的规划设计与建设，为有益昆虫和两栖

动物提供适宜生境；城市生态公园运营与养护管理要将自然保护作为基本目标，并促进绿地自维持机制和功能的发挥，实现人工的低度管理和景观资源的可持续维持及发展，与野生动物建立较好的生态关系，建立生态环境教育基地。

3.2 景观生态学理论

景观生态学以整个景观为对象，注重景观的布局研究。景观生态学中景观的定义指一个空间异质性的区域，由相互作用的斑块或生态系统构成[4]。与其他生态学科的研究内容相比，景观生态学着重突出景观空间结构，以及生态学在不同尺度上的相互作用。城市生态公园规划设计正是应用景观生态学原理构筑场地生态结构。

4. 宁德南漈生态公园规划设计案例分析

4.1 宁德南漈生态公园规划选址

宁德市位于我国东南沿海中段、台湾海峡北端，宁德南漈生态公园（图1）位于宁德市主城区（建成区）西部，南漈山脉面城一重山生态林地，与三都澳海域、东湖湿地公园共同构成城市"三大"生态系统，占地面积740公顷。

图1　宁德市南漈生态公园远眺图

4.1.1 地形地貌特征

公园地处南漈山南坡，属低山丘陵，地势陡峭，最高峰为西部的大山岗，海拔905.9米，其次为岭头顶，海拔832.4米，最低处为后山古溪园艺场，海拔50.0米，平均坡度41.5%。溪谷深切，跌水、瀑布较多。土壤类型主要是红壤

和黄壤，其中，红壤多分布在海拔 700 米以上地域，600～900 米地域为红、黄壤过渡区，800 米地域多为黄壤分布区。

4.1.2 生态环境现状

公园属亚热带海洋性季风气候区。气候温和，雨量充沛，冬无严寒、夏无酷暑，公园内森林生态资源丰富，森林用地面积 680.8 公顷，约占总面积的 92%，其中生态公益林面积达 604 公顷，约占总面积的 82%。

4.1.3 生态文化特色

宁德市南漈生态公园内山水景观优美，有"鹤桥烟霞""登岗观日"、后山溪峡谷、南峰石笋、燕嘴岩、"南漈飞淙"、石湖、五莲潭等十二景。宁德市南漈生态公园内现有县级文物保护单位 7 处，主要是古建筑和石刻碑记，其中陆游、戚继光等名人古迹具有较高的文化价值。

4.2 规划思路

以生态学和景观生态学相关原理为指导，《公园设计规范》和《城市绿地设计规范》相关法规为依据，结合宁德南漈生态公园用地条件和生态文化特征，以绿色发展为理念，严格保护自然、尊重自然、顺应自然，注重山水和森林生态资源保护和利用，注重生态修复，注重历史文化传承为导向，着力构建生态环境优美、生物多样性丰富的生态园林。

4.3 规划目标

宁德南漈生态公园规划目标主要是构建三大生态体系：生态文化体系、生态经济体系、生态安全体系。

（1）构建生态文化体系。良好的生态文化体系包括人与自然和谐发展，共存共荣的生态意识，价值取向和社会适应。生态文化是宁德南漈生态公园的资源优势，规划优先保护自然森林植被及其生存环境，通过实施生物多样性就地保护和迁地保护，提高森林覆盖率和生态环境质量；逐步形成结构稳定的森林生态系统，实现生态文化、景观、游憩、科学、生态安全等多功能的生态文化体系。

（2）构建生态经济体系。"绿水青山就是金山银山"，保护生态环境就是保护生产力，改善生态环境就是发展生产力。规划依托现有果园及土地资源优势，构建特色花果园区，发展特色农业，营造科普教育、农业观光园区。

（3）构建生态安全体系。建立生态安全体系就是加强生态文明建设的基本底线。就是维护生态系统完整性、稳定性和功能性，确保城市生态系统的良性循环。

4.4 结构布局与功能分区

宁德市南漈生态公园功能分区如图 2 所示。

森林生态园区
山水文化园区
特色花果园区
宗教文化朝圣区
公园管理服务区

图 2 宁德市南漈生态公园功能分区

4.4.1 构建"山水文化、名人文化、宗教文化"为特色的生态文化体系功能结构区

宁德南漈生态公园东部中段和北段，海拔在 180 米以下，规划用地总面积 84.3 公顷，占公园总面积的 11.4%。是宁德南漈生态公园的优势功能区。规划重点是保护南漈溪及支流、西下山溪等沟谷溪涧山水资源，以陆游、戚继光等名人文化和畲族文化等人文景观为内涵，提升历史文化名山文化价值。

宁德南漈生态公园所在的南漈山历史悠久，宗教文化底蕴深厚。据调查，现有永兴寺、龙湫禅寺、山石佛寺、飞泉禅寺、白云寺、灵溪禅寺、经灵禅寺、贤明观、清音阁、南峰寺和蕉城佛教居士林等寺院 11 处，以及白马明王宫、忠平王宫、清虚宫等 3 处属民间信仰活动场所。其中灵溪寺（宋代）、飞泉寺（宋代）、龙湫寺（元代）、南峰寺（明代）被列为县级文物保护单位。宗教文化朝圣活动有一定影响力，已形成一定规模，据初步统计，宗教文化朝圣场所面积 2.2 公顷，占公园总面积的 0.3%。规划保护现有寺庙建筑，控制新建寺观，提升历史文化价值。

4.4.2 构建"五区互渗"的生态经济体系功能结构区

宁德南漈生态公园东部中南段（鹤峰南路西侧）、海拔在 180 米以下的缓坡地，面积 43.0 公顷，占公园总面积的 5.8%。现状用地为果园、园地和少量疏林地，土壤条件较好。规划保留现有晚熟龙眼林（面积约 20 公顷）为基础，充分

利用南部和北部的用地，建立特色花果游览区，营造特色果园和春景植物景观。

宁德南漈生态公园用地面积大，地形复杂，南北长度约 4 公里。公园管理服务设施依托主、次入口设置，规划游客中心 1 处、管理房 4 处、停车位 640 个，用地总面积 6.5 公顷，占公园总面积的 0.9%。

4.4.3 构建"三区、两廊、六纵、一主体"结构布局生态安全体系功能结构区

（1）三区：南漈飞淙景观区、鹤峤烟霞景观区、后山叠翠景观区等 3 个景观区。①南漈飞淙景观区：位于公园中部，以现状南漈公园山水景观为核心，向南面扩展景域，面积 320 公顷。规划以山水生态文化为主题，"南漈飞淙"自然景观为特色，诗人陆游为文化内涵，营造富有山水文化气息的景观区。②鹤峤烟霞景观区：位于公园北部，以现状戚继光公园为核心，面积 177 公顷。规划以抗倭英雄—戚继光为文化主题，以森林生态多样性为特色，营造爱国主义教育、弘扬先人革命精神园地的景观区。③后山叠翠景观区：位于公园南部，包括报恩公园（规划），面积 243 公顷。规划以珍稀特色植物保护为主题，以花果展示为特色，营造科普教育、农业文化观光的景观区。

（2）两廊：指郊野绿道（省 2 号绿道）和生态绿道（环山绿道）2 条生态景观廊道。

（3）六纵：指白鹤峰登山道、西下山登山道、白鹤岭古官道、南峰寺登山道、坪塔登山道、大山岗登山道 6 条登山道。

（4）一主体：位于公园西部、海拔在 180 米以上山地，以宁德市林业局划定生态公益林用地为基础，总面积 604 公顷，占公园总面积的 82%。是宁德南漈生态公园的主体功能区。规划重点划定保护绿线，强化生态公益林保护；为游人提供森林浴、登山健身等活动。

4.5 生态保护规划表达

4.5.1 山体保护规划

大山岗、岭头顶和白鹤峰等自然山体制高点建筑仅能设置观赏亭或观景平台，不得建设与公园性质无关的开发项目。禁止挖山、采石等破坏山体行为，对已破坏的地区进行山体生态修复，防止水体流失。绿道和登山道工程施工中必须注意山体保护，防止水土流失。控制人为活动对山水自然环境产生的消极作用。保持和维护原有生物种群、结构及其功能特征，提高自然环境自然更新的能力。

4.5.2 水资源保护规划

划定水系保护蓝线，实行绝对保护。严格保护区内的森林植被、岩石地貌和

文物古迹。拆除村民自建引水工程，保证水量；引导居民生活用水改用城市自来水，既安全又不妨碍公共资源的合理利用。实施"显山露水"工程，整治沿溪两侧的违章建筑和构筑物，恢复自然山水风貌和生态环境；加强沿河道两侧环境卫生管理，禁止乱倒渣土、垃圾和生活污水向溪水直排等行为；居民生活污水排入城市污水管网。

4.5.3 森林生态资源保护规划

（1）划定生态公益林保护区，全面实行封山育林。保护区总面积681.1公顷（新增71.1公顷），其中坪塔划为一级保护区，其他区域可依据林业部门确定的保护级别，分别划为二级保护区（重点保护）和三级保护区（一般保护区）。一级保护区内林木及环境实行绝对保护；二级保护区林木可进行必要的抚育性、更新性活动；三级保护区（一般保护）可进行合理的抚育间伐，逐步更替单一树种和单层林分，丰富自然植物群落，提升植物多样性和林相景观。

（2）加强森林防火。制定森林火灾应急预案；设置防火隔离带、防火线，多造植耐火树种；设置防火警示牌、宣传栏，如游客须知、宣传标语、广播等。在公园主、次入口管理处配置防火检查站，配备专业人员，在各景区分别布置一个森林防火监测点，配备灭火机械、防护设备和通讯器材。

（3）加强森林病虫害防治。建立观察站，专人负责，定时检查，及时防治。

（4）积极发展森林旅游产业，培育林业生产新的经济增长点。规划在大山岗西南面、田中村附近地势较平缓山地（本规划范围外）建设森林养生旅游项目。

（5）严格控制建设规模。除本规划设置的游览道路（绿道和登山道）和游览设施之外，严格控制与风景游赏和生态功能无关的建设项目。

建设规模控制指标：森林养生旅游项目用地面积15000平方米，建筑占地面积不超过6000平方米，建筑层数2层为主，局部3层，建筑总面积不超过13000平方米。建筑密度不高于40%，容积率不高于0.8，绿地率不低于40%。

4.5.4 大气环境保护规划

控制各类可能造成大气污染的建设项目的审批，严禁违规建设。推广使用电能、太阳能、天然气等无污染能源，杜绝燃煤、烧柴等产生污染的能源。公园内除允许消防车、急救车通行外，严禁外来机动车辆进入。

4.5.5 噪声控制规划

允许进入公园内的车辆应减速行驶，除遇屏障外，全程禁止鸣笛。加强郊野绿道绿廊建设，绿廊宽度不小于20米。要求通过园内金涵快速路必须设置隔声设施（除隧道外）。

4.5.6 水环境控制规划

园内各居民点和宗教文化场所，可根据布局设置相对独立污水处理系统，确保排水水质达国家《污水综合排放标准》GB 8978—1996 一级标准后就近溪流排放。主、次出入口管理服务点均采用雨污分流制，通过雨水、污水管网经统一收集后排入市政管网。

5. 小结

宁德南漈生态公园规划设计在保留基地的自然环境基础上，保留并保护本土植物生态多样性，从自然、社会、经济、技术和环境协同发展的角度合理布局城市生态空间，提升区域景观特色与品质。通过系统保护宁德城市生态系统的完整性，合理利用宁德南漈生态公园基址之内的各种资源，促成培育城市生物多样性、生态系统连续性、生态环境的完整性，努力维护生态资源的稳定，为各种生物的生存提供最优的生息空间，营造适宜生物多样性发展的生态格局，使生境改变的影响尽可能降到最低。保持宁德南漈生态公园与周边自然环境的连续性，维护生物生态廊道的畅通，同时也保护宁德南漈生态公园基址之内的历史文化、特色文化资源。此外，宁德南漈生态公园同时也能承担宁德乡土教育与科普教育作用，满足市民了解和接近自然的需求，为市民提供安全优美的游憩场所。

参考文献：

[1] 刘滨谊. 现代景观规划设计 [M]. 南京：南京大学出版社，1999.

[2] 古康. 温州大罗山森林公园概念规划 [J]. 福建林业科技，2005，32（4）：214-217.

[3] 张平弟. 宁德市塔山公园总体规划构思 [J]. 福建林业科技，2006，33（2）：245-248.

[4] 张平弟. 宁德市支提山华岩寺环境规划探讨 [J]. 福建林业科技，2007，34（2）：230-232.

后记

　　宁德历史悠久，具有丰富的历史文化和传统村落资源，大大小小的村落构成了一幅内容丰富的山水画，在124个乡镇（街道）、2135个村庄的滨海之岸、青山绿水间，散落着大量的传统村落。目前，我市有9个国家级历史文化名镇名村（3镇6村）、28个省级历史文化名镇名村（6镇22村）、141个国家级传统村落及103个省级传统村落，这些名镇名村和传统村落蕴藏着丰厚的历史文化信息和自然生态景观资源，是宁德市乡村历史、文化、自然遗产的"活化石"和"博物馆，保护和发展历史文化名镇名村和传统村落是实施乡村振兴战略亟须解决的问题。

　　坚持以"创新、协调、绿色、开放、共享"五大发展理念推进乡村振兴规划。采用自下而上，充分发挥村民主动作用。保护发展规划中，进行大量实地调查、问卷调查与村民访谈，对村落的历史沿革、村落格局、建筑特色等方面进行了分析研究，并对村落的价值特色与文化本底进行了归纳总结，突出对历史资源的活化与利用，力图探索出一条可操作、可持续、保护与发展相协调的村庄复兴之路。

　　古人云"昼出耘田夜绩麻，村庄儿女各当家"，传统村落是现代人的根和灵魂，承载着乡愁、记忆和希冀，让我们为传统村落的保护与发展共同奏响时代的强音！

　　在本书的编写过程中，得到很多专家、同行的支持和帮助，并提供了大量的资料。第一篇有李荣春、缪小龙、贺小飞、张进帅、林厚兴、林国平、黄婷、陈忠清、汤春祥、郑树达等同志提供了帮助；第二篇有彭冲、贺小飞、繆建辉、李智伟、张家豪、范玉蓉、庄升等同志提供了帮助；第三篇有陈茂春、钟清平、游涛、苏淡光、潘明霞等同志提供了帮助。全书由苏剑瑜编排校对，得到宁德职业

技术学院林浩云书记和陈群院长的大力支持，在此一并致以衷心的感谢。

　　学科出思想，专业出技能，行业出应用。三位一体，是从理论到实践的一个整体。面向新时期，"绿色发展""森林城市""海绵城市""智慧城市"四大人居环境发展战略带来的机遇与挑战，为我们每个人点燃希望的梦想。本人才疏学浅，文章文笔一般，缺点错误难免，限于水平，不足之处，敬请大家批评指正！

2020 年 8 月 10 日